田原開起 著

百姓と仕事の民俗

広島県央の聴き取りと写真を手がかりにして

未來社

藁ボートウが林立する田園風景（昭和10年頃の神田村〔現三原市大和町〕）
稲刈りハデ干しのあと、稲扱ぎを終え藁ボートウをつくったころはすでに晩秋であった。扱ぎ終えた籾は持ち帰り庭に干し臼挽き（籾摺り）をすませたたころには野山はすでに冬景色であった。
写真に写る家々は藁屋根である。半世紀以上過ぎた今日では、歴史あるお寺の屋根だけが心をなごませる藁葺きである。

「代掻き」と「田植」風景
昭和初期の広島県央の田植時期の様子である。牛と人間の力で、短い期間に田植を済ませるための共同作業風景である。
八頭の牛は下の田（写真左下）の代掻きを終えて、上の田（写真右上）の代掻きをはじめている。代掻きのすんだ下の田には、すかさず「エブリ司」（エブリを持って立っている二人）が入って代をならしている。ならされたところへ「植え子」がすぐに入って、横一列で苗を植えながら後ろに下がっている。両端には綱引きがいる。半世紀以上さかのぼる風景である。（『大和町誌』〔広島県三原市〕1983 年より）

三世代
「聴き取り」のなかで、たまに「年寄りがいなくて苦労した話」に出会った。年寄りがいて孫の面倒を見てくれるのはごく普通のことであったが、同時に年寄りがいてくれることはほんとうに助かったという。三世代の家族構成が標準的であった。
嫁いだ娘もしばしば孫とともに里帰りをしていた。軒先には年寄りと孫と洗濯物が並んで干してあり、うるわしい家族の生活感が漂っていた。（「広島県椋梨ダムの民俗調査」記録写真、三原市立中央図書館蔵〔1964 年撮影〕より）

百姓と仕事の民俗

——広島県央の聴き取りと写真を手がかりにして　目次

はじめに……11

第一部　百姓の四季

第一章　人と牛……21

I　人と牛の出会い……21
1　牛の心……22
2　牛のハナグリ……24
3　牛の「追いおろしと「牛使い」……28
4　削蹄《さくてい》……31
5　牛の「追子《おいこ》」……33

II　同伴者としての牛……35
1　牛と向き合う……35
2　預かり牛……40
3　鞍下牛《くらしたぎゅう》……41
4　牛の宿命……46
5　雄牛と牝牛……50

III　牛馬と人と農耕……51

1　牛馬……51
2　牛馬のトラブル……52
3　トラブルからの知恵……55
4　牛馬と人の関わり……58
（1）運び屋としての馬／（2）馬の購入／（3）子どもと牛と学校／（4）子どもと牛と河原／（5）牛と人の関わり／（6）牛と大八車
5　馬道《うまみち》と牛道《うしみち》……65
IV　牛耕とその終わり……68
1　久井の牛市の歴史（『広島県史』・『久井町誌』にみる）……68
2　牛から農業機械へ……71
3　牛を弔う……77
（1）大山信仰／（2）牛供養
V　件《くだん》……79
1　件の話が広まっていた……79
2　件……81
第二章　農作業の一年間……84
I　冬のあいだの仕事……85
1　仕事始め……85

2 俵を編む……88
3 メゴづくり……89
4 冬場の雨降りの唐臼《からす》搗《つ》き……90
5 堆肥《たいひ》づくり……91

II 田植まで……92

1 田起こし……92
（1）堆肥を撒く／（2）「畔欠き」／（3）「荒起し」／（4）鞍下牛で「荒起し」／（5）鍬の柄にも蓑笠を着せたい／（6）「返し」
2 水を溜める……99
（1）「ムナクト」（水口）を止める／（2）「アガタ」を寄せて畔を塗る／（3）畔豆を植える／（4）「水合わせ」から「代掻き」
3 苗代づくり　四月～五月……106
4 田植と麦刈り……108
（1）麦刈り／（2）「麦わら倒し」　植田づくり／（3）田植　各々の思い出／（4）「夜苗をとる」／（5）田植の変遷／（6）田植の風景／（7）田植の応援／（8）茶摘み／（9）「代満て」

III 田植のあとも続く作業……131

1 麦扱《こ》ぎ……131
2 田の草　七月……133
3 「落とし肥」　八月……137
4 雨乞い　八月……142

（1）我田引水にまつわる話／（2）雨乞い　千把火を焚く

IV　水田の仕事が一段落……148
1　草刈り（飼料と堆肥づくり）……148
2　溝立て　九月……154

V　収穫の秋　十月……155
1　稲刈りから莚干《むしろぼ》しまで……155
（1）稲刈り／（2）稲の葉で目を突いた話／（3）稲扱ぎ／（4）ボートウづくり／（5）夜なべ／（6）莚干し（庭干し）／（7）籾をさがす／（8）「キタケ」の来た日のこと／（9）籾の乾燥具合
2　莚干しから臼挽き（籾摺り）まで……175
（1）秋の手順／（2）籾摺りまで莚ダツで保管
3　臼挽き（籾摺り）……179
（1）昭和十年から十五年ごろのこと／（2）土臼を牛に引かせる／（3）動力による臼挽き機の登場
4　麦植え……189
（1）麦植えの時期／（2）麦植えの手順／（3）裸麦・大麦
5　米の供出……196
（1）俵締め／（2）米の供出の割り当て

VI　秋が終わって一段落……199
1　麦の肥……199
（1）肥料を撒く／（2）コガ壺のたまり／（3）「彼岸過ぎての麦の肥」／（4）担ぐ

2 種籾《たねもみ》づくり……205
3 村の情けない話……206
VII 晩秋から冬（次の年への準備）……208
1 肥料用の土灰づくりとハンヤ……208
2 山に入る……212
（1）暖房用の灰炭／（2）木飯米／（3）枝打ち／（4）枝そくいの共同作業／（5）薪づくり 換金のためにも
3 麦の土入れと麦の肥……217
4 暗渠排水《あんきょはいすい》……218
VIII こぼれ話……218
1 もろもろの技……218
2 土に生きる……220

第二部 百姓が生み出した知恵

第一章 自然や人と響き合って生きる知恵……225
I 仕事から生まれた労働の知恵……226
（1）段取り八分／（2）山行きを急ぐより鎌を研げ／（3）空足を踏むな／（4）小口じまい／（5）仕事を手元に置かない

II　仕事で鍛えられた子ども……229
（1）唐臼搗きと子ども／（2）養子／（3）風呂焚き／（4）子どものときからの大人との共通体験／（5）平夫の体験／（6）匂いに宿る労働
III　円滑な共同体につながること……235
（1）年寄り役／（2）隣の田んぼとの境のゲシの草刈り／（3）金槌の川流れ／（4）他人さまの目／（5）地下足袋で納戸へ
IV　仕事体験のなかのたわいない話……238
（1）貧乏人の「ノノコ」は庭にある／（2）彼岸が過ぎての麦の肥　六十過ぎての腕ずんばい／（3）のばしてよいのは貯金と麺類／（4）仕事に呑まれる／（5）そうめんになるな／（6）都合の良い話
第二章　地域文化を考える……241
I　すたれゆく挨拶言葉……241
（1）労働にかかわる挨拶言葉／（2）日常の人間関係を深める挨拶言葉／（3）出産の祝いのときの挨拶のやりとり（明治前期生まれの挨拶）
II　語り伝えられている風俗……246
（1）贈り物／（2）嫁入り支度／（3）嫁さん替え玉／（4）谷姑／（5）モンペの流行／（6）茶がら撒き／（7）ほぼろを売る／（8）葬儀／（9）僧都（水車）
III　語り伝えられている　風物……255

（1）汽車／（2）ぶえん師／（3）麦わら鯛／（4）南天

終わりに……259

あとがき……264

用語解説……266

百姓と仕事の民俗

――広島県央の聴き取りと写真を手がかりにして

装幀　伊勢功治

はじめに

上野年枝さんは、六十年以上の昔を語った。

「年寄りのいる家は、年寄りが子守をしてくれるので良かったのですが、私の家は分家で、年寄りがおりませんでした。子守をしてくれる者がいなかったのです。一歳になる前の長男を連れて、田植に出かけるわけにはいかず、家の中の大黒柱に紐《ひも》で括《くく》りつけて出かけました。部屋の中だけは自由に動けるようにして、部屋を締め切って仕事に出かけていました。あるとき、家に帰ってみると、障子の下の部分の紙に穴をあけて、外をのぞいていました。障子が子守をしてくれていたのです。手の届く高さまでの障子紙は全部破られていました。子どもは、外から母が帰ってくるのを、いまかいまかと待っていたのです。

歩くようになると四つ車（丸太を輪切りにした上に箱を乗せた車）をおじいさん（夫）がつくって、それに乗せて、親の目の届く田んぼの畔《あぜ》に置き、様子をうかがいながら仕事をしておりました。背が高くなると、車の丈を高くして、外に出られないようにしていました。家によってはホゴ（エジコ）という、藁《わら》でつくった入れ物の中で遊ばせておりました。次第に立ち上がるようになると、紐で結んで立ち上がれないようにしていました。いま思えばかわいそうなことでした。

秋になると、日暮れまで稲を刈って、日が落ちてから暗いなかで、星明りを頼りにハデ（稲を乾燥するために田の中に、木や竹で組まれた一・五メートル程度の横棒）をすることもたびたびありました。子守をする者がいないので、おじいさんが、子どもを背中に背負っての作業でした。

言葉がわかるくらい大きくなると、野良仕事をしている回りで遊ばせました。ちょっと目を離しているうちにいなくなり、慌てて探していると、溝の中に座り込んで、水遊びをしているようなこともありました。風邪をひかせてはいけないといい、忙しいのに家に帰って着替えさせて、また出かけて農作業を続けたこともありました。子どもが大きくなって、次第に手がかからなくなったころ、タバコの栽培をしていたころのことですが、苗を植えていたところ、静かに遊んでいるので安心していたら、いま植えてきたタバコの苗を、みな抜いていたこともありました。そうして育った息子家族が、入院しているわしを、よう面倒みてくれます。耐え難いことです。

「おかあちゃんもろれーやー」（おかあちゃん戻れーやー）という妹の声がこびりついているという田崎登志代さんの次の話は、八十年以上も前の話である。

「私には二歳年下の妹がいました。私が四歳か五歳ころのことだったかと思いますが、妹が、ある日身体の調子が悪かったのでしょう。お母さんに助けを求めたことがあります。お母さんは外の畑で仕事をしていました。二、三歳の妹は体の具合が悪くてたまらなかったのでしょう。おそらく腹でも痛かったのでしょう。家の縁側を上から下へ、そのあいだを行ったり来たりしながら、外に向かって『おかあちゃんもろれ（戻れ）ーやー、おかあちゃんもろれーやー』と何度も何度もおらんどりました（叫んでいました）。

そのときは、私はそれをどうもしなかったです。私が妹の代わりに母のところへ、妹のことを伝えに行くという知恵が出なかったのです。間なし（まもなく）に妹は死にました。あのときに私が母を呼びに行っていれば、妹は助かっていたのではないかと思うと、『悪いことをした。許してくれ』と何度も何度も謝り、いまでも心の奥にあり、忘れられないのです。このことは、いつも自分の胸の内におさめておりました。死ということで心に残っていることで、真っ先に思い出したのがこの妹のことです。何十年にもなりますが、この気持ちはいままで誰にも伝えていません。小さいときのことですから、おじいさん（夫）にも言ったことはありません」[★1]と話された。

上野年枝さんが、聴き取りのなかで語った「誰も子守をしてくれる者がいないので家の中の大黒柱に紐で括りつけ、仕事に出かけ、帰ってみると、障子が子守をしてくれていた」という話を、「息子や孫に話されたことがあるか」と聞いてみた。「申しわけなくて話すわけにはいかない」という返事が返った。

田崎登志代さんは「おかあちゃんもろれーやー」と縁側を行ったり来たりしていた妹に対するすまなかった気持を八十年以上、心の中にしまいこんでいた。「今日ここで初めて話すんです」と語った。その場にいた夫の正さんも、「その話は妻から、今日初めて聞いた」と語った。すぐ足元にある話が、家族に届かないままで終わる現実を見た。

今回、七年ぶりに田崎登志代さんを尋ねたら、すでに他界されていた。

「老人が一人亡くなるのは、分厚い本を一冊失うようなもので、最高の書物は無筆のおばあさんだ」と聞いたことがある。田崎登志代さんたちが無筆だというのではない。

民俗学者福田アジオは、『可能性としてのムラ社会』のなかで、生活史を掘り起こすことの大事さを次のように述べている。

「生活史は民衆生活史のことであり、民衆の視点から暮らしの諸側面をあきらかにすることである。具体的には一人の人間が暮らしていくこと自体を、彼の行動、態度、意識などあらゆる面から総体的に把握することである[★2]」。

人々の地道で、代わり映えのしない日々のなかに、実は光を放つものが埋もれている。「足元を掘ればそこに命の泉が湧く」と言われるように、「個人の生活史」を掘り起こすことが大切であると受け止める。

人々が、どんな思いで、何を願って生きていたのか、そのなかでどのような知恵を貯えてきたのかを後の世のために記録として残すことは、いつの時代にも大切な仕事であろうと考える。今回の「聴き取り」の出発点でもある。

1　田原開起『死と生の民俗』、近代文芸社、二〇〇八年、二一二頁。
2　福田アジオ『可能性としてのムラ社会　労働と情報の民俗学』、青弓社、一九九〇年、八～一〇頁参照。

福田アジオは、「民衆生活史は、以前はさして注目されなかった分野である」が、文字に残されていないもののなかにある人間の姿を、掘り起こすことの大切さを、『可能性としてのムラ社会』のなかで、二十年以上も前に提起している。

いまだに、名もない多くの民衆の生活のなかには、注目されなかったものや、記録されていないものが多々あるように思える。

それは、日常の暮らしを、文字にとどめることをしなかったからでもあろう。そのためか、生産に従事した人々の労働の姿で記録されないもの、研究の対象にされないままのものが今日でも残っている。

そうした視座に立って、一世代前を歩いた人々、とりわけここ五十年間、百姓仕事に携わった人々の生活と思いを、「聴き取り」を中心に掘り起してみたいと思っていた。

四十年前に聴き取った話を、資料として記録したまま眠らせているものも多々ある。聴き取った相手に対してすまない思いを、今日まで引きずってきた。以前から少しずつ聴き取りを続けてきたが、一昨年以来、聴き取りを加速させて今日を迎えた。

今回の願いの一つは、世の中の記憶から遠のいている、百姓仕事の様子をさかのぼって記録することにあった。そのうえで、仕事の背後にある百姓の汗と涙、一方では自然に抱かれて生きる喜びを記録にとどめることである。

正月二日は百姓にとっては、仕事始めの日であった。年間に使う藁製品の材料になる藁を打つ作業にはじまり、秋に使う収穫後の米俵づくり、縄ないなどの準備は、すでに正月にはじまっていた。春先には、自家製の堆肥《たいひ》を施肥することから作業をはじめ、春に田起しがはじまると、休む暇のない日々が続いた。

「米」の字さながらに、みのりを迎えるためには「八十八」の農作業があると言われ、多忙を極めた。田植、麦刈り、田の草取り、稲刈り、稲扱《いねこ》ぎ、籾《もみ》の乾燥、籾摺《もみす》り、麦植え、麦の施肥、米の出荷を迎えるまでには、際限のない農作業の過程があった。一方、冬場になると、焚き木づくりも欠かすことのできない仕事であり、黙々と取り組んだ。これらの一つ一つ聴き取った事実を、解釈してみる。

二つには、百姓とともにあった家畜、とりわけ人間と気脈を通じて生きていた牛との日常について、個々の事実を聴き取ることである。それができる年配者が少なくなった。いまのうちに、牛とともに歩んだ高齢者の語りを聴き留めようとした。日々、高齢者の訃報が続いている。ここ数年で農耕牛と共生した体験者が、語らずに去っていく。聴き取りのタイムリミットである。

三つには、百姓仕事のなかで積み上げられた知恵と技、さらには自然と共生するなかで、集積された知恵を、記録にとどめたいと思った。百姓仕事のなかで鍛えられた子どもたちの姿も、興味深く聴き取った。

四つには、一世代前と筆者の世代との変わり目にも注目してみた。

五つには、百姓仕事のなかで築きあげられた文化が、次第に廃れつつある現実についても、ささやかな考察を試みた。併せて地域に根づいた風俗・風物が廃れつつある事実も考察したいと考えた。

今回九十歳前後から百歳の古老の聴き取りを中心にすすめた。そのなかでも、長老については、二年間にわたって、四季折々に、再三訪ねて聴き取った。途中で入院された方もあったが、野山や田畑を眼前にしながら、縁側で、季節の移ろいのなかに身を置いて、そのときどきの仕事を回想してもらった。延べ百人から聴き取った。さらに、既刊の『死と生の民俗』に収録できなかった、聴き取りのなかからも、今回のテーマに合うものは収録した。それ以前からの聴き取りも併せて、延べ百三十余人の聴き取りから本書を構成した。

聴き取りと併せて、農具や多くの記録写真が残されているので、それらを照合して、往時の生活を浮き彫りにしたいと考えた。

民俗学者宮本常一は、かつて、広島県椋梨ダム（現・広島県三原市大和町箱川）建設によって、水没する地域の民俗調査（「広島県椋梨ダムの民俗調査」）に意欲をもやし、記録を後世に残すことに執念を燃やした。[★3] そして、その思いを鮓本刀良意に託した。鮓本刀良意は、民俗調査の結果を『ダムに沈む村』[4]として上梓した。

水没前二年間調査に携わった鮓本刀良意の営為について、宮本常一は、次のように述べている。

「鮓本さんはダムに沈んで立退きしなければならない家々の家族構成、土地所有状況などをこまごまと聞き出していったばかりでなく、村の中のいろいろの風物の写真をとりはじめた。先ず一軒一軒の写真をとっていった」[5]。

さらに宮本常一が言うには、鮓本刀良意という人は「学問の資料として滅びゆくものを写真や記録でのこしておきたいと考えているのである。そして自分でできることはそこまでのことで、それを学問として文化的に位置づけていくのが学者の仕事だと割り切っている。」「自分の調べた資料を曲げて解釈したりするのを見ると、すごく憤慨する。しかし、多くの人の利用をまっている。そういう人である。」[6]と、敬意を表わしている。

鮓本刀良意がその時点で記録した写真は膨大である。とりわけ黙々と自然に働きかけた多くの農民の姿が、いまの世の中に何の問いかけもせず、ただ写真として姿をとどめている。

宮本常一や鮓本刀良意は、これら多くの写真の物言わぬ農民の姿や農具から、黙々と生きた人々の生活と英知をくみ取ることを求めているように思える。

写真の数々が、幸いにも三原市立中央図書館に丁寧に保管されている。これらの写真に、当時の生活を語らせなければならない。写真の背後に見え隠れする民衆の息づかいと、生活の諸相を少しでも蘇らせてみたいと願った。

今回、高齢者から聴き取った「百姓と仕事の民俗」を、宮本常一らが残した、「語らずじまいになっている記録写真と照合しながら、一文にまとめたのが本書である。

鮓本刀良意の指摘のように、学者でない私たちにできることには限りがある。しかし、宮本常一が、かつて足しげく踏み入った、この地（大和町）に生まれ育った者の一人としてできることを、可能なかぎり記録に留めることは、私たちの世代の務めであると思っている。その思いを新たにしている。

宮本常一らが残した記録写真や民具等を「聴き取り」と重ね合わせて、当時の生活を蘇らせることができれば、ささやかな取り組みではあるが、これ以上の幸せはない。

一人ひとりの「聴き取り」内容は、相似ているものもあり、重複するところが多々ある。しかし、そのまま記録に残す。

3

3　宮本常一・鮓本刀良意両氏は沖川一美宅に泊って調査を続けた。（一九六六年八月十二日撮影。写真向かって右が宮本常一）
4　鮓本刀良意『ダムに沈む村』、未來社、一九七〇年。
5　宮本常一『宮本常一著作集51　私の学んだ人』、未來社、二〇一二年、七三頁。
6　同前、八〇頁。

第一部　百姓の四季

第一章　人と牛

百姓の四季や農作業は牛とのかかわりなしには語られない。農作業では人間のかたわらに必ず牛がいた。第二章で「農作業の一年間」を語るに先立って、ここ第一章では、心を通わせた「人と牛」について述べる。

I　人と牛の出会い

歴史的には、日本の農業は、ほとんど人力によって耕作されてきており、牛馬を使うことは、それほど盛んではなかった。むしろ牛馬の糞尿を肥料とするために飼うことが多かった。これが牛と百姓のかかわりの出発点であったといわれている。鋤《すき》が利用されるようになって、牛は増えていった。その結果、百姓と牛の出会いは多くなり、深まっていった。

1　牛の心

入野清治さんは牛との出会いを語った。

「わしは、昭和二十一（一九四六）年三月に西条農業高等学校を卒業しました。それ以前の昭和十六年ごろだったと思いますが、戦時中のことですが、家で飼っていた牛を国から徴用されました。肩に「赤い襷《たすき》」を掛けられた牛の姿を見送りました。その牛には農耕作業をさせていました。仕事に慣れてよく働く牛でした。食糧事情の厳しいときであったので、食用肉として徴用されたのです。

やむなく牛を買い替えて、また一から仕事を教えて、やっと仕事ができるようになると、再び国によって徴用されました。その後、父は「これ以上徴用されてはかなわん」と言って、徴用されない牛に切り替えました。当時、博労《ばくろう》（牛馬の売買・仲介を業とする人）が痩せこけてアバラの見えるような牛を、「障子を立てかけたような牛」と言っていましたが、徴用されないために、ちょうどそのような牛を買いました。

仕事を躾《しつ》けた牛は、一日の農耕作業をすませて鞍《くら》を外してやると、畜舎まで自分ですすんで帰るようになります。牛も家路を急ぐのです。

気性にもよりますが、牛はだいたいおとなしくて、人間の指示に従ってよく働きます。黙って働くことをよいことにして、わしは、あるとき牛を酷使しました。一日が終わって、鞍を外し畜舎に帰るように仕向けたが、なんと酷使した恨みか、わしに角《つの》で突きかかってきました。その拍子に、わしは後ろに跳ね返されたのです。だまって働くことをよいことにして酷使したら、人間並みに腹をたてたあの日のことを、思い出します。

小世良両道さんも語った。

「わしは、昭和十五（一九四〇）年、高等科を終えてから、挺身隊に入隊し、呉海軍工廠に入り、昭和二十年までおりました。敗戦と同時に我が家に帰り、父とともに百姓をしました。父は牛を大事にする人でしたので、共進会（牛の優劣を競う会）で何度も入賞させていました。備後府中で開かれた近隣の大会のときに連れて行きました。父はトラックの助手席に座り、わしは荷台で牛といっしょにいて、牛の糞尿の世話をさせられました。

牛をかわいがり大事にしていた父は、わしに、『決して牛を無理に使ってはならない』と再三言っていました。ある日のことですが、父の忠告を聞かずに最後まで田を鋤《す》いて帰りました。仕事をやり終えて帰ったので、父がほめてくれるものと思っていたら、逆に怒られました。そのうえ、背中の鞍をおろして牛の背中を拭《ふ》くように命じられました。鞍の下の背中を拭かないと、人間と同じように、風邪をひくというのです。早速に鞍を外して背中を拭いてやりました。

牛をかわいがっていた父でしたから、牛も父を信頼していました。気脈の通じた間柄ですから、手綱《たづな》（追い綱）の引き具合で前足をそろえる芸もこなしました。共進会でも前足をそろえているかどうかが、審査上の要《かなめ》になるのですが、手綱で難なく前足を揃《そろ》えさせていました。父は共進会の前日には、畜舎で牛とともに寝るほどに、入れ込んでいました。角にも磨きをかけてやっていました。努力の甲斐があって昭和三十七年五月には府中市の共進会で優勝しました。

牛はだいたいは従順な動物ですが、しょせんは動物です。まったく人間の意のままになるわけではありません。そのことを考えて、牛に引かせる横枷《よこがせ》（牛の労力を大八車《だいはちぐるま》や農具に

7

7　広島県世羅町別迫　藤井正蔵。鋤の前部にある横の棒のこと。この両端に引き綱をつけて牛に引かせる。

二点で伝えるための横棒★7）は、急な事故に備えて、引《ひ》き綱《づな》は外れやすいように遊び（ゆとり）をもって結ぶようにしておりました。強い力で引いたときには、外れるようにして事故を防ぐ知恵がありました。

引き綱は離れないように、手に二回は巻くが、それ以上に三回も四回も巻いていると、いざというときに、引き綱が手から離れず、牛に引っぱられることになり危ない。些細なことだと思えるようなことのなかにも危険は潜んでいるという話である。

しかし、この二人の語りのように、基本的には人間に従順な牛がいるからこそ、日本の農耕、とりわけ明治以降の農業が成り立っていたという事実を、私たちの一世代前の人々は語っている。

2　牛のハナグリ

福光魔去さんもまた、若いときから農業で生きてきた一人である。彼は次のように語った。

「地元高等科二年生のとき（昭和二十年六月）クラスの全員が海軍へ志願して、全員合格しました。しかし、その年の八月に敗戦になったので、高等科二年生を終えて、昭和二十一年に本郷農学校に入学し、畜産科を卒業しました。卒業後すぐに自宅の農業に従事しました。父はあまり健康でなく、兵役は乙種合格でした。結果的に戦地には行かなかったのです。しかし、いつ召集がかかるかわからない状態であったので、子どもにできるだけのことは教えておこう、経験させておこう、という姿勢がありました。父は巧者で器用でした。料理も上手でした。家事での料理ではなく、近隣の冠婚葬祭のときの炊事を、取り仕切って世話役をしていました。

父に代わって、農作業は自分のことと思って取り組んでおりました。そんなわけで、高等学校へ入学する前の十五歳のときにすでに、牛に『ハナグリ』（牛の鼻に穴をあけ引き綱を付ける道具）を付ける技を、教えてもらっていま

8　三原市大和町　恵本高夫蔵。
9　同前。
10　三原市久井町　福光魔去蔵。

8

9

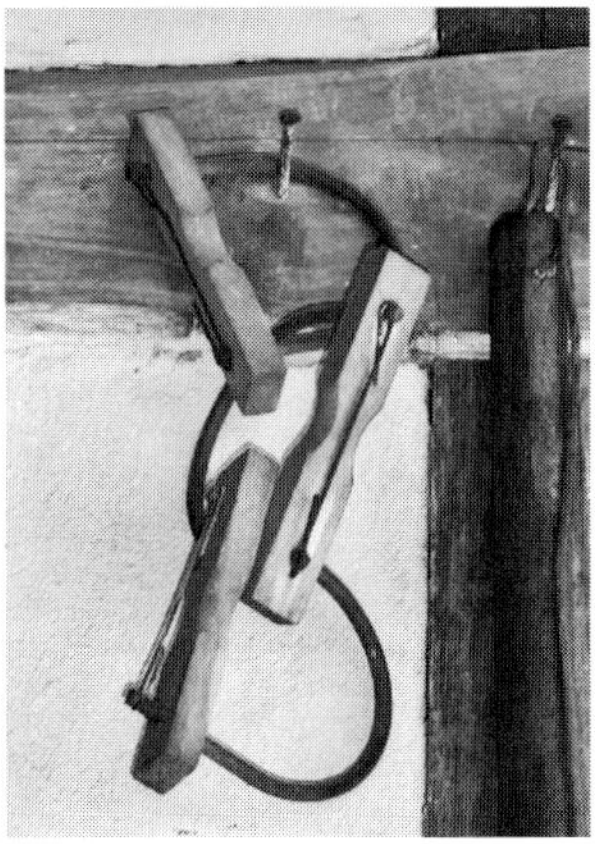
10

11

12

13

した」と話し、その手順を次のように語った。

「牛の鼻に穴を開けるために先ず、固くて真っ直ぐなツツジの木を直径三分三厘（約一センチ）くらいに削り、先端を尖らせます。[★8]でき上がった穴あけ用の道具に味噌を塗りつけます」。戦時中のことで雑菌を消毒するアルコールなどがなかったので、味噌を殺菌剤の代用品として使ったという。

「一方、牛は動けないように足を四本の杭に括《くく》りつけました。牛の動きを止める準備をすませ、用意しておいた、ツツジの木の穴開け用具を牛の中鼻に刺し込み穴を開けるのです。このとき、中鼻の奥まったところの骨のある部分の近くに開けると、のちのち痛みが伝わりかわいそうだから、鼻骨を避けた位置に開けることがコツです。開けた穴にも、消毒のために味噌を塗りつけました。開けた穴の傷がいえると、そこにハナグリ[★9]をつけるのです」と語った。

ハナグリも以前は手製の物を使っていた。写真で見るようにU字に湾曲した部分は、弾力性のあるモロウギ（杜《ね》松《ず》）という木を使っていた。湾曲部分が鼻の中に入る。直線の木製部に追い綱を付けて農作業を教え込むのである。

納屋の軒先には約半世紀前まで使っていたハナグリが、時間が止まったように鴨居《かもい》に下げてある。まるで昨日まで使っていたかの感があるが、すでに五十年近くの歳月が過ぎている。★10

子牛のときにハナグリをつけたら、農耕用に躾けて育てる。ハナグリについて、社団法人畜産技術協会「アニマルウェルフェアの考え方に対応した肉用牛の飼養管理指針」（平成二十三年三月）には「鼻環を装着する際には、牛へのストレスを極力減らし、可能な限り苦痛を生じさせないよう装着すること」と忠告しているが、福光魔去さんは、言われるまでもなく、動物愛護の視点で、慎重にハナグリを通した。★11

恵本高夫さんも、ハナグリの穴を開けるとき、そこに味噌を塗っていたという。開けたあと、牛が味噌をなめることで穴を開けた傷口をなめる。そのことが消毒になるというのである。さらに「栗の花盛りにはハナグリを通してはいけないと年寄りから聞いていた」ともいう。栗の花盛りが、ちょうど梅雨の真っ盛りであり、傷口が化膿する危険性が高く、それで失敗した例を年寄りは知っていた。

時代がさかのぼればさかのぼるほど、年寄りは牛に対して気遣いをしていた。あとになると金属製のハナグリ★12も使われるようになったが、年寄りは、とくに子牛のハナグリには鉄製のものは使わなかった。それは深々と冷え込む冬の時期などに、鉄製のハナグリは寒さを子牛の鼻に伝えてかわいそうだというのである。次第に時代が下ってくると、そんな思いやりはどこかへ吹き飛んでしまった。その後、人間の都合で、安くて手間ひまかからないプラスチック製ハナグリ★13になった。一頭一頭の牛の顔を思いながら、その家の主《あるじ》がつくっていたハナグリは昔のことになった。

11　広島県世羅町世羅郷土民俗資料館蔵。
12　三原市大和町　恵本高夫蔵。
13　同前。

牛に対する人間のぬくもりも次第に消え、しだいに、労働力としての牛の扱いになっていった。

農家によっては、子牛を購入し、子牛の時期から飼いならし農作業を教え込む家があった。ハナグリをつけてから、左右に回ること、進むこと、止まることを教える。これを「追いおろし」（農耕用牛として仕事を教えて育てること）といっていた。しかし、いきなり田の耕作に使えるわけではなく、先ずは天衣無縫の彼らに鞍を付けることからはじめる。異物を背負わせられることなので、嫌がることであった。先ず鞍を付けられることに慣れ、次第に作業に慣れさせる。そのための手順として、最初は山で丸太を引くこと、木のソリを引かせることからはじめる。そのあとでやっと農耕を教える。しかし、最も負荷のかかる「荒起《あらおこ》し」（稲作の準備として、田を大まかに掘り起こす最初の作業）からはじめるのではない。麦田の耕耘である「麦わら倒《だお》し」（麦を刈り取った後の田の耕耘）からはじめる。「荒起し」よりも抵抗が少ない。徐々に慣れるうちに、最も負荷のかかる「荒起し」ができるようになって、やっと一人前である。

3　牛の「追いおろし」と「牛使い」

榎本禎夫さんは大正十四（一九二五）年生まれ（八十八歳）で、四歳のとき（昭和三〜四年）に養子として、この家に引き取られて育てられた。物心がついたころに、両親と自分の三人で田畑を耕していた。小学生のころから親について百姓を習った。六年生のときに父が脳梗塞で倒れて牛を使う者がいなくなったので、里の親父と兄が手伝いに来てくれていたが、間もなく自分で牛を使うようになった。

高等科一年になったときからは母と二人で農業をした。小作も含めて一町八反の耕作をしていた。父が倒れてからは、学校を午前中で早退して帰っていた。

「わしは高等科になっても、春と秋は学校へ弁当を持っていったことがなかったんです。毎日早退をしていたんです。初めのころは担任の先生に早退届を出していました。その理由は毎日『田起しのため』とか『農作業のため』とか書いておりました。そのうちに先生が家庭の事情を知り、早退届も出さなくてもよくなりました。それは、昭和九年から十年ごろのことでした。春と秋は必ずそうしていました。高等科卒業まで続きました。勉強がしたかったが、やむをえませんでした」。

学校を卒業してから兵隊に出るまでは、全部自分が牛の仕事をしていた。昭和二十一年に兵隊から帰ったときは二十歳過ぎであったが、そのころから今日までずっと農業に従事した。専業農家だったので、牛を使うことにはずいぶんと慣れていたし、この近辺では右に出る者はいなかったという。

榎本禎夫さんの家では、博労を通して朝鮮牛を世話してもらっていた。朝鮮牛は朝鮮で野山を歩いていたせいか、爪が固いので仕事をさせるときに足を痛がらなかった。それに比べ和牛は足の裏が柔らかくて、道路を歩くときは痛がる。そんなわけで朝鮮牛を求めて、冬から春にかけて、仕事を教えていた。しかし、途中からは和牛に替えた。農耕に使いながら、子牛を産ませて市場に出すことを考えたからである。

子どものころから農業一筋で生きてきたので、榎本禎夫さんも牛の「追いおろし」の体験も語った。

前記したように、引き綱《ひづな》を引いて「左右に方向転換をする」こと、「止まる」ことを牛に教える。右手に持った引き綱を引けば右に回り、引き綱で顔と腹をたたいて「アッセアッセ」（「左へ向くこと」を指示する言葉）という言葉を教え、それが左に回ることの合図だと覚えさせる。さらに「アッセアッセ」で左に回る指示を出し、合わせて「引き綱を引く」という指示を同時に出すことで、「さがる」（後退する）ことだとも教え込んだという。牛を後退させることを具体的に語った古老に初めて出会った。

二枚取《にまいどり》（乳歯が二本抜けた状態）が二歳であるが、そのころに仕事を教え込んでいたという。若いときには、その近くの年寄りから牛仕事を教えてもらっていた。すべての技は年寄りから若者へと受け継がれていた。

14

たとえば、牛四頭で共同作業をする次の話に及んだ。

「自分一人で牛仕事をすることはなんとかできても、牛四頭で共同作業をする『代掻《しろか》き』（水稲の作付けにあたって、田を起こした土を砕いて、水田に水を入れ、土をまぜてコロイド状にし、田の面をならす作業）は、呼吸が合っていないとできません。一番先頭に立って先導する牛のことを先牛《さきうし》★14と言います。そのあとに二番手から四番手までが、間隔を開けて続いていきます。先牛は方向転換をするときには、二番手から四番手の『代掻き』幅を、頭の中で計算して折り返さねばなりません。どのあたりを折り返せばよいかは、先牛の勘《かん》と経験の豊かさによります。先牛は何年も経験した長老の仕事でした。先牛は必ず一定の方向に回るとはかぎりません。田成りや残りの面積、そのほかの事情によって、左に回ることも右に回ることもあります。若い者は四番手からはじめて、見よう見まねで習ったものです」と話した。

たとえば、襷《たすき》掛《が》けと呼ばれる「代掻き」のやり方がある。襷を掛けるように「代掻き」をする。四頭が襷状に移動するので、先牛は、どこをどの距離で回るか予測しながら回るのである。そのほかに「鶴の舞込」という「代掻き」の方法もあったという。田の角《かど》を丁寧に鋤《す》くために、鶴が舞うように余分に丁寧に鋤くやり方である。それを感取《かんど》って機転を利かさねばならないので、二番手も先牛に次いで、経験と勘が求められたのである。先牛の上手下手によって「代掻き」のでき具合が違い、所要時間も違ってくる。若い者が仕事を飲み込んだら、吉岡善作さんなどの年寄りが、若者に先牛を経験させていた。榎本禎夫さんも晩年は立派な先牛になった。往時を懐かしく思い出してもらった。スイッチとアクセルで難なく動かせる機械操作よりも年季（経験と飲み込み）を必要とし、さらには妙味もあった。

それらの技はなによりも、牛を思いのままに動かすことが前提であった。しかし、生き物だから力の差や性格の違いがあり、思いのままにならなかった。同じ牛でも、これから春の仕事がはじまるというころの牛は、それまで畜舎でエネルギーを貯えているので、力が有り余って人間の手綱さばきに応じない。ハナグリの操作だけでは思うように動かない。そこで、ハナグリのほかに棕櫚縄《しゅろなわ》(棕櫚の木の繊維でなった縄)を、鼻の穴に添えて通して引いた。棕櫚縄で引かれると鼻が痛い。牛はやむなく人の指示に従うようになるということである。それを添綱《そえつな》と呼んでいた。年寄りとか子どもが牛を使う場合は、そのようにしていた。車を引くときは、とくにそうしていた。「この話を誰かに話されたことがありますか」と尋ねたら「今日、何十年ぶりに話した。誰が昔の話など聞きましょうに一」との返事だった。

4 削蹄《さくてい》

牛を飼う者にとって、さらに削蹄という作業がある。牛の爪を切るという作業である。地域地域に削蹄場[★15]があって、経験のあるものが、その作業をやっていた。この屋根のない建物の写真は、馬の病気のとき血液を抜くためにも使っ

14 『大和町誌』(広島県三原市)一九八三年、四七七頁。昭和初期の代掻き風景。写真では八頭で代掻きをしている。向かって右手前が先牛。
15 「広島県椋梨ダムの民俗調査」記録写真、三原市立中央図書館蔵。(河内町小田四の組の牛の爪切り場、一九六五年撮影)向かって右手前方の柱に牛のハナグリを括りつけ、後方の四本の柱に削蹄をしない足を括りつける。削蹄する足だけは括りつけない。この建物の背後に、牛と百姓の歴史がある。

ていたので「血取り場」とも言っていたという。今日では、何のための建物か知る人は少なくなった。

福光魔去さんは、農学校の生徒のころから、牛の爪切は自分でやっていた。牛の足を上げて切る作業をするので牛が落ち着かない。作業のコツがあるのだろうと聞いたが「コツよりも度胸だ」という返事が返ってきた。昭和三十四〜三十五年以前は山鎌（山草を刈る鎌で、木切り鎌と草刈り鎌のあいだくらいの厚さの鎌）を短く加工して使っていた。五十年以上も前に使っていたという鎌状の特殊な刃物の削蹄用具★16が、納屋の鴨居にこれもまた、時が止まったように掛かっていた。「これで削っていたのよー」と言った。

その後、昭和三十七年ごろには削蹄専用の鎌★17が鍛冶屋でつくられるようになった。草刈り鎌のおおよそ半分の長さである。おもての面に「手造り」とあり、牛馬の絵が刻まれている。柄の端にゴムバンドを自分で付け、それを手首

15

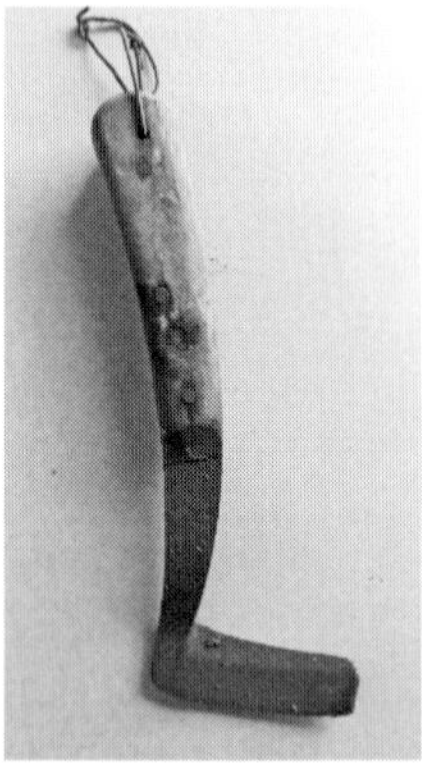
16

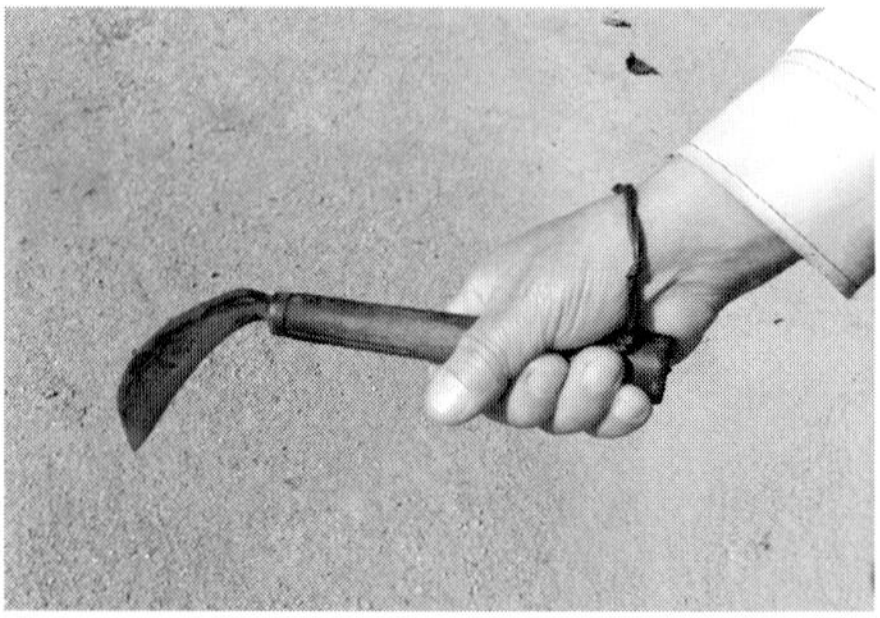
17

にかけるようにしている。削蹄中、牛が暴れて削蹄用の鎌が手から離れて飛ぶことの危険を防ぐためである。

榎本禎夫さんの場合は春先の農作業をはじめる前に、爪の前側を小さい鋸《のこ》で切っていたという。

5　牛の「追子《おいこ》」

昭和十（一九三五）年以前まで、徳良の牛市（三原市大和町）で売買された牛を尾道市まで人手で追いながら連れて行き駄賃を稼ぐ、歩荷《ぼっか》に似た仕事があった。それを牛の「追子」といっていた。

コースは、下徳良（三原市大和町）から上徳良を経由して泉（三原市久井町）から八谷を下って、三原市の西町に出る。そこから現在の国道二号線にほぼ重なる海岸の道を通って尾道市まで、牛を連れて行くのである。三原市（西町→東町→木原→糸崎）→尾道市のコースを一般的には辿る。そのほかに、三原市（垣内→久山田）→尾道市（尾道水源池）のコースもあった。夕方から、次の日の明け方まで歩く距離であったと聞いた。

牛の追子は、二、三人連れだって行く場合が多かった。ときには一人で行くこともあった。二十歳そこそこで、いまとは違う灯りのない山道を行くのは、あまり気持ちの良いものではなかったという。昭和初年ごろの話である。しかも、一人で三頭もの牛を追うときは、緊張感でいっぱいだった。そのうえ、夕方に出て朝方尾道に着くのだから、二十歳そこらの若者には、眠たいことであった。途中で睡魔もおそい、西町あたりまで来て、家の前にあるバンコに腰掛けて、ひと眠りしているあいだに、牛が離れて逃げてしまったことがある。気がついて探してみると、牛は必ず、

16　三原市久井町　福光魔去蔵。
17　同前。

いま来た道を帰っていた。牛自身だけで、目的地に向かって、歩いて行くことはなかったという。もし、牛だけが目的地に向かって歩いてくれれば大助かりである。途中は多事多難であった。三原から尾道のあいだは、夜間、当時でも列車が何本かは通っていた。現在の二号線沿いの糸崎神社（三原市）から尾道までが、追子の腕の見せどころであった。反対方向から列車が大きなライトをつけて、突進してくると、牛は「ソブケ」（びっくり仰天）してしまう。そんな場面を避けるために、列車に出会わない時間帯を選ぶのであるが、必ずしもそうばかりはいかない。やむをえない場合は、列車に出会う前に、牛綱を近くの電柱に巻きつけて列車をやり過ごすのである。それも間に合わず、牛が追子の手を離れることもある。

大草地区の原光一夫さんは、その瞬間に牛に逃げられた。牛は驚いて海に飛び込み沖へ泳ぎだし、それに驚いて原光一夫さんは慌てて、家に帰ったという話を砂田明夫さんから聞いた。追子が肝を冷やして帰ったら、牛が先に帰っていたという話は、とくに印象に残っている。

成牛は「追いおろし」をしているから、追子の言うことを聞くが、「ベチコ」（子牛）は、追っても引いても、たたいても、追子の言うことを聞かない。思うようにならないので苦労をしたものだという。万策つきて、背に腹は変えられないので、最終手段としてベチコの耳に水を入れる。すると驚いて歩きだす。

なんとか、尾道までの道のりを追って役目を終えた追子は、三頭を連れて行った場合、当時で三〜四円（今日の八千円程度）もらっていた。酒一本が八五銭ぐらいであった。米で一斗五升くらいであった。

尾道で快楽座という劇場があった。そこで芝居を見て、帰りは河内まで汽車で帰り、河内から四里（十六キロメートル）の道のりは徒歩で帰っていた。あるとき快楽座で親切に座布団を出してくれたので座っていると、座布団の代金を請求されたので慌てて返したこともあった。座布団まで金をとるという商魂は、田舎では考えられないことであったから記憶に残っていた。若者以外は、うどん一杯ですませて、早々に徒歩で帰っていたという。

これらの話は、昭和五十四（一九七九）年に聴き取った話で、明治四十二（一九〇九）年生まれだった砂田明夫さんは、すでに他界されている。一昔前の牛の宿命と、昭和初期の農村青年の生活の一端である。

大正三（一九一四）年生まれの松尾正夫さんの話を、その子息から聴き取った。同じころの話である。その話は、牛そのものの商いではなく、牛に米を背負わせて売りに行き、帰りには魚をはじめ、海産物や田舎にない商品を求めて帰るという往来があった。広島県世羅町から久井町を経由して、三原市から尾道市に向かってのコースである。道中夜間は睡魔に襲われ、どうしようもなかったという話を聞いた。そんな場合は、牛の尻尾にしっかりつかまって歩いていれば帰路は必ず牛が道案内をしてくれたそうだ。牛は運搬手段としても重宝であった。松尾正夫さんはその後、爆心地（広島市袋町）で被爆しながら、奇跡的に命を繋いだ者として、自分の時代を次の世代に語り継いでおきたいとの思いが強かったと聞いた。

II　同伴者としての牛

1　牛と向き合う

牛の一生涯について、昭和二十（一九四五）年ごろからの様子を知っていると、国正利明さんは次のように語った。牛は博労の手で商われていた。二歳から三歳の子牛を買って、ハナグリを通し調教して仕事の仕方を教え、農作業に使う。子牛から飼育すれば、飼料が三分の一ですむから子牛を求める。生後五〜八か月ごろまでは「もがた」（ところによっては「ももがた」「面形《おもがた》」というところもある★18を付けて飼う。そのころになるとハナグリを付ける準備のために「添鼻《そえばな》」（中鼻《なかばな》を挟む道具★19）を付けて慣らす。写真19－1は開いた状態で中鼻を挟む前の状態。写真19－2は中鼻を挟んで閉じた状態。閉じた状態で、やや隙間がある。その隙間の厚みが中鼻の厚みである。この状態でしばらく馴らして、そのあとに、この部分に穴を開けて本格的なハナグリを通す。

牛は二～三歳ごろになると、前歯が二枚抜ける。そのころの牛を「二枚取《にまいどり》」という。四歳くらいで前歯が四枚抜ける。このころの牛を「四枚取《よまいどり》」と呼んでいた。そのあと永久歯に生え変わる。仕事は「二枚取」のころから覚えさせていく。仕事によっては沓《くつ》を履かせる★20。足の前部には爪があるが、後ろ足の部分は皮膚が柔らかいので、小石を踏んでも痛がる。田の中では必要がないが、道路、山では足の後ろの部分を保護してやらねばならない。牛の沓は後ろが主である。写真の前方に爪をはさみ、後ろ足を沓の上に載せる格好で足の後部を接地しないようにしてやる。写真の沓は、民俗の教材作品として再現したものではなく、五十年前に牛に履かせるために、実用品としてつくられていたものである。

仕事をさせるにあたって、鞍の乗せ方が大切になる。馬は基本的には腹と肩で荷を引くが、牛は腹で荷を引く。そのため牛の鞍は前足のすぐ後ろあたりに乗せる。鞍は腹の位置より前にある。挿絵の腹《はら》び★21（腹帯）（図①）をしっかり締めて、それを引《ひ》き綱《づな》（図⑥）で引いて荷重を動かす。

一～二歳の子牛は、腹が出ていないので鞍が腰のあたりまでずれることがあり、腹が一定に大きくなるまでは鞍で荷を引くことが難しい。その経験からの工夫と知恵で、ある時期からは、鞍から胸緒《むなお》（ムナガと言うところもある）（図②）を付けて首の下にも荷重がかかるように工夫をした。胸緒とは藁《わら》でつくった幅の広い組み紐で、胸に紐がくいこまないように帯状に手造りした引き綱である。さらに鞍から尻尾にまわした綱（麻綱の細いもの）を尻側《しりがわ》（図③）と呼んだ。尻側は下り坂などで鞍が前にずれるのを防ぐ綱で尻尾の下をまわしている。ハナグリから角の後ろにまわっている綱を鼻緒《はなお》（図④）と呼ぶ。鼻緒は手綱の効きぐあいを調節するためにある。これら牛との生活に必要な

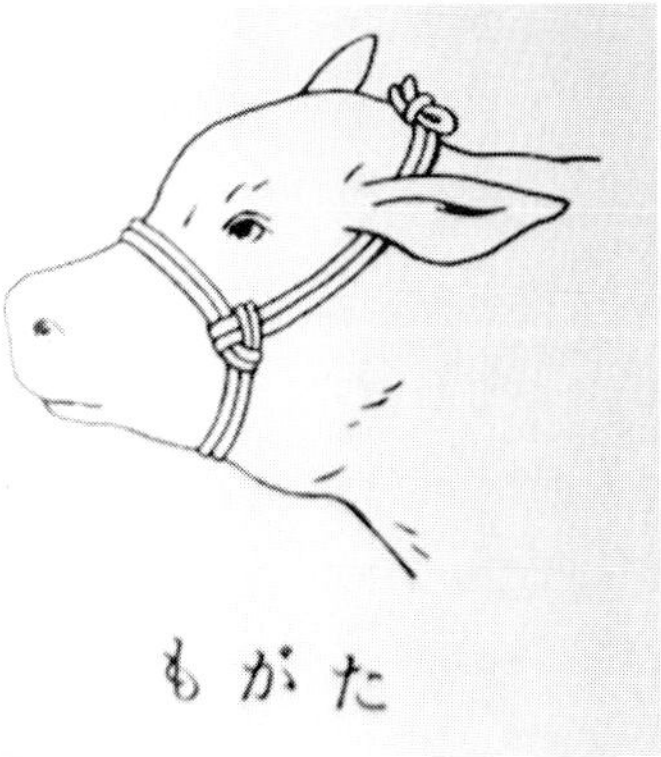

18-1

18-2

19-1

19-2

20

18　三原市大和町　田原開起蔵。（埜上柏人作）
19　広島県世羅町　国正利明蔵。
20　同前。国正さんによると、この沓のことをガニと言っていた。作ったときの姿が蟹に似ていたからだという。
21　広島県世羅町世羅郷土民俗資料館蔵。（鞍から首の方向へのベルト）

ものを、百姓は可能なかぎり手造りしていた。鞍の蓑《みの》（図⑤）も手製である。これらの装備を整えて、引き綱で車や農具を引く。

榎本禎夫さんも「子牛は腹が出ていないので、鞍を腹び（腹の帯）のほかに胸にも帯を付けて体全体で引かせるようにしていた。胸に付ける帯はムナガと呼んでいた。おそらく胸側《むねがわ》がなまったものだろう」と語った。ムナガは「胸側の帯」という意味が省略されてムナガになったのであろうと語った。ムナガは三《み》つ繰《ぐれ》（縄四本を縦糸にして、使い古しの布を横糸にして三巴《みつどもえ》になった縄）に、編んで帯状にしたものである。ちょうど藁草履《わらぞうり》を長くしたものと理解

21

22

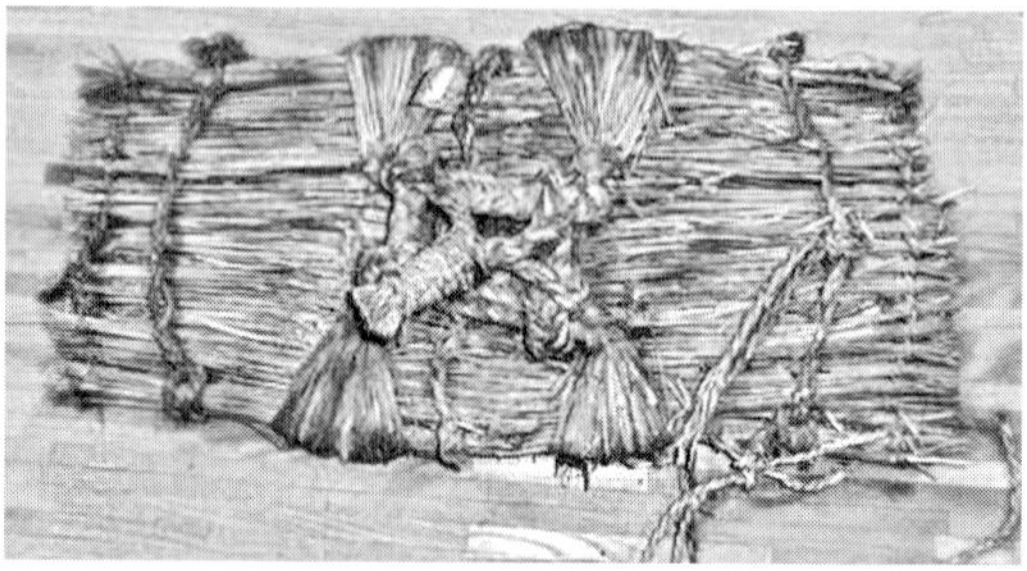
23

すればよい。帯状のものを牛の胸に一定の幅で充てるのだから、力が楽に伝わることになる。時代とともに百姓の創意工夫によってできた用具、ハナグリ・鞍《くら》・模形《もがた》・沓などが、次々と商品化されていった。

聴き取りのなかで、国正利明さんはみずから鞍もつくって着せていたといっていた。ちょうどそれにあう、格好の良い木を伐り、曲がった部分をうまく利用して牛の鞍をつくった。写真の鞍★22（写真のなかの右側の鞍）は六十年前に、白木の根元の曲がり具合の良いものを利用してつくったものである。背中にあたる部分が、ほぼ直角になっていることが望ましい。彼も、父親が一世紀前につくったもの（写真の中の左の鞍）を参考にして、みずからつくったものである。背中にあたる部分は「差し金《がね》」（L字形の物差し）と呼ばれるが、要するに背中にあたる部分がほぼ直角になるようにつくられている。親子二代にわたって手造りした。長い年月にわたって、実用されたのち、ひっそりと保存されていることに時の流れを感じた。世相を静かに見守っているように思えた。

最近の肉牛は背が逆U字型のように丸く肉づきのよいものが好まれるが、当時の役牛の背中は逆V字型で、ほぼ直角に尖っていた。そのため「差し金」の鞍が安定した。個々の牛の背中の状態を見ながら調整してつくった、まさにオーダーメイドであった。鞍は、定位置から後ろに動いたのでは車や鋤《すき》を引くことができない。逆に、下り坂で、首の方向（前）に移動してもだめである。定位置に鞍を安定するためにオーダーメイドであることが理想的であった。

そのほか雨の日は、鞍にも蓑を着せたということも聴き取った★23。牛の身体全体は毛でおおわれているのでそのままであるが、鞍は藁《わら》でつくった製品なので、鞍そのものを雨から保護するために蓑を着せた。別段「牛が雨に濡《ぬ》れてかわいそうだから」ということではないと、牛を可愛がっていた小世良両道さんが言った。人間の蓑と同じように編んで着せていた。

22　広島県世羅町　国正利明蔵。（親子二代の自作作品の鞍）

23　広島県世羅町　八田原郷土民俗資料館蔵。

裕福な家では、一、二歳の上等の牛を何年かかけて飼う。そのあいだに子牛を産ませて副業的に売るという。生まれた子牛の牝牛《めすうし》を一般的には農耕に使っていた。雄牛は気性が荒いし、いうまでもなく子牛を産まないので市場へ出していた。

しかし、なかには雄牛を農耕に使っていた家もあったと聞いた。近隣でも、まれに雄牛を農耕に使っている家があったが、気性が荒いので人間にも危害を加えることがあり、雄牛を上手に扱うためには、綱のほかに竹綱《たけづな》（五尺くらいの長さの竹の棒）も添えて使っていた。綱では制御が効かないのである。また、睾丸を抜いて使っていた。

2　預かり牛

国寄明史さんのからの話をまとめると次のようである。

雄牛であっても自分の牛をもてることは幸せなことであった。自分の牛をもつことができない事情のある農家は「預かり牛」という、博労との契約のもとで、借りた牛を飼うケースがあった。主に仕事をさせるのは田植時期の農繁期であり、そのほかの時期にはほとんど仕事はない。餌を与えるだけでは採算が合わないので、農耕と同時に子どもを産ませた。これが「預かり牛」という方法であった。「子牛一頭が親牛の足一本」という言い方があった。それは、一頭子牛を産ませると、預かり牛の足一本が自分のものになるという契約である。子牛を四頭産ませると、それとの引き換えに預かり牛が自分のものになるというわけである。

話では簡単に思えるが、年じゅう与える餌代は相当の負担になる。そのうえ、四頭の子牛が順調に産まれるともかぎらない。たいてい三頭止まりである。四頭目が産まれなければ、借りていた牛は自分のものにならない。博労は、そのあたりの計算に長けていて、博労が損をすることはなかった。

3　鞍下牛《くらしたぎゅう》

大きな百姓は、経済力があり、一年じゅう牛を飼う余裕がある。しかし、小作をしているような貧しい百姓はそのゆとりがないので、田植の農繁期だけ牛を借りるやり方があった。これを「鞍下を借りる」という。そのことを宮本常一も聴き取っている。「牛馬の農耕に利用されるのは、年間通じて三十日ないしは四十日であって、他は畜舎につながれて単に厩肥《きゅうひ》（畜舎の中の堆肥《たいひ》）の製造をしているにすぎないものが多い。零細経営の農家にとっては、このように長く休ませて短期間使用する家畜を飼っておくことは経営上不利である」[★24]。小作農が一軒で借り受けることが難しい場合は隣近所と組んで二軒で借りる場合もあった。このように、牛を買う財力のない農家は鞍下牛を借りて田起し（田を鋤《す》くこと）をした。その代金として米一俵程度を払っていた。国正利明さんによると『赤屋文書《あかやもんじょ》』に「慶応元（一八六五）年に、鞍下料として、一年借り受けると、米一俵を支払うという記録がある」[★25]という。「鞍下を借りる」という、このやり方が広範囲に行なわれていた。

鞍下牛は、牛をたくさん飼っているところから飼育していない地帯に、主として水田耕起時期に貸し付ける制度である。一般には山間部から平野部に、持ち主が自分の家で使用する前後に貸し付けるのが多い。

鞍下牛を送り出す地域について宮本常一も、次のように聞き取っている。「三月下旬に仁多郡（島根県）地方あるいは広島県比婆郡地方に一番鞍として貸出し、六月上旬に返されると、すぐに簸川郡（島根県）神戸川流域地方に二番

24　宮本常一『宮本常一著作集19　農業技術と経営の史的側面』未來社、一九七五年、三一六頁。
25　国正利明『古文書記録集（六）郷土に伝わる文書――むらのできごと』太田庄歴史館、二〇〇八年、七五頁。

鞍として貸し出され、七月上旬に帰る」[★26]。『広島県史』は次のように記述している。「中国地方に見られる鞍下牛の風習も貸牛の風習から発達したものである。鞍下というのは、荷鞍の下に敷くクッション用のものである。牛に荷をつけるのではなく、鋤をひかせるようなときは、荷鞍は不要になる。そこで農耕に使う牛を鞍下牛といった」[★27]。そのような牛を借りて「田起し」、「代掻《しろか》き」をした。

その牛の斡旋をするのも博労であり、彼らは売買以外で、鞍下牛を貸すことでも高額の所得を得ていたという。「博労自身が、自分におじさんが三人いれば、その三人のおじさんとの取引だけで飯が食える」と、年寄りが言っていたという。

博労は牛馬の取引、移動には必ず関与し、高額の所得を得ていたが、良識的な博労もあり、相手の家庭の状況も知ったうえで、商売抜きで親身になって面倒をみる者もいた。

博労は、種牛をもつ土地の有力者、改良の先駆者である。教養も高く、いつのころか、一定の資格試験も行なわれるようになった。たとえば「馬酔木《あしび》（毒を含んだ木）の葉を牛に食べさせてはならない」という程度の知識があるかないかを問うような試験があったように思うと国正利明さんは語った。

しかし、「農家へ直接出入りするのは、資本力をもたないバンソウ博労（子博労）であった」。露払い役として百姓に牛を貸したり、買う気にさせる役である。博労は一方的に言い値で商売をするという。

一般的には売り手市場であったことを記した町史もある。「博労は百姓の敵だ」とまで記している。

博労の手口（売買の仕方）の一つは、売買または交換しようとする牛を夜に連れて行くことである。牛は暗いところでは、実際以上に良く見えることによる。年寄りの知恵で、経験的に「牛は絶対に夜は売買交換をするな」といわれていた。

『広島県史』の記述にも前記の聴き取りに重なる話がある。

博労が「牛産地の拡大発展、牛の改良増殖に貢献したことは大きい」。さらに、博労は「博労独特の服装で、遠くを歩いていても直ぐそれとわかる」。そして、「牛の取引には様ざまなかけひきが行われた」。「小さな牛を高いところにつないで大きく見せるなどの偽装を行ったり、さらには種付票の変造や産地を偽るなどの詐欺行為まで行われることもあった。また、その取引には袖の内で指を握って値段を示すといった方法が最も多く用いられた」[★28]などと記述している。「取引には袖の中で指を握って値段を示す」場面は、子どものころに、私たちも見て知っている。バンソウ博労のことを『広島県史』はバンソウ人と呼び、次のように述べている。

「博労と農家のあいだに立って、売買を成立させる仲買人をバンソウ人といい、仲介することをバンソウするという」「バンソウ人は多くの博労の手先になって働いており、一人の博労に何人かついている場合が多い。（中略）自分の手の届きにくいところは、たいていバンソウに見て回ってもらっており、（後略）」と述べ、なにかにつけてバンソウ人がとりなしていたと記述している。「バンソウ人は腰切りの着物に股切りをはき草履《ぞうり》をはいている者が多く、（中略）一目見て博労とバンソウは区別がついたのである」[★29]と述べている。博労やバンソウ博労の口から「女賢《おんなさか》しくして牛を売りそこなう」という言葉がでる。その家の妻が牛の売買に口を出すと、必ず売買が成り立たない、ということから使われていた言葉だという。妻が賢いと博労にとっては、売買が成り立ちにくいので、好ましいことではなかったという。もっとも大局を見失って妻が横槍を入れることで、牛を売り損なうこともあったであろう。しかし、当時は、女が牛の売買に口をはさむと、成るものも成らないという社会的な風潮があったと国寄明史さんはじめ何人かの人が語った。女は控えているものだという世の中の風潮を示す言葉である。そこで博労は最初に「カカアにハナグリを持たせて機嫌を取る」という。なかには、その家の妻が機嫌を悪くしないように、土産（塩サバ一尾や駄菓子）を

26　宮本常一編著『山の道　旅の民俗と歴史　八』八坂書房、一九八七年、一七三頁。
27　『広島県史　民俗編』一九七八年、一一四頁。
28　同前、一二五頁。
29　同前、一二五～一二六頁。

持参することもあったと聴き取った。

この言いぐさは「牛の売買には多年の経験による知識を必要とし、浅知恵でこれに手を出すと、ただちに大損につながるというところから、女の知恵というのは、狭い視野での判断しかできないので、いくら賢そうに見える女でも、下手に出しゃばるととんだ失敗を招く」というのである。「牛の売買には多年の経験による知識が必要」ということでは納得できる。しかし、後半部分の女性に対する差別性は、いただけない。この言いぐさを引用することもはばかられる。しかし、そのことをわきまえたうえで、牛の売買では、必ず語られていた事実として記録に留める。

このことは、牛の売買のみならず、田畑や山林の売買でも言われていたことも聴き取った。

もっとも、牛一頭を売買することは、百姓にとって一大事であるから、妻が口をはさむのも無理からぬことである。「牛は農家の宝と言われ大事にされた。いま思えば、何百万円ものトラクターに思われた」。その場で売買に口をはさまず、あとで夫に思いを話す妻もいたという。

農耕にとって、牛は貴重な相棒であったから、牛の売買は真剣勝負であった。牛が農家にとって、なくてはならない存在になったのは、少なくとも元禄時代（一六八八〜一七〇四）以降、長床犂★30（この地域では「ながどこすき」と呼んでいた）が使われるようになって以来のことであろう。古くは鋤《すき》★31は人の力で使う物であったが、長床犂★32は牛に引かせるようになっている。労働力としての牛がいなくては百姓が成り立たなくなり、百姓は牛とともに生きるようになった。

それだけに、百姓は牛に対する思いやりが深くなり、正月には人間並みに餅を食べさせたいところを、餅は牛の喉に詰まるから団子汁を飲ませていた。国寄明史さんは九十三歳になるいまでも、朝起きて一番に頭をよぎるのは朝飼《あさが》い、つまり「牛を朝一番に飼う」ということだと語る。四十年も前に牛飼いをやめているのに、いまだに牛とともに生きてきた生活が蘇ってくるのである。昔の人は「牛の朝飼《あさが》い」「馬の夜飼《よが》い」と言っていた。牛は朝早く飼って腹を出さねばならない。牛は今日的にいうとメタボが大事なのである。腹が出ないと鞍が後ろに抜けて荷が引けないからである。とりわけ牛は寒《かん》の内（ほぼ一月の三十日間）にしっかり飼っておかないと、春の仕事に耐えられないといわれている。「馬の夜飼い」といって、馬は夜に飼うという。馬は手間ひまかけて食べるので、夜ゆっくり食べさせるというのである。牛は足が遅いので、噛まずに、とりあえず第一の胃の中に入れて、その場を立ち去り、暇を見て、安全なところであらためて反芻《はんすう》する（それを「追《お》い噛《が》み」と言った）。馬は、いざとなれば逃げ足が速いという自信があるのでゆっくり食べる、と小世良両道さんは語った。ついでながら「馬の噛《か》みだし」という言い方がある。馬の歯に尖《とが》りがなくなると、噛み切れず吐き出すという。牛にはそれがない。

　牛と長年暮らした者にとって、いまでも夢に出てくる場面の一つに、農耕の最中、人と牛に虻《あぶ》と金蝿《きんばえ》が襲ってくる場面があるという。人も牛も必死で虻

31

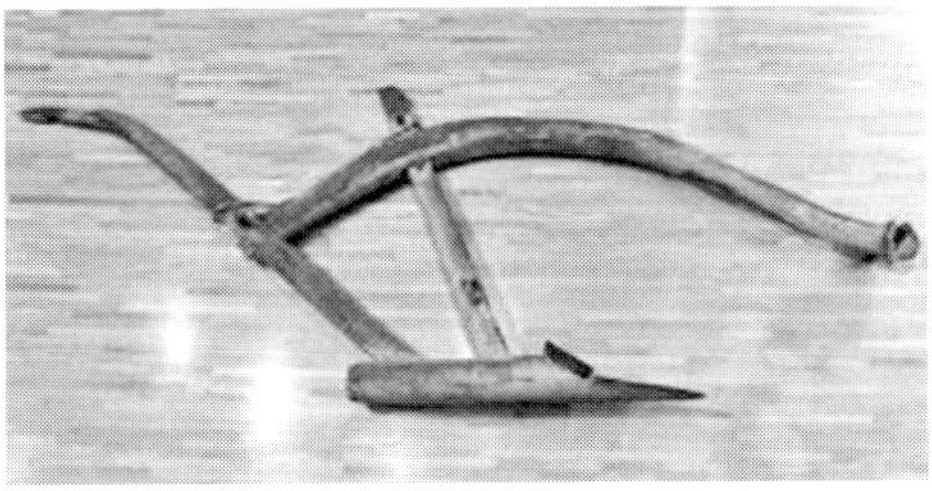

32

30　長床犂（ちょうしょうすき）「明治時代に使われていた犂は、長床犂である。……床の長さ二尺、厚み四寸五分といった長い床の物で、そのため使用中の安定が良く、使いやすいものであった。しかし、抵抗が大きく、牡牛の力を必要とした」。同前、一一八頁。

31　ジョナサン・ノートン・レオナード著『農耕の起源　ライフ人類一〇〇万年』タイムライフブックス、一九七七年、一四三頁。現代に反映する最古の農民の姿。エチオピア農民が、天然の木材で作った犂を担いで自分の畑に向かって歩いている。

32　広島県世羅町　八田原郷土民俗資料館蔵。

と金蝿を追い払う。牛は皮膚を動かして抵抗するが、虻は舌を牛の皮膚につけ、毛穴を見つけると舌の一部分を針状に尖らせて刺す。牛は、最大の武器として尻尾を振りまわす。尻尾の先には多くの毛が生えており、それが、扇の役割をして虻や金蝿を追い払うのである。しかし、体の前方には尻尾が届かない。そこで、しきりに首を曲げ顔で追い払おうとする。その必死で痛ましい姿を、子どものころの体験として私たちの世代は思い出す。牛みずからではどうにもならない部位を刺されそうになったときは、牛の使い手が代わって追い払っていた。使うものと使われるものとが共通の敵と闘っていた。百姓は牛のご苦労をよく知っていた。牛と使い手は、まさに一体であった。しかし、雨の日や、水田の作業のときには、牛がしっぽを振りまわすと、雨や泥水を人間の顔に散らすので、そのときは尻尾を綱で括《くく》って鞍に巻きつけて、動かないようにしていた。「尾挟《おばさ》み」と言っていた。人によっては尻尾を鋏《はさみ》で切る者もいた。

牛は家族のように大切にされながらも、人間のために働かされ、最後には手放されるという宿命を背負っていた。

4　牛の宿命

牛の角は前からの力には強い。しかし後ろからの力には弱い。その角は「牛の角を蜂が刺す」と比喩されている。硬い牛の角には蜂の毒針も刺さらないことから、「なんとも感じない」ことの比喩であるが、その角はもう一つ意味をもっている。年齢を知るのに役だっているのである。牛の年齢は、角に出る年輪状の節で数えることができる。この節が牛の年齢であり、牝牛の場合は、ほぼ子どもを生んだ回数でもある。七～八歳ごろになっても、「子出《こだ》しがよい」（こどもをよく産む）牛もいるが、多くの場合七～八歳の牛は市場に出して、若い牛に替えるのが一般的であった。博労は牛の角の節を見て、七～八歳の牛を八牛《やつうし》と言った。聞こえの良くないいい方であるが婆牛《ばあうじ》ともよんでいた。

博労は八牛をさらに詳しく知るために、口の中に指を入れて奥歯の有無を確かめる。もともと牛には上顎の切歯（前歯）はなく、上顎に十二本、下顎に二十本がある。そのため、草を食べるときには長い舌で巻き取って口に運ぶ。

あるべきはずの奥歯がなくなることを「奥歯が切れている」といった。だいたい七〜八歳になると奥歯が抜ける。奥歯が抜けていなければ、たとえ八牛でも再び農家に引き取られて、老いに鞭打たれて農作業にいそしむ。博労も奥歯が切れていたら、農家の労役用には向けない。この時点で、農耕用の牛としての命が終わり、肉牛としての運命が待っているのである。

牛は百姓にとっては、苦労をともにする同伴者であり宝物でもあるから、肉牛として食べるものではないという長年の感覚が身にしみ込んでおり、屠場《とば》に送ることが忍びない。やむなく屠場に送りこむことに携わったことのある恵本忠人さん（明治二十四年生まれ）が、たまたま自分の家で飼っていた牛を屠場に連れて行った。次の日も他家の牛を連れて行った。すると昨日運び込んだ自分の家の牛が肉になっていた。それを「持ちかえって食べないか」と言われたが「なんぼなんでも自分の家の牛を食う気にはなれなかったのでもらわなかった」と語った話を、子孫が聞き覚えている。その心情は百姓にはわかる。そんな心情から、八牛になっても、誰か新しい飼い主のもとで、農耕に励んでもらいたいと、念じているのである。次々に子牛を産ませるが、八牛にならないうちに次の農家へ手放し、新しく子牛を仕込んで次の働き手にするというやり方を、国寄明史さんの家では基本にしていたという。それが理想ではあるが、すべての農家にそれだけの余裕はなかった。

当然のことながら、婆牛（八牛）にも、農閑期でも食べさせねばならない。しかし、動作は「とろい」（のろい）し仕事はできない。さりとて子牛も産めない。そのため農業経営の厳しい農家に引き取られていくか、あるいは、肉牛としての末路を迎えるかの運命が待っている。八牛は、人間の都合で宿命的に売られていく。久井の市は年三回開かれていた。最後の市が三番市と呼ばれていたが、そこに運びこまれた。

振り返ってみると、牛は従順によく働くが、なかには知恵のある牛もいて、人間様が手綱を引けないように、手綱

34

35

を自分の角に巻きつける技を心得た牛もいた。さらには、自分に掛けられている横枷《よこがせ》★33を、操作できない状態にする知恵のある牛もいたと聞いた。しかし黙々と働く農耕牛のおかげで農作業は成り立っていた。八～十歳くらいまでは農作業をさせる。牛のおかげで農作業がずいぶん楽になったし、飼い主も牛を家族と同じように大事にもした。広島県北にも東北の曲屋と同じように家族から牛が見える位置に牛小屋をつくっていた農家もあった。

　高岡進さん（二〇〇五年当時八十五歳）に案内してもらった、ある農家（広島県三次市）は、集落の北側に位置し、南向きの高いところで、地域を見渡せる位置にあった。約百年前に建てられたという。家屋の前面の長さが十間以上あると思える平屋である★34。正面の中央付近に玄関があり、向かって左手は母屋になっており、右手は駄屋《だや》（牛小屋）になっている。東北地方の曲屋を直線にした感じである。そこに牛四頭余りを育てるように閂《かんぬき》がある★35。現在は外に畜舎を建て、そこで育てているが、出産を迎えるときだけ昔のように家の隣のこの場所に連れて帰り、出産前後はしばらくここで育てる、とその家族は語った。

　高岡進さんも語った。「家の子どもたちも牛をペットのように可愛がった。しかし、牛も年老いて農作業に耐えられないようになると、手放さざるを得ない現実があった。別れの日、牛も日ごろとは違う雰囲気から、離別を動物的に察しているようで、牛が涙を流す場面を覚えている飼育経験者は多い。人間のために働かせ、最後には手放さなければならない牛の宿命をやるせなく思った」と、因縁を語った。

ただ、百姓がすべて一様というわけではなく、打算にとらわれる者もあった。牛を働けるだけ働かせて、手放す前になって、肥牛として少しでも高値で売ろうと、しっかり餌を与え肥やす者がいた。家族同然に暮らした牛を、最後にはあからさまに、金銭の対象として割りきった。近所から「そこまで貪欲になるか」と、厳しい眼を向けられた百姓も村にはいたという。

時代はさかのぼるが、江戸時代末期生まれの女性のなかには、仕事中に産気づいて出産し、そのうえ、出産後すぐに麦蒔《ま》きに出たという者もあった。その話は、明治時代前半ごろの話として、その子孫から聴き取ることができた。今日では想像もつかないこともあった。

牛の場合は、戦時中はもとより戦後になっても、ぎりぎりまで働かせていた。その一例として、「麦わら倒《だお》し」の最中に田の中でベチコ（子牛）を出産したという話を、恵本高夫さんから聞いた。生まれたばかりの子牛は歩くことはできないので、その家の主《あるじ》が抱いて帰ったという。

「昔は自力で出産するのが普通であったが、人間の都合で牛の出産に人間が手出しをすることが多くなった。本来なら、牛は子どもを産む時には「へたばって」（横になって）産むが、人間が手伝って引き出すようになってからは、不自然にも、牛の方が立ち上がって出産するようになったという最近の事情も聞いた。産まれるとすぐに子牛は自力で立ち上がり、みずから母乳を求めるという自然の摂理も、人手を借りて出産するようになってからは、親牛が子牛に乳を飲ませないケースもある」とも聞いた。

33　牛の体と鋤を繋ぐ棒状の道具。（二三頁写真7参照）
34　広島県北の民家。二〇〇五年撮影。
35　民家の下手半分にある牛小屋の門部分。閂（かんぬき）とは、出口を閉ざすための横木。

5　雄牛と牝牛

柳田國男によれば、日本語では雄牛が「ことひ」牝牛が「おなめ」であったという。[★36]また、九州の一部ではシシすなわち食肉とされていたらしく、「タジシ（田鹿）」と呼ばれていたと記している。

近隣では、「ことひ」と「おなめ」が、それぞれ「こってい」と「おなみ」に訛ったのであろう。「こってい」でも「おなみ」でも、生まれたときにはいずれも、備後地方ではベチコ（子牛）と呼んでおり大事にしていた。家族の一員として、あるいは地域全体で見守る宝物のように育てていた。昨今、犬をペットとして散歩させるように、誕生後一定の月日が過ぎると、ベチコを散歩させていた。

散歩中などにベチコが逃げだすこともあった。戦後しばらくして、村に有線放送がはじまったころ、必要な情報を屋外にいてもわかるように、村中に流していた。ときどき「○○さんの家のベチコが逃げました。××方向に走っております。その方面の方は、捕まえに出てください」というのどかな放送が流れていた。今日ではとても、このような放送は受けつけられない。のどかな時代があった。

「以前は牝牛《めすうし》が産まれると、さらに子牛を産ませることができるので、百姓は牝牛が産まれることを喜んでいた。売買のときの値段は、一定ではないが、牝牛と雄牛では、おおよそ十対七の割合の値段がついたように思う。今日では肥牛として売買されるので、あまりこだわらなくなった。むしろ雄牛の方が高値で売れることもある」と、国寄明史さんは言った。

III　牛馬と人と農耕

1　牛馬

牛馬はともに農耕に使われたが、それぞれの長短があるので、家により、人によって馬を使うか牛を使うかは決まる。牛馬の両方を一頭ずつ飼っている家もあった。ところによって牛馬の割合はさまざまであるが、この広島県の中山間地域では牛三軒に対して馬一軒の割合で使われた。

比較的小さい田の持ち主は牛を使っていた。また年寄りはゆっくり作業をする牛を好んだ。「ザブ田」（水はけが悪く乾かない田）と呼ばれる「落ち込む水田」では、馬は身動きが取れなくなるので、少々のぬかるみはものともしない牛が重宝がられた。反対に乾田で大きな田を、若者が耕作する家では馬を好んで使った。比較的恵まれた水田の多いこの地域（三原市久井町羽倉）は馬が多かったと語ったのは福光魔去さんである。

牛は、少々のぬかるみをものともしないと前記したが、牛も落ち込んだ事実があるという。

国寄明史さんの話では、湿地の水田にはザブ田が多かった。初めから無理だと思えるような田には牛を入れないが、なんとかなりそうだと思える田に牛を入れたところ、牛が腹まで浸かってどうにもならなくなったことがあったとい

36　柳田國男『定本柳田国男集　第一巻』筑摩書房、一九六八年、二五八頁。

う。いまのように重機があるわけではなく、さあ大変だと地域中の者を総動員して人力で担ぎあげたという話を、九十三歳になる彼が、その父から子どものころに聞き覚えているという。大正時代の話である。牛は「ダラをこく」という。「自分で這い上がろうとしない」ということである。つまりは人間のなすままに任せる。どのようにして泥沼から救出したかはっきりしないが、たぶん腹にロープを巻きつけ、それを何人もの人で担ぎあげたのではなかろうかと言う。地域は十軒ぐらいで近隣を合わせても十六軒程度である。残念ながら仔細はわからないが、地域の結束の力、先人の知恵が、総動員されて救出したという。その後、そのザブ田の持ち主は、落ち込む水田の底に松の丸太を何本も敷き詰めたという。

時代は大きく変わり、圃場《ほじょう》整備《せいび》の結果、大きな区画の水田になった今日、かつての百姓の苦労の一端さえも伝わっていないことを彼はなげく。せめて、幾多の苦労を克服して今日があることを、地元（世羅町赤屋）の事例を介して後世に伝えたいという。

埜上トシエさんも、ザブ田が多かったので何度も牛が落ち込み、そのつど思いきりハナグリを引いて、引き出した例を語った。思い切って牛を使わず鍬《くわ》で「荒起し《あらおこ》」をしていた者や、肌寒い四月から五月にかけて、褌《ふんどし》一つで「荒起し」をしていた者の姿を覚えているとも語った。

2　牛馬のトラブル

次の記録は、平成十八（二〇〇六）年に、当時九十歳だった荒田キヨミさんから聴き取ったものである。

「昭和二十年の三月になって、夫に招集令状が来ました。三月十二日のことでした。そのころすでに日本は負け戦だということを、口には出さないものの皆感じていました。夫は広島から満州に渡り、その後、ソ連の捕虜になり昭和

37

二三年まで三年三カ月のあいだ、なんの連絡もありませんでした。そのあいだは大変でした。子ども三人をなんとしても、育てねばならないので死にものぐるいでした。舅《しゅうと》は腰が曲がっていて、田を鋤《す》くことができなかったので、仕方なく私が牛を使いました。牛を使うのが一番しんどかったです。

　昭和二十年ごろに、男手がないので婦人に対して牛の使い方の実習がありました★37。現在、和田さん所有の田がその実習場でした。佐竹年人さんが指導者でした。手ほどきを受けて、実際に自分の家の田を鋤いたのですが、なかなか思うようにいきませんでした。土手から窪地になったところに一枚田がありましたが、その窪地に牛を追い込むと、牛が驚いて田の中で暴れまわってどうにもならないことが、二回ほどありました。牛が疲れるのを待つしかないので、田の真ん中をとにかく鋤いていたら、竹本の庄一さんがそれを見て『外側から鋤くもんじゃー』と言われた。わかっとっても、そうはいかなかったんです。もう一回は、『麦わら倒《だお》し』のときでした。牛がわしを馬鹿にして言うことを聞かなかったことがありました」。

37　広島県世羅町　太田庄歴史館企画展。（一九四〇年、世羅郡東村婦人　牛耕講習会）牛の使い方の実習は、近隣のどこの村でも行なわれていた。写真は隣村の講習会風景。

平成十八（二〇〇六）年に、当時九十歳の松原朋子さんも、男仕事をやりこなした昭和十年代の体験を語った。

「わしは、子どもを四人生みましたが、そのうち、一人の男の子が三歳くらいのときに死にました。そののち三人を育てていましたが三十歳のときに主人が三十三歳で亡くなりました。それからが大変でした。

主人は馬を使って田を耕していましたから、亡くなったあとはわしが馬を使いました。幸いその馬は小さくて、やさしかったので、わしにも使えました。それにわしが『はちまんぼー』（がんぼーで男勝り、手におえない女）で、負けず嫌いでしたからやり通しました。

馬に鋤《すき》をつけて、その後ろをついて歩くのですが、馬を止めるときは『ドド』と言うと止まります。馬を進めるときは『イケ』と言っていました。馬を右に回らせるときには手綱を引けばいいんですが、馬を左に回らせようとするときには『アッセアッセ』といっていました。一日じゅう田起こしをしたあとには、馬の足を洗ってやります。馬に鞍をつけてわしが乗り、川の中に入らせるのです。馬もそれを喜びました。

昭和十～十五年ぐらいのときだったと思いますが、甲山（広島県世羅町）で牛耕の競争がありました。春先だったと思いますが、三反もある大きな田んぼに、一列に並んで、牛で『荒起《あらおこ》し』の競争をするのです。用意ドンで一斉に鋤きはじめるのです。上手に一番早く鋤いたものが優勝です。わしは、『はちまんぼー』でしたから一番になりました。あとで皆が『松原はいつも馬で練習しとるけー（しているから）上手いはずよー』と言っていました。優勝旗を貰ったので、よー覚えとります。でもそれまでは、何回も失敗をくりかえしました。同じところを鋤いたり、鋤いていないところがあったりでした。現在は、スーパーが建っているところが競争場でした」。

松原朋子さんのこの話と、前記の荒田キヨミさんの話はともに、戦時中、男手のない家で、女性が銃後を守っていた農村史の一側面である。

牛にまつわるトラブルはかなりあった。女性とともに子どもも家族にとっては大事な労働力であった。昭和三十

（一九五五）年代の初めごろ、農家にとって中学生は、ほぼ一人前の労働力であった。

上泉勇さんは中学生のときの体験を語った。購入した肥料を、病身の父に代わって、牛に引かせて大八車《だいはちぐるま》で運んで帰ろうと橋の上まで来たとき、荷物が後ろにずれて下がり、いわゆる後荷になった。大八車の尾木《おぎ》（摩擦用の板、ところによっては「スリ」ともいう）に荷がかかり、ブレーキがかかった状態になった。牛があわてて、力任せに引っ張った。そのため橋の上で脱輪して大八車が川に転落した。もちろん手木《てぎ》を引いている当の本人も牛といっしょに三メートルほど下の川に落ちた。幸い下は中洲状態になっていたので、人も牛も命に別状はなかった。奇跡と言えば奇跡であった。いま考えるとゾーっとする、忘れられない中学生時代のことであると語った。中学校を卒業したその年には、親戚の年寄りといっしょに三反もある大町（大きな田）の「代掻《しろか》き」をする一人前の百姓になっていた。当時の記憶のなかに、なにかのはずみで、年寄りの引いている牛が大町の中をぐるぐるまわりだした。その年寄りは「代掻き」用の「マンガ」（田の土をこまぎり、代掻きをするための農具で、何本かの鉄製の歯のついた道具）に挟まり、田んぼの中をしばらく引きずり廻されるという事故を、鮮明に記憶していると語った。百姓にとって、牛とのつきあいは、通常は平穏であっても、トラブルがつきものであった。

3　トラブルからの知恵

国寄明史さんも、もう少しで命を落とすような体験を語った。戦後間もない二十歳代のころのことである。自分で初めてつくった大八車《だいはちぐるま》を牛に引かせて、山草を刈りに出かけた。坂を登っていたときに、突然牛がなにかに「ソブケ」て方向を変え、車もろとも反対方向に走り出した。幸い梅の木があり、それに大八車の手木《てぎ》（腕で支える先端部分）がかかって止まった。牛は意外に物事に敏感に驚くことがあり、いきなり走りだして事故になることがあった。

　そうした事故に備え、父から「危険な場面に出会ったときの知恵として、代々伝えられている話」を聞いたという。それは、万延元（一八六〇）年生まれの祖父から、明治二十八年生まれの父へ、親から子へと語り継がれた生活の知恵である。それは「車と牛を繋ぐ綱（牛の引く力を車に伝える綱）は棕櫚木《しゅろぎ》の皮でつくったような強い綱を使うのではなく、水緒《みずお》（水縄《みずなわ》と言う地方もある）と呼ばれる藁縄《わらなわ》のように、一定以上の力が働くと切れる物を使え」という知恵であった。つまり車を引くための綱であるから一定の強さがいるが、必要以上に強いと車と牛の間に挟まって、大八車を引いている人間に危害が及ぶ。いざというときには綱が切れるか、外れることが大事だという経験的な知恵である。適当な強度をもつ水緒（水縄）とは均等になった三《み》つ繰《ぐれ》の縄である。「寒の内」にない、伸ばす作業を二、三日続けると、均等な縄にでき上がり強度も均になる（八五頁「仕事始め」の項参照）。それでいて棕櫚縄《しゅろなわ》ほどの強さはない。そのため危険なときには、外れることで事故を未然に防げるという代物である。百姓が集積した、長い年月の知恵の産物である。事実、そのときも水縄が切れて、牛が単独で逃げたおかげで、人はすり傷程度でことなきを得たという。前記したように、牛は「ソブケ」ると止まらなくなるので、危険な場所では家族の誰かが牛の鼻元を持っていた。とりわけ雄牛は気性も荒く、力も強いので鼻元を持っておくことが大事だった。いろいろの場面を想定した、江戸末期ごろの知恵としての安全性よりも、目の前の便利さ、合理性に力点を置くようになった。

　この話から恵本高夫さんも、小学生のころ、担任から聞いた話を思い出して語った。アメリカ人が「日本人は、大八車と牛の真ん中に入って、牛に車を引かせている。よくもあぶないことをするものだ」と言ったという話である。アメリカ人は牛と車の中間には絶対入らないのだという担任の話を妙に覚えていた。

　小世良両道さんも「日本の農具の多くは、たとえば鍬《くわ》のように自分の方に刃を向けるように使う物が多い」という。「スコップのように反対へ刃を向ける物は少ない」と語った。

　恵本高夫さんの危険な目にあった体験は、Yの字になっていた道を大八車で下っていたときのことである。いきなり牛が向きを変えて走りだした。幸い車が横転したために、自分だけ車の外に出る格好になり助かった。引《ひ》き綱《づな》が切れたおかげで助かったという。父親（明治二十八年生まれ）から、「鋤《すき》やマンガの綱は適当な強さの水緒が良い」と聞いたという。

　牛は鋤やマンガを付けたまま走り出すことがある。とくにマンガは、鉄の歯が何本もついているので、それを付けたままで走り出すと近くにいるものが怪我をすることさえあった。たとえば、「アガタ」[38]を付ける作業のときに、マンガを付けたまま牛を止めて、ほかの作業をしているあいだに牛が逃げ出すことがあった。いちいち引き綱を横枷《よこがせ》（二三頁写真7参照）から外すのが面倒なので、そのままにしてほかの作業をしている隙に牛が逃げ出すこともあった。何日も農作業に使っている場合は、牛も体力を消耗しているので、その場で休んでいるが、長いあいだ畜舎で休んでいたのちに、久しぶりに作業に使う場合はエネルギーを持てあまして走り出す。そのまま畜舎に勝手に帰ってしまった牛の話も、あちこちで聞いた。ちょっとの間だからと思う油断が事故につながっていた。

　今日でも、ちょっとだからと思って、機械のエンジンを止めずになんらかの作業をしていて機械に腕を引き込まれたり、機械に挟まれたりしてけがをする事例が数々ある。命まで失った者もある。現に畦畔《けいはん》とコンバインに挟まれて死亡した人もいる。「あのときエンジンを止めておれば」と悔んでも遅い。かつての生活のなかにあった「横着から暇が出る」の戒めは、今日でも生きている。

　予測できない相手の力を正面から受けるのではなく、その力を他所に逃がすという、知恵が大事である。己れの力を過大評価しない構え方がある。

「背戸口《せどぐち》を開けて喧嘩をする」という喧嘩の仕方がある。背戸とは裏口のことであるが、裏口を開けて、相手が困ったら逃げられるようにしてから、喧嘩をするという、この地方に伝わっている処世術である。逆に自分が追いつめられたときのための逃げ道をつくっておいて、喧嘩をするという場合もある。つまりは徹底的に追い詰めないことであ

38　「アガタ」は「畔形」の漢字をあてていた。ほかに「縣」も宛てられる。

る。綱を切って逃げ出せる農耕文化と気脈を通じた、人と人とのエネルギーの逃がし方である。他者を追い詰めず、たとえ追い詰めざるを得ないときでも、相手の逃げ道をつくっておいて追い詰めるという百姓の処世訓は、自然を相手に生きてきた者の知恵であろう。

前記したように雄牛は手綱だけでは制御できないので、竹綱を添えた。

それでも予期しないことが起きることがあった。年寄りは予期しないことが起こったり、不意打ちを食う場面のことを「アマスを食う」（思いもよらない不意打ちを食う）[★39]と言っていた。語源については、高齢者からも聴き取ることができなかったが、若い者に「気をつけよ!!　アマスを食うぞ!!」と忠告をしていた。今日では「アマスを食う」という言い方は使われていない。

4　牛馬と人の関わり

（1）運び屋としての馬

農耕には牛が使われ、馬は少なかった。しかし、交易には馬が使われていた。次は大東順造さんから聞いた話である。

明治の時代から大正時代にかけて、当時の米一表は三斗一升（現在は四斗）であった。それを馬で運ばせていた。左右に一俵ずつに振り分けて背負わせる。これを一駄といっていた。計六斗二升を背負わせて尾道の市場へ運ぶ。「馬引き」は、夜間自分の村を出発して夜を徹して港町の尾道に向かう。多くの同業者が辻で出会って次第に隊列になって尾道へと向かった。

明け方になると「馬引き」も次第に眠気がさしてくる。なかに悪戯ものがいて、そのころを狙って、前を進む馬の背負っている俵に「サス」と呼ばれる竹製の「抜き取り道具」を差し込み、そこから出てくる米を自分の着物の袖に移しこむ。言ってみれば米泥棒である。やったやられたの勝負の世界のような感じである。善悪は別としてスリリングな世界が闇の道路端で展開されていたことを屈託なく話していた時代があった。

息子が遊ぶ金欲しさに、自分の家の蔵の保有米を少しずつ「サス」で抜き取っては換金していたという話も併せて聞いた。

（2）馬の購入

役牛はこの地域で、百姓が産ませて育てたものを、博労を通して手に入れていた。肥牛は農業協同組合（現在のJA）が関与していた。近隣の町では、農協職員が獣医とともに、九州小林市に買い付けに出ていたと聞いた。

馬の場合は、ほとんど博労の手では売買されなかったので、隣町（三原市久井町）では、戦後の昭和二十五（一九五〇）年ごろから昭和三十五年ごろにかけて、農業協同組合が馬を斡旋していた。福光魔去さんは、北海道広島町で、馬を買い付けて帰る仕事に従事した経験を語った。日本海側を周っての往復であった。買い求めた馬といっしょに貨物列車で帰った。帰路は途中から山陽本線に移行し、本郷駅に着いた。貨物列車は客車の駅以外の操車場に停まるが、そのつど、貨物列車の屋根に積み込んでいる干し草を餌として与え、もろもろの世話をしながら帰った。七、八日かかった。

39　佐藤亮一『日本方言辞典』小学館、二〇〇四年。／「期待を裏切る。意外な思いをさせる」ことの方言として「あましゅー食わす」『新成羽ダム水没地区の民俗』一九六六年。岡山県上川郡方言とある。

買い付けに同行してもらった人がいた。別段、馬についての目利きということではなかったが、堂前与一さん（明治十年生まれ）・横田佐吉さん（明治十年生まれ）が、牛について詳しかったので同伴してもらったという。とくに堂前与一さんは農林大臣賞を三回も受賞された、農業の神さんといわれ、農耕についても精通した人であった。たとえば、個々に形状の違う田んぼの、どこから入って鋤きはじめ、どこで鋤き終わればうまく鋤けて効率的であるかを、読める人であったと語った。

「人は道によって賢し」と古老たちは言っていた。その道々で、個々にすばらしさがあるということだ。堂前与一さんは、まさにその一人であった。この界隈《かいわい》での削蹄《さくてい》の名人でもあったと聞いた。

（3）子どもと牛と学校

牛は子どもの生活にも深くかかわっていた。福光魔去さんは現在八十二歳であるが、小学生のころ（昭和十八年前後）学校所有の水田があり、その田を学校長や教職員が耕し、米をつくっていた。食糧難も伴ってのことであろう。学校では、もとより牛は飼っていないので、児童の家に頼んで農具とともに借りていた。頼まれた児童が、鍬《くわ》を担いで登校したこともあった。学校と家庭、自然と社会など地域全体が溶け合っていた。

六年生のとき、家の牛に鞍を付けて学校に連れて行き、校長先生に渡した。帰りにはほかの学童とともに、牛を連れて帰った。子どもの学業のあいだに、学校長は百姓仕事をこなしたのである。昔、学童たちが牛とともに登下校したという、のどかな田園風景を想像しながら、このたび、筆者はそのコースを案内してもらい辿ってみた。学校で耕作していた田んぼは、いまは耕作放棄地になっていた。学校長が牛で耕している情景を想像しながら、写真に留めた。

自然と人間と家畜のかかわり、そして師弟、学校と家庭の人間的なつながりのなかに、教育としてカリキュラム化されていない教育力があったことを思い描いた。

（4）子どもと牛と河原

芦田川の下流には、中世の遺跡、草戸千軒町遺跡★40がある。その支流の草戸川の下流で育った知人は、子どものころに、地域の上級生といっしょに牛の散歩のため、牛を追って河原に出かけていた。子どもたちは皆、学校の宿題を持って出かけた。河原で宿題をしている途中、いつのまにか牛だけが草を食みながら、当時は交通量の少なかった国道二号線を横切って、反対側に遠征していることがあったという。上級生の男の子たちが連れ戻してくれていた。牛を縁に、学童たちの異年齢集団が結束して、家族の一員としての役割を果たしていたという。その話を繰り返し聞いたことを思い出した。

電化され、合理化された今日とは違って、当時は家の中に、家族の誰かが手をかけなければならない仕事がたくさんあった。水汲み、薪割り、風呂焚き、さらには便所の汲み取りなど、すべてが家事労働であった。子どもには子どもなりの仕事があり、皆で家事労働をこなしていた。当時は日常生活が、大きな教育力を発揮していた。いわゆるインフォーマルな教育力が働いていた。

家事労働のなかには、今日ではまったくかえりみられない「繕《つくろ》い物」の仕事があった。あのころはほとんどの子どもがズボンのひざに充てつぎ（布）をしていた。今日では、ファッションの一つとして充てている。主に母親の仕事であった。家族の人間関係のほころびも、そっと繕っていった。

（5）牛と人の関わり

40

40　広島県立歴史博物館二階に復元。草戸千軒町の再現。（室町時代末期の初夏）

百姓にとって、牛はなくてはならない労働のパートナーである。牛のおかげで百姓仕事も成り立っている。ところで、明治の開国によって欧米人が入ってくると、彼らは「牛を食べる習慣がある」ので、百姓のあいだに「彼らに牛が食べられるのではないか」という風評が飛びかい、緊張が走った。牛が欧米人の食用にされることに対する強い抵抗があった。その気持ちもあって、新政府反対一揆が広島県全体をおおう形で広がった。武一騒動《ぶいちそうどう》★41がそれであり、近隣では世羅町、久井町で、その痕跡が見られる。追跡している成安信昭さんに、そのルートを案内してもらった。

（6）牛と大八車《だいはちぐるま》

農耕以外にも、牛には大事な役目があった。それは田や山からの物品の運搬である。山からは薪・枝・柴を運搬する。とくに大八車での雑木・柴の運搬は牛の出番である。雑木を大八車に乗せ、牛に引かせて持ち帰る。山に登るときは牛が引いて登るので楽である。帰りは下り坂で、かえって危ないので、牛の鼻を引いて帰ることもあった。荒田キヨミさんからも大八車を引いた思い出を聴き取った。「牛小屋に入れて踏ませ物（堆肥《たいひ》）にするための草は、山へ行って刈ってきていました。これは『日草《ひぐさ》を刈る』と言っていました。弁当を持って、朝から山に入って刈るのです。おじいさん一人が、朝から山に入って刈っておられた日には、夕方になって、わしが大八車を牛に引かせて、その刈り草を取りにいくのですが、砥石場《といしば》（地名）の山へ行く道は、そのころは石だらけの道でガタガタでした。帰りは下り坂ですから、荷を積んだ大八車が押しかけるのです。登りは牛が引くので楽ですが、下りはブレーキをかけるコツが要ります。ブレーキの役割を担っているのは尾木《おぎ》とよばれる、尻尾《しっぽ》のように後ろに伸びている摩擦用の板です。手《て》木《ぎ》を持ち上げると、（シーソーのように）その尾木が地面に接してブレーキの代わりをします。急勾配であればあるほど、手木を持ち上げることで尾木の摩擦を強くして、車輪の速度を抑えるのです。でこぼこ道では片方の鉄製の車輪★42が、石に乗り上げ手木を取られ、車が真っ直ぐに進まないので辛苦《しんく》をしました」と語った。

舗装していない路面では片方の車輪が石に乗り上げたり窪みに落ち込んだりすると、手木をどちらか一方に取られる。そのため、下り坂で大八車といっしょに転落した話を津川保次郎さんも思い出して語った。「ブレーキのついていない大八車の操作は、下り坂で気を使う。急勾配であればあるほど手木を持ち上げて、尾木の摩擦を強くして、下り坂での車輪の速度を抑える。これらのコツは、みな子どものころに会得している」と。

大八車はたいへん重宝であったことを『広島県史』も次のように記述している。「賀茂郡（現・三原市）大和町あたりではこの車を大八といった。明治時代「大和町から河内へ出る椋梨川沿いの道は細道で、人が歩けるほどの幅しかなかった。それを少しずつ広げて大八車が通るようにした。……大八車を通すことができれば、荷馬車を通すような改修も進んでくる」。「大八車はその後長く消えることはなかった。どこの家でも田へ肥を運び、田から藁《わら》や米やその他の農作物を運ぶのに、これほど便利なものはなかった」★43と記述している。

さらに大八車は葬儀のときの野辺送りなどにも使われた。「野辺送りの行列は、大八車に載せた棺桶（縦棺）を先頭にし、大人と子

41

42

41　田淵実夫編『ふるさとの思い出写真集　明治大正昭和広島』国書刊行会、一九八一年、一〇頁。武一騒動想像図、一九五八年、小笹滸筆。
42　広島県世羅町世羅郷土民俗資料館蔵。（鉄の輪がはめてある）
43　『広島県史　民俗編』一九七八年、二〇六頁。

46

47

どもが手に手に花を持って続いていた。先頭はシカバナ、それに続いて蓮の花を一人ひとりが持っていた。行列にたくさんの子どもがいた★44」と、木村八千代さんは語った。大八車がたいへん重宝であったことについて、次の記述もある。

　大八車の果たした経済効果について高取正男は雑誌「郷土研究」大正二（一九一三）年十二月号の記事を引用して述べている。いまは東京都の中心である代々木の町もかつては東京近郊の農村であった。「代々木の経済革命は、荷車から起こった。従来の大八車は、赤樫《あかがし》の木で造った重いもので、四人がかりでこれを牽《ひ》いた。その掛け声は、ホイハホイホイハであった。明治七、八年から十二年のころにかけて、鉄の心棒、鉄の輪の荷車ができ、瞬く間に全国に普及し、我が邦の農業史に、一エポックを作った★45」と記している。それ以降、時間をかけて鉄製の荷車は全国に広まったものであろう。

　しかし、昭和四十年代になると写真★46のように、役割を終えて無造作に放棄された。しかし、いままた装飾品として、買い求める世相になった。全国津々浦々に見える現象である。鼻取り（ハナグリ）を暖簾《のれん》と支柱のジョイントに使っていると、農業に打ち込んで生きている町田武士さんも記録している★47。

5　馬道《うまみち》と牛道《うしみち》

大八車《だいはちぐるま》が姿を消すのと前後して姿を消したものに「牛の道」がある。私たちの世代は「牛道」と「馬道」についてかろうじて聞いている。「馬道」は駅制に残る比較的平坦な街道、つまり政治道である。近辺では備後の国府があった広島県府中市から、安芸の国府と推定されている広島県安芸郡府中町を結ぶ古代官道が、「馬道」である。「馬の小登り」と言われ、馬は「少し上向いた道をよく歩く」と言われていた。どちらかというと、比較的平坦な道を好む。平坦でなるべく短距離で結ばれた道で、より早く移動することをねらった道が「馬道」であった。府中市と府中町を結んでいた「馬道」は、現代の科学技術により合理的な、最短コースとして敷設された山陽新幹線・山陽自動車道と、ほぼ同じルートを通っていた。広島県内に限って言えば、この沿道に歴史的な遺跡・建造物・文化財が分布しているのもうなずける。「馬道」は、古代日本の中央政府が計画的に整備、建設したもので、今日でもそのルートはおおよそ追跡できる。

一方、牛は「牛の小下り」と言われ、「少し下った道を良く歩く」という。それは山坂の上り下りに強いということでもある。そんなことから、「牛道」は、山坂を越えて地域と地域を結ぶ生活道であった。集落と集落がいくつもの峠を越えて結ばれていた。峠の上り下りをいとわず、山の中でもどこでも寝ることができる牛に助けられてできた

44　田原開起『死と生の民俗』、近代文芸社、二〇〇八年、三六頁。
45　『高取正男著作集三　民俗の心』法蔵館、一九八三年、一六頁。
46　「広島県椋梨ダムの民俗調査」記録写真、三原市立中央図書館蔵。
47　町田武士『やまずめぐる』ソニーマガジンズ、二〇〇六年、一四〇頁。

峠の道が「牛道」であった。この道を往来して生活に最も必要な塩や海の幸を運んだ。地域によっては「塩の道」とも呼んでいた。逆方向に、穀物を運ぶ道でもあった。

「久井の牛市」の記録に続いて、宮本常一も、博労が牛を連れて歩いた道についての記録を次のように残している。三原から三次へゆく道は「京丸というところを通って尾根にあがり、吉舎の町までほとんど尾根をあるいたという。そのところどころには牛宿などもあった。いまはその道もさびれはてているが通れぬこともない。むしろ、趣があって散歩道として再認識されてよい道である。中国山地にはこのように南北や東西につづく尾根がいくつもあって、しかもその尾根の上を昔の道が通っている」★48と述べているが、この道も、生活道としての「牛道」の一つであると思われる。

しかし、今日では、踏み込むことすらできない部分があり、宮本常一が言うほど「趣ある散歩道」というわけにはいかない。

行商を生業として、広島県内の広域にわたって「牛道」を熟知していた木山太郎さん（当時七十歳）から、滅びゆく「牛道」について、筆者が聴き取ったのは、昭和五十（一九七五）年のことである。すでにその時点で「牛道」は忘れ去られ、知る人も少なく、ましてや記録にも残っていなかった。「もし歩く気があれば、わしが連れて歩いてやるで」と、誘いをうけた。残念ながら実現できなかったことが悔やまれる。

当時なら、自分の生活舞台の範囲内の「牛道」を知っている古老は、何人かいた。同じく昭和五十（一九七五）年に、聴き取った森川早子さん（東広島市河内町、当時七十歳）も、「牛道」を知っている一人で、祭りの日のことを語った。「今日は祭りじゃいうことで、おじいさんは朝早うから竹原へ、祭りの魚を買いに出かけなさった。昼が過ぎてもなかなか帰って来んさらん（帰って来られない）ので、わしは外へ出て、なんべんも篁山《たかむらやま》峠の方を見ました。そのうち晩げ（夕方）になったら、お客さんがおいでになりだしました（来られはじめた）。わしゃーどうしょうか（どうしようか）思うて、外へ出てまた峠を見たら、やっと峠におじいさんの姿が見えたので、ほっとしました」と言って、家の前の竹林寺（東広島市河内町）の峠を指さした。その当時すでに雑木が茂り、峠の道の全貌は見えなかった。

森川早子さんは、「明治になっても葬式のときに、西条（東広島市）から来る人は、この尾根伝いに来ていたことを年寄りから聞いている」と話した。

馬の道は今日でもおおよそ辿ることができるが、かつての生活道としての牛の道は、もはや知る人もなく、辿ることもできなくなった。

三原市大和町下徳良在住の岸本コヨシさん（百歳）は、牛道という言葉は知らないが、自分の生活範囲にあった生活道は思い出せるという。たとえば、下徳良から萩原に抜ける「コモグチ峠」★49や、蔵宗道・高路道などがあったという。その道端で山草を刈り、焚き木をつくっていたという。「コモグチ峠」の名前は記憶があったので調べてみると、江戸末期の「下徳良村」の絵図の中に「コモグチ峠」はあった。

「あの山の中で淋しくなかったですか」と尋ねたら、「誰かが通っていたから淋しいとは思わなかった」という。現在は誰一人として通ることのない道であるが、当時は往来があった。

諸岡了介さんからも、島根県浜田市弥栄のタタラの道の話を聞いた。生活道としての鉄の道は、馬が通る街道とは別に、急坂でもかまわないから一足でも距離の近いルートを選んだ

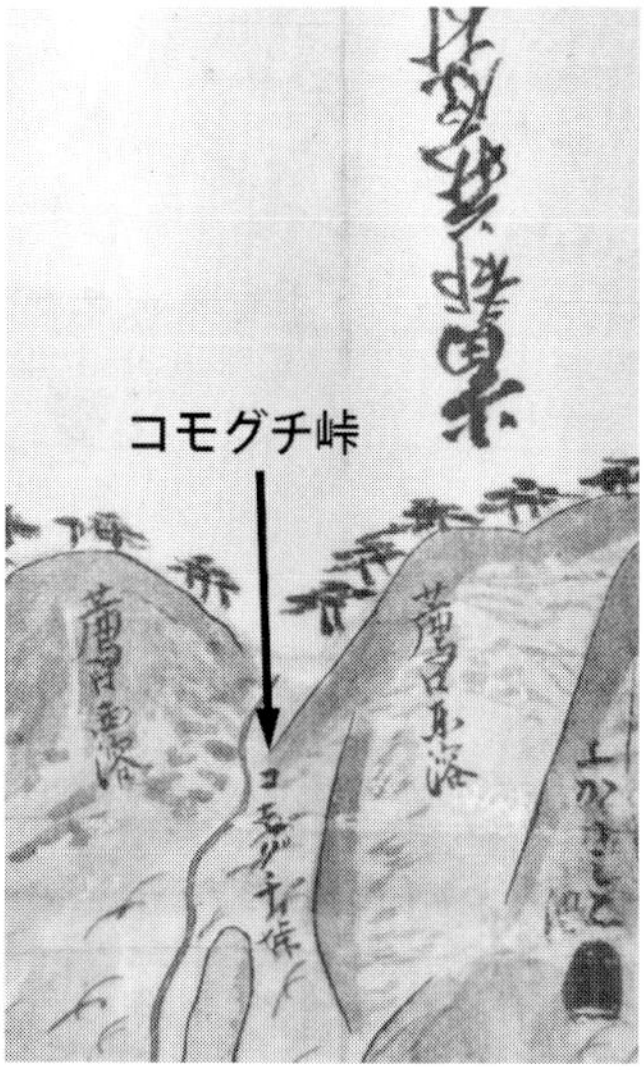

49

48　宮本常一編著『山の道　旅の民俗と歴史八』八坂書房、一九八七年、一八八〜一八九頁。

49　三原市大和町　民家蔵。写真は江戸末期の「下徳良村」の絵図の一部。「コモグチ峠」が記入されている。

のだという話を聞いた。[★50]

IV　牛耕とその終わり

1　久井の牛市の歴史（『広島県史』・『久井町誌』にみる）

牛にまつわる多くの話を、古老の個別の体験から聴き取ることができた。さらに、牛について語るには、その背景としての久井の牛市について概観しておくことが肝要である。久井の牛市については、すでにまとめられている『広島県史』と『久井町誌』を抜粋して考察する。

『広島県史』は、「牛馬は交換や販売が目的で生産が行われる。その経済的な取引が『市』という組織の中で行われる」と述べている。その市とは中国地方にある、三大牛馬市である。それは、「備後久井（杭）市、伯耆国大山市、石見国出羽市である。とくに、出羽市は出羽鋼を運ぶための牛として商われた[★51]」と記している。

全国的に見れば「久井の市は、伯耆の大山市・豊後の浜の市とともに我が国の三大牛市といわれ最も有名な牛市である。特に広島県は牛の飼育がさかんであった[★52]」と、『久井町誌』は記している。たしかに、広島県は中国山地を背景にして牛馬の飼育、なかでも牛の生産は盛んになり、牛を交換する場としての市が早くから発達していたことが納得できる。

『広島県史』には、久井の市の起源について「応和三（九六三）年とも天暦五（九五一）年ともいわれているが、その

54

起こりは、二人の博労が一頭の牛の取引をするために久井の町を選んだことに始まる。お互いに稲生神社に詣でて取引を終えたところ、この牛がすばらしい成長をしめした。『これは稲生神社の御神徳のたまものである』とよろこび宣伝した[53]」と記されている。合わせて「神社信仰と牛馬の繁栄をうまく取り合わせた話である」とも記している。

写真[54]は市が開かれている様子であるが、写真のように、市場には、一頭ずつ牛を繋ぐ畜舎があり、中は全体に杭を打って、松のタルキ（横木）を括《くく》り付け、牛の繋ぎ場を何筋もつくって、牛を繋いでいる様子がうかがえる。「牛市の開催中、夜間は消防団による警備がおこなわれた。牛の盗難、牛の失踪、火災防止のためであった[55]」。町ぐるみの風情と活気がうかがえる。「久井町（現・三原市）は杭庄として中世以来伏見稲荷社の神領であったが、下

50　島根県立大学JST人財育成グループ編『中山間地域再生の処方箋』二〇一一年、一三頁。
51　『広島県史　民俗編』一九七八年、一二一頁。
52　『久井町誌』（広島県三原市）一九九七年、二二二頁。
53　『広島県史　民俗編』一九七八年、一二一頁。
54　山科照像館発行「絵はがき」（久井家畜市場全景）『久井町誌』（広島県三原市）一九九七年、二二四頁。

津村には『杭田』と称する田がある。その田の中には杭があって、ここが久井稲生神社の旧社地と言われている」[56]。その後、現在の位置（久井町江木）に移された。

『廣島縣名所圖録』[57]によると、永禄三（一五六〇）年、小早川隆景が造営し、天正十五年に焼失した。文禄元（一五九二）年に再興したとある。写真右手奥の樹木のあいだが牛市である。

たしかに久井の稲生神社の界隈《かいわい》には、牛市として適した広場が現在もある。同時に、四方八方からの交通の要所でもある。久井の市が開かれる期間は「久井の牛市のような大きな市の場合も、馬喰宿《ばくろうやど》として市を支えてきたのは、やはり周辺の農家であった。久井町の江木・下津などに馬喰宿は多かった」[58]と記されている。宮本常一も、久井の牛市を調査して、次のような一文を残している。「市のたつ日には一万頭もの牛が集まった。大きい牛は一人が二頭、子牛は三頭ひいてやって来る。大きな馬喰は何人もの仲間をつかい、仲間にも牛をひかせて、一群が何十頭にものぼるものもあった。仲間は草鞋ばきに尻からげをしていた。（中略）所どころには牛宿などもあった」[59]と述べている。文中、宮本常一のいう「所どころ」の牛宿の一つに、「旧石州街道筋では、別迫（広島県世羅町）の多留見家があった。江戸末期から昭和初めごろまで、木賃宿であった。久井の牛市が盛んなころには、五十〜六十頭の牛を、背戸山（裏山）まで繋いでいたという。牛のうなり声で夜も眠れなかった」と国正利明さんは聞いている。「比婆郡あたりの奥から来る牛は、みな沓《くつ》をはいていた。十頭くらいのベチコを一人で追っている人もいた。意外に牛は群れをなすとよく歩いた。九十歳代以上の古老が知っている情景である。

宮本常一のいう「所どころ」の牛宿についての記述は、『久井町誌』では具体的に述べていないが、久井の市から五キロ程度離れている筆者の居住地、徳良の市は古くから、博労や牛が久井の市に入る前日の宿泊地であった。その関連もあって、徳良の市は明治以来ますます栄えた。明治時代に「久井の牛市」の沿線から、徳良の市へ移住した家も多かった。いまでこそすたれているが、当時の盛況ぶりは「徳良小字市場」として地籍には残っている。

2　牛から農業機械へ

『広島県史』『久井町誌』のいずれも、牛市の記述については、当然のことながら売買という経済目的のために、牛馬が飼われていたという記述になっている。『久井町誌』も、古くは「売買交換するだけ生産はされていなかった。」「本格的な牛馬の売買が行われるようになったのは江戸時代になってからである」★60と、述べている。そのことに異論はないし、農家が副業的に売る目的で子牛を育ててもいたが、聴き取りによると、個々の農家は売買の利益よりも、一義的には、農耕を助けてくれる蓄力に期待をかけていた。さらには金肥《きんぴ》（購入肥料）に替わる堆肥《たいひ》が貴重であった。

古老は、牛の労力に感謝し、牛とともに生きた喜びや苦労をともにしたことがらを語っている。同時に、家族のようにいっしょに働いた牛を牛市に出すことを、罪なことだという思いが百姓の心の底にはあった。

牛を主に売買の対象と捉えていた話や売買で富を得たという話は、ほとんど聞かなかった。前記のように、牛は家族であり、牛は労働力であるとともに、貴重な肥料の生産者でもあった。化学肥料が手に入りにくかった昭和十年前後、牛馬による「だいごえ」（駄屋肥《だやごえ》）は貴重な肥料として喜ばれていた。

55　『久井の歴史　一』（広島県三原市）一九九一年、九頁。賑やかなころの久井の市。
56　『広島県史　民俗編』一九七八年、一二五二頁。
57　清水吉康『廣島縣名所圖録』大成館、一九〇一年。備後国御調郡久井町。
58　『広島県史　民俗編』一九七八年、一九七頁。
59　宮本常一編著『山の道　旅の民俗と歴史八』八坂書房、一九八七年、一八九頁。
60　『久井町誌』（広島県三原市）一九九七年、二一一頁。

昭和五十（一九七五）年のことで、ずいぶん前の聴き取りであるが、山川治夫さん（東広島市河内町）は、終戦後最寄りの県道で、馬車を引く馬の糞を、早朝、人目を避けるようにして持ち帰り、田んぼの肥料にしたと証言した。たとえわずかであっても、家畜の糞尿は貴重であったことを、裏打ちしている話である。最近、この話を、長年馬を飼っていた杉田五蔵さんにしたら、馬糞は牛糞よりも濃厚で貴重だったと語った。そのわけは牛よりも馬の方が穀物飼料をたくさん食べていたからだという。馬は一日五升くらいの穀物を食べていたという。さらに牛は反芻し徹底的に栄養分を吸収するが、馬は、牛ほどには嚙まないため、栄養分が糞の中に残るので肥料としては効果が高いというのである。なるほど、とうなずいて聞いた。そういえば「町場の下肥《しもごえ》は良く効く。町の人はうまい物を食っているから」と話した人もいた。まんざら当を得ていないとは言えないだろう。それが百姓の実感だったのかもしれない。前記した福光魔去さんが、北海道から馬を買い求め貨物列車で本郷駅に着いたとき、十五頭の八日分の馬糞を買い求めて農家が殺到したと語った。馬糞は、それほどまでに重宝がられた。

牛による農業も昭和四十（一九六五）年代ころまでのことで、その前後から耕耘機《こううんき》が普及しはじめたために農耕牛馬が徐々に姿を消していった。そのころから、全国的に動力で鋤《すき》を動かす「テーラー」★61が農家に導入された。大和町でも、牛に代わってテーラーが姿を現わした。ただし、このテーラーは、機能としては鋤の域を出ないので普及しなかった。鋤《す》く速度は速かったが、クラッチがないため方向の修正が効かず、思う方向に進まなかった。そのため鋤き残すことが多かった。そのこともあって普及しなかったので、テーラーは地域に残っていない。写真は書籍から引用した。

テーラーに代わって、近隣では昭和三十六（一九六一）年に、初めて耕耘機★62が導入され、一気に農家が買い求めるようになった。宮本常一たちが「ダムに沈む村」の箱川地域でこの写真を記録に留めたのは、時代の変り目を目ざとく読んでいたからであろう。この地域でも耕耘機の導入は画期的なことであった。どの家が一番早く購入したかが、重大ニュースであった。それが昭和四十年以前であったことを記憶している高齢者が、今日でも複数いる。昭和三十七（一九六二）年に嫁に来たとき、耕耘機があったので驚いたという話も聞いた。相次いで昭和四十三（一九六八）年には、トラクターが近隣に入ってきた。やがて、一九七〇年代の高度経済成長の波は、加速度的に農村をも襲った。

　そのころ、百姓自身も「三ちゃん農業」という言葉を使うようになった。父ちゃんが働きに出て、じいちゃん、ばあちゃんと母ちゃんの三人が、農業に従事することを指した言葉である。いきおい農家の主婦に荷重がかかってきた。農業機械を購入するために、夫が近隣の町工場に働きに出かけるようになったためである。その年代が、いま八十歳代半ばである。長年の農作業により、多くの農婦の足腰に負担がかかり、いまその部位をわずらっている。昨年膝の手術をした本郷栄さんも、あの当時、夫が土木工事現場で働いており、自分がやらねばとの思いで働きすぎたと語った。夜も働けと言わんばかりに耕耘機、バインダー（稲刈機）に夜間照明灯が当初からついていた。

　内山節は『自然・労働・協働社会の理論』★63のなかで「定着した定

61

62

61　須藤功編『写真でみる日本生活図引別巻　村の一年』弘文堂、一九九三年、一四七頁。（テーラー）

62　「広島県椋梨ダムの民俗調査」記録写真、三原市立中央図書館蔵。（耕耘機、一九六五年、大和町箱川、西川卓一さん）

義ではない」としながら村の「労働」には二つあると述べている。一つは村で昔からやっている「仕事」である。二つ目は収入のために働く労働で、それは「稼ぎ」だと言っている。たしかに「三ちゃん農業」という言葉が使われるようになったころから農機具の購入のために「稼ぎ」に走った。「百姓」から「農業労働者」に変わっていったことと符合している。

湯川洋司も、「戦後間もないころ、福島県会津の地方のある山の村で幼児が赤い顔をして酔っぱらっていたという話を聞いた。それは乏しいおかずの代わりに酒粕をご飯に乗せて食べさせていたためであったそうだ[★64]」と述べている。驚くとともに、悲しい話である。その後「高度経済成長の時代に入り、それまでの仕事を捨てて現金獲得の方向に走っていった」と続けている。そのうちに伝統的なうるわしい生き方を失ってしまったのがこのころであった。

おなじころ、『大和町誌』に「一老農夫の手記」（一九六五年記）[★65]として、次の一文が残っている。「忙しい中にも春秋の道つくりは部落総出で、かかしたことはなかった。隣近所に新築普請などがあれば二、三日のお手伝いにも参加した。今日、すべての農作業が機械化され、一見豊かな郷土のように見うけられるが、なにかそわそわして落ちつきがなく、人の心もさむざむとしたものが感じられる時代となって来た。多忙な中にも温かい人情の豊かさをもう一度取り戻したいものである」。おおよそ半世紀も前、農業機械が農村に流れ込んできたときに、人のぬくもりは失せつつあると、すでに察知していた農夫がいた。そのころから、筆者の田舎でも、農業機械の購入のために、人々は町へでかけていった。金銭志向が極端になってきた。

「一老農夫の手記」を残した老農夫は、筆者の一世代前を歩いた人であるが、彼らが最後の「百姓」である。つまり「百の生業、もろもろの生業」を会得していた最後の世代であったといえる。筆者の世代は、言ってみれば「農業労働者」への移行の世代である。彼らを最後にして、「百姓」から徐々に「農業労働者」へと移り変わっていった。前記「老農夫」の世代は、「百姓」が「農業労働者」へと、変わっていく様子を目のあたりにしながら「百姓」を必死に守ってきた。前記の老農夫の世代を最後に、牛とつきあえなくても、鍬《くわ》が振れなくても、農業ができる世の中へと代わっていった。親から子へと受け継がれた農業の知恵や農村文化も、「古い」の一言で葬り去られていった。それどころか進化する農業機械が操作できないことで自信を失い、若者の前にすくんでしまった。いきおい家の中でも、技を貯えた世代から機械操作のできる世代へと、主導権が移行していった。あたかも、コンピューター世代と、それ以前の世代との関係のように。前世代は「ものいわぬ百姓」になり、長いあいだ伝承されてきた百姓の技と、知恵や農村文化を、総体として次の世代へ渡せなくなった。

私たちの世代は、「百姓」と「農業労働者」の両側面を生きている。その意味で、私たち世代は「百姓の文化」を次の時代に伝えておかねばならない、最後の世代である。しかし、私たち世代も大多数は人生の前半を、町場の産業労働の場に身を置き、農業機械を相手に兼業的に農業をしてきた世代であり、本来的な「百姓」の影は薄くなっていった。なかには、土着して「百姓」を守っていた者もいる。同世代の彼らは、今回の「聴き取り」の良き助言者である。

さらに私たちの次の世代にとっては、故郷は定年後やっと「終焉の地として都会から帰って来る場所」であり、彼らはまったく「百姓を知らないで、農村住民になる」であろう。ただ、彼らも求めて、都市住民になった者ばかりではない。好むと好まざるとにかかわらず、高度経済成長の渦に巻き込まれた者も多い。職があって、目指す生き方が故郷でできれば田舎に定着したいが、それが叶わなくて、やむなく町場へ出て行った若者の顔が浮かぶ。

帰農の意思もありながら帰れない者がいる。あるいは、若者のなかに、田舎暮らしを願いながら生活の保障がないために、あきらめている者もいる。定年後の生き方として、田舎の魅力に誘われて、UターンやIターンする者は、

63　内山節『自然・労働・協働社会の理論――新しい関係論をめざして』人間選書（一三七）、一九八九年、第一講。
64　湯川洋司『山の民俗誌　歴史文化ライブラリー23』吉川弘文館、一九九七年、六頁。
65　『大和町誌』（広島県三原市）一九八三年、六六三～六六七頁。

それはそれでよい。しかし、「田舎暮らしを求めながら帰農できない人々が物言わず、都市で故郷を偲んでいる」事例も聴き取った。

坪井洋文は、柳田國男の「帰去来情緒[★66]」を、次のように解説している。

「農村という場から離れて都市に集まった人びとにとって、かれらの負い目となったものは、伝統的生産の場から離れたという、逃避者的感情であり、そのことがまた都市には無い農村の良さの発見とともに、そこからますます自分たちが遠ざかっていくことへの不安であった[★67]」。

たしかに、和久一枝さんはその一人であった。聴き取りによると、彼女は「大正二年生まれで、兄と弟の三人で青年期を生きてきた。彼女は、家庭の事情で娘時代に大阪に奉公に出た。四季折々に、兄弟はどうしているだろうか、苦労して田畑を耕しているだろうと思うと、胸が締めつけられた」という。「田植の時期になると、保存の効くスケソウダラを毎年届けていた。兄さんの好きな甘納豆もそえた。『これで栄養をつけてください。田植の手伝いができなくて申し訳ありません』と、一筆添えた。「子どものころを思い出している」とも記した。

彼女はスケソウダラを、昭和三十年代まで送り続けた。そのころは柳田國男のいう帰去来情緒は脈打っていた。しかし、今日的には、「伝統的生産の場から離れたという、逃避者的感情」よりも、「高度経済成長のうねりに乗って離れざるを得なかった」という感情が多いのではなかろうか。人材が外国に流出するに似て、人材が働き場を求めて、町場に流出した。「都市が農村を一方的に搾取する関係ではなく、相互浸透する関係」がもし構築されていたならば、故郷に定着して、故郷の知恵と文化を継承しながら、新しい道を開いたであろうと察する。今日、「離れざるを得なかった」者が拘束から解放されて帰農するのは、ほほえましい。

玉城哲は、柳田民俗学を下敷きにして、日本近代の農村史には「二つの大きな違う側面」があったとする。第一は明治維新以後の八十年間で、第二はその八十年間のあとに続く三十年ほどであるという。その第二の期間は産業化、都市化が進行し、「固有」（村の民）の伝統的生活様式を、かなぐり捨てたのだという[★68]。

牛耕から耕耘機への変化は、こうした時代の流れを加速させた。

3　牛を弔う

(1) 大山《だいせん》信仰

機械化がはじまる前後から、人々は相棒であった牛の供養を丁重《ていちょう》に行なっていた。各地に大山《だいせん》さんと呼ばれる社が祭られていた。

現在八十歳代の者は、大山神社があったことを聞きただせば話してもらえるが、もはや牛の話から連想して、大山神社の話を進んでしてくれる人はいない。あるいは、いまの若い者はそんな話に興味はないだろうと考えて、逆に控えて話さないのかもしれないが、会話の流れのなかでは話に上らない。九十歳代の古老は、牛の話を聞けば、大山神社を想起して話題に乗せる。七十歳代の者は、若いころ、地域での祭りの前に大山神社の清掃に行った記憶はあるが、それが牛にまつわる神社であったことは意識していなかったという。

今回、九十歳代の古老の語りのなかで、大山神社の話が出たことが、その後、大山神社について聴き取るきっかけになった。

百姓の牛に対する日ごろの思いが、大山神社信仰へと繋がったものである。働けるかぎりは働かせ、最後には牛市

66　柳田國男『定本　柳田國男全集第二四巻』筑摩書房、一九七〇年、二三五頁。
67　坪井洋文『民俗再考　多元的世界への視点』日本エディタースクール出版部、一九八六年、二二〇頁。
68　網野善彦他編『日本民俗文化体系八　村と村人――共同体の生活と儀礼』小学館、一九八四年、序章参照。

70-1　70-2

から屠場へと送らざるを得ない牛の命を不憫《ふびん》に思い、供養もしたのである。大山神社について語れるのは、おおよそ九十歳前後の古老のみになった。前記した、日本の牛の三大市場の一つである、伯耆の国の大山神社にちなんで、各地に、その分院的な社としての大山さんがある。郷土史研究家でもある国正利明さんの記憶によれば、広島県内の近隣では、別迫（世羅町）・伊尾（世羅町）・国留（府中市）・出口（府中市）・国留（三次市）などに、大きな大山神社があったという。もちろん、「久井の牛市」の近くにも大山神社があり、牛の供養をしていた。いまでは、地域の人でもわからなくなっている。

「牛馬の守護神は、伯耆の国大山地蔵菩薩をはじめ、大日如来・馬頭観音・牛頭天王・伯楽天王・牛荒神、それに各地に鎮座する諸神と、限りなく存在する」。そのなかでも大山地蔵菩薩は平安時代末から牛馬の守護仏と唱えられ、牛馬守護札を全国に配るなどしたため参詣者が多くなったという。

「大山へ参るとお札を受けてもどり畜舎に貼りつけたり、神棚に供えて牛馬繁盛を祈願した。『大山さんに守ってもらわねば牛が繁盛せん。牛が繁盛すれば百姓は幸せになれる。そう思う一心で大山さんを信仰した。[★69]』」と記してあるくらい、大山信仰は熱心であった。その流れのなかで、各地に大山さんが祀られていた。「久井の牛市」にも、大山さんの場所を示す石碑と祠が残っている。[★70]

（2）牛供養

牛の繁盛への祈願とともに、一方では供養もした。「放牧場の世話人たちが、亡牛の霊を弔い、牧場の繁栄を願って主宰するときもあった」。だが、博労を辞める者に対して金を集めて供養田植を開く場合が多かった。「だから博労の援助をしてやるようなものだった」[★71]という。

しかし、真心から供養したものもあった。岡山市北区吉備津有木谷には、牛を供養したハナグリ塚があると聞いている。人間のために、その一生を尽くした牛に対して、せめてもの供養としてハナグリを、牛魂と見立てて供養しているという。これは民衆が亡牛の霊を弔ったものといえよう。

V　件《くだん》

1　件の話が広まっていた

牛の話にまつわって「件」について語られた。漢字が示すように「件」とは人と牛を「ヘン」と「ツクリ」にした文字である。つまりは人と牛が結合した動物がいたという話である。頭が人の形をしており、体が牛の形である。この「件」が生まれたという伝承がある。「件」が生まれた年には、必ず天変地異があるという。あるいは悪い病気が

69　『広島県史　民俗編』一九七八年、一二六頁。
70　三原市久井町、久井の市の大仙神社跡地に記念碑が立っている（神社と敷地の寄贈者が記されている。現在は近年建てられた塚がひっそりと建っている）。
71　『広島県史　民俗編』一九七八年、一二八頁参照。

流行し、多くの人が死を免れないともいう。「件」が言うことは間違いないともいう。そのことから、古文書の終わりには「件の如」の記しがある。間違いないということを表記したものである。

萬台美穂子さんも「件」が生まれたというので、子どものころに見に行ったという。「自分の故郷である尾道市御調町でのことだった」というので、後日、御調町市《いち》の古老添田明弘さんを訪ねたが、その話には行き当たらなかった。ところが、地元農業協同組合に長年勤務していた杉居貴志さんから、次のような話を聞いた。「福山市新市町の吉備津神社は、多くの人々で祭りが賑わっていた。昭和十年ごろ、この祭りは、近隣各地からの参拝者でいっぱいであったという。その場に、見世物小屋が設けられ、そこに『件』が来るというので見に行った」。たしかに見たという。しかし、それは剝製《はくせい》であったのかもしれない。あるいは「のぞき」であったかもしれない。子どものころ、五銭でのぞいて見ることができた。「のぞき」には、首が長く見えたりする仕掛けがあって、それをのぞいて見ていたのかもしれないと語った。

小世良両道さんも「甲山（広島県世羅町）に、見世物が来ていた。そのなかに『件』がいるという話を聞いている」と語った。

「件」について、小泉八雲は自著『知られぬ日本の面影』の一章「伯耆から隠岐へ」のなかで、「私は見なかったので、どのように造られたのかわかりませんが、大阪から境に芸人たちが来ていました。虎や多くの珍しい動物と剝製の件がいました」[★72]と記述している。「虎や多くの珍しい動物と剝製の件」を陸に上げようとしたとき、突風が吹いたのは、見世物一行が、死んだ動物の骨と身体の一部を町に持ち込もうとしたからだ、ということで、上陸が許されなかったという。

小泉八雲の記録からも、明治時代から昭和初期にかけては、「件」の剝製と称するものが見世物小屋などで公開されていたと推測できる。新市町の吉備津神社は備後の国の一之宮で賑わっていたから、ここにも、剝製が芸人によってもちこまれたと類推できる。

「件」について、その事実は定かでないにしても、広島県央に「件」の話があったかどうかに耳を傾けていると、恵本高夫さんも聞いたことがあると語った。明治二十四年生まれの祖母が、「『件』は正直な動物であるから『間違いない』ことを表わす言葉として、証文の末尾にも『件の如』と記すのだ」と言っていたことを聞き覚えているという。「件」の実在については置くとしても、半世紀前までは、広島県央で「件」と呼ばれる怪物の話が取りざたされていたこと、その話を知っている最後の世代が、足元でいま終わろうとしていることを記録しておきたい。

広島県出身で昭和初期生まれの、民俗学者坪井洋文も次のように述べている。「人面牛体といいますか、人間の頭を持って、それ以外は牛の体だというのですが、牛がそれを生んで、三日とか一週間しか生きていない。その生きているあいだに、この世の中の重大な問題について予言をして死んで行くといいます。私は広島県の生まれですが、私も経験した記憶があります。誰かがあの家に件が生まれたから見に行けと言うので、見に行ったらたくさんの人だかりで、後ろのほうからのぞこうとして、とうとう見ることができなかったことがあります★73」。しかし、実物を見たという話はない。

2　件

「件」とは、古くから日本各地で知られる妖怪。「件」の文字通り、半人半牛の姿をした怪物として知られている。

72　小泉八雲『知られぬ日本の面影（Glimpses of Unfamiliar Japan）』（一八九四年）平川祐弘編『明治日本の面影』講談社学術文庫―小泉八雲名作選集所収、一九九〇年、四五頁。
73　網野善彦他『日本文化の深層を考える』日本エディタースクール出版部、一九八六年、七〇頁。

幕末のころに最も広まった伝承では、牛から生まれ、人間の言葉を話すとされている。生まれて数日で死ぬが、その間に作物の豊凶や流行病、干ばつ、戦争など重大なことに関してさまざまな予言をし、「それは間違いなく起こる」とされている。

別の伝承では、必ず当たる予言をするが、「予言して、たちどころに死ぬる」とする話もある。広島県央に伝承された話も、たちどころに死ぬると言われていた。

江戸時代から昭和まで、西日本を中心に日本各地でさまざまな目撃談があるという。

この怪物の目撃例として最古と思われるものは、文政十（一八二七）年の越中国・立山でのものだという。

次の絵は「件」としての最古の例で天保七（一八三六）年の日付のある瓦版である。★74 絵図のなかの文を、古文書に詳しい国正利明さんは、次のように読み下した。

大豊作を知らす件という獣なり（注：見出し）
天保七申（サル）十二月丹後の国
養播山の山中に図の如く
体は牛、面は人に似たる
件という獣出たり
昔宝永二年
酉の
十二月にも
此の件出で其の翌年より
豊作打ち続きしと古記

書に見えたり　尤も件という文字は
人偏に牛と書いて件と読ます也　至て心霊
なる獣也故に都で証文の終わりにも如件と書くも此由縁也
此の絵図を張置ば家内はんじょうして厄病をうけず一切の
災いをまぬがれ大豊作を守る誠にめでたい獣也

74

これによれば、「天保七年の十二月丹波国・倉橋山で人面牛身の怪物『件』が現われた」という。またこの瓦版には、「宝永二年十二月にも件が現われ、その後、豊作が続いた。件は正直な獣であるから、証文の末尾にも『件の如し』と書くのだ」ともあり、この説が天保のころすでに流布していたことを示す。この話が私たちの地域にも広まっていたのである。

74　湯本豪一『日本幻獣図説』河出書房新社、二〇〇五年、六七頁。

第二章　農作業の一年間

第一章では、人間のかたわらで、農耕を支えた牛を中心に百姓仕事を見た。

本章では、古老の聴き取りと、宮本常一などの調査によって残された百姓の記録写真、さらに、地域に保存されている百姓道具などを手がかりに、一世代前の「百姓仕事の一年間」を振り返ってみる。

百姓仕事は、「荒起《あらおこ》し」と呼ばれる田を耕すことからはじめ、苗を育て、田を植え、麦を刈り、麦を扱《こ》ぎ、田の草を取ったかと思えば、山から堆肥《たいひ》用の草を刈りだし、休む暇なく稲刈り・脱穀・籾摺《もみす》り・麦植えと、際限なく仕事が追いかけてくる。合間には焚き木づくりも大切な作業であった。年が明けると、俵づくり・縄ないなどの藁《わら》仕事が冬場の仕事である。麦踏・麦の施肥なども、年末年始のことである。百姓仕事は正月の藁打ちからはじまる。

農作業の山場は春と秋であるが、今回の聴き取りは田植前からはじめた。しかし、ここでは、都合上、百姓仕事を、一月から追ってみることとする。

「慶安のお触書」慶安二（一六四九）年に、「朝起きを致し、朝草を刈、昼ハ田畑耕作にかかり、晩にハ縄をない、たわらをあみ、何にてもそれぞれの仕事無油断可仕事」とあるのは、遠い昔のことであるが、一世代前までの農村は、別段命じられたわけではないが「慶安のお触書」さながらであった。古老の話も、その通りであった。労働は激しいものであったが、悲壮感はなかった。

今回、聴き取りのすべてを網羅することができない反面、重複する話もある。

Ⅰ　冬のあいだの仕事

1　仕事始め

広島県央の村では、正月の仕事始めの第一は藁打《わらう》ちであった。

「正月二日の朝から草履《ぞうり》をつくる藁打ちをした。農繁期には藁を打つ暇がないので、半年分くらいの草履や草履をつくる藁を用意しておくのである。藁は餅藁《もちわら》を使った。（略）外の仕事ができない日は俵ごも・草履・わらじづくりや縄ないなどに精を出した」[★75]と『大和町誌』の農家暦にある。

正月二日は、仕事始めであった。朝の二〜四時ごろに先ず仕事始めの藁を打つことからはじめる。昭和十年前後の話であるが、朝の二時ごろから明け方まで、大人は一人で藁を打っていた。一年じゅうに使う藁を打って保管しておくのである。子どもが起き出すころには、父はひと仕事していた。

恵本高夫さん夫妻は、詳しく語った。

一人で藁を打つためには、自分の足で藁の束《たば》をぐるぐると回さねばならない。踏み石のように、一段高い藁打ち石[★76]の上に、藁を乗せ、先ず根元の方から打ち、しかも満遍なく打つために、左の足で回しながら向こうへ追いやる。

75　『大和町誌』（広島県三原市）一九八三年、六六三頁。

追いやったら、今度は、逆の足で手元の方向に回しながら引き寄せる。次に、根元と穂先を入れ替えて、穂先の方を打つ。同じように、左足で向こうへ回しながら打つ。行き着くと逆に手前へ右足で回しながら打つという技を培っていた。この工程がすむと、藁束《わらたば》そのものの内側と外側を入れ替え、打っていない内側を打つ。前記の工程と同じように行ない、ひとてね（一束）打ち終わるのである。

最近の健康体操で足の指を使うこと、足の指でグー・チョキ・パーの動作が健康に良いと取りざたされているが、百姓にとっては、日常生活の一部であった。

小学校四年生くらいになると、子どもも朝仕事に、藁を回す手伝いをしていた。父が打っている藁を手で回すのが子どもの役割であった。父は打つことに専念できるので楽になる。「手伝ってくれると助かる」と言ってほめられると、正月早々うれしくなった昔を思い出す。

父が戦地に赴いている家庭もずいぶんあったが、そんな家庭では母や祖母が藁打ちをすることになり、藁を回す作業ははじめから子どもの仕事であった。この作業を繰り返し、一年じゅう使う藁を打ってストックしておくのだから、並大抵のことではない。正月の仕事始めに打った藁の多くは、俵を編むための小縄《こなわ》や、農具の「引《ひ》き綱《づな》」の材料などとして使われる。

藁打ちが正月二日の仕事始めの仕事であったのには、もう一つの理由があった。正月は百姓も仕事を休んで、ややゆっくりしているので、その生活の切り替えのためでもあった。

『大和町誌』も記しているように、夜なべに小縄をない、俵を編《あ》む縄として貯えておく。一月からの冬のあいだは、雨の日や夜に小縄をなったり、俵をつくったりした。俵は昭和三十年ころまでは編んでいた。日和の良い日は山へ行っていたが、外へ仕事に出る日でも、朝のあいだに俵のコモ一枚を編み上げていた。★77 嫁さんは、老夫婦が起きだす前に俵一枚を編んでいたという。

一方、打ち藁は耕作用具の縄にも使われる。牛の追い綱・大八車の荷紐《にひも》・鋤《すき》・マンガなどの綱である。この縄は三《みっ》巴《どもえ》になった「三つ繰《みぐれ》」と呼ばれる縄である。耕作用具を引いたり、牛を追ったりする縄であるから、普通の縄より強くつくる。その縄を、さらに一工夫して長持ちをさせるための知恵があった。「三つ繰」にさらにひと手間加えたものを「水縄《みずなわ》」といっていた。一年間に必要と思える長さ（一般的には約五十メートルくらい）の「三つ繰」を家の周りにある樹木から樹木に張る。ちょうど糸取り遊びのように張っておき、夜露に当て、場合によっては雨にもさらして、張り巡らした縄が伸びてたるむ、それをさらに引っ張ることで丈夫な縄になる。「たるんだら伸ばす」を繰り返すと、次第に均等で良質の「三つ繰」ができあがるのである。この作業を時期的には寒《かん》の間（一月上旬から二月の節分のあいだ）に行なうことで藁が変色せず、しかも農具に付けて使う場合には水をはじき、水を含まないので強い縄になる。そんなところから「水縄」と呼ぶようになった。先人の経験から受け継がれた、寒晒《かんざらし》（寒中縄を水や空気にさらす）という知恵である。一年間に使う農機具の「引き綱」などにする。

　小世良両道さんも同じように、「三つ繰」を寒晒しにしていた昔の体験を語った。米の粉も米を洗って寒晒しにしたうえで粉にすると、虫がつきにくいという。

　広島県央では仕事始めを正月二日としているが、ところによって違っていた。たとえば、神石郡豊松村（現・広島県神石郡神石高原町）では一月十日が仕事始めであっ

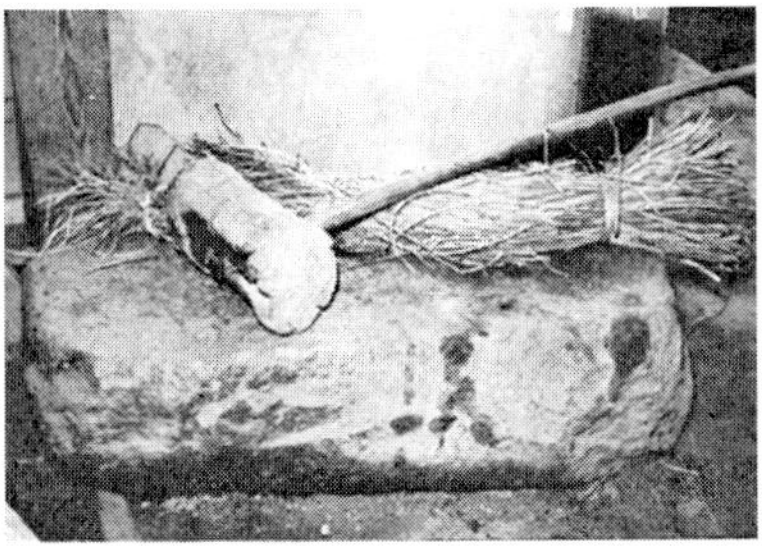

76

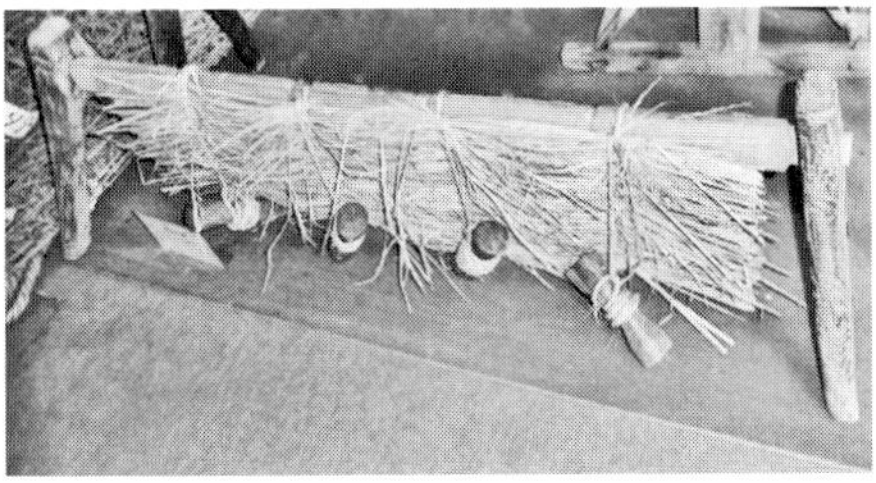

77

76　『大和町誌』（広島県三原市）一九八三年、六六三頁。（藁打ち石と木槌・打上がった藁）

77　広島県世羅町世羅郷土民俗資料館蔵。（俵にするコモを編みかけているところ）

79-1　　79-2

たという。雑煮を食べて、田に出て一鍬《くわ》二鍬打つ。そのあと家に帰って、縄をない、その縄を馬鍬《まぐわ》や牛の鞍《くら》に付けて神に供えている[★78]。いずれにしても、各地に正月の仕事始めや、さらには「成り木いじめ」などの儀式があった。人間にとっての通過儀礼であるとともに、日々に節目をつけて、前へ前へとみずからを励ました。

2　俵を編む

俵は外俵と中俵を組み合わせてつくる。中俵はあまり藁を、そぐらない（藁の袴《はかま》〔下葉〕を取らない）。そぐり過ぎると藁のあいだに米粒が入るので、それを防ぐためにそぐらないのだと長年の経験を語る者もいた。

女手で農業を守った岸本コヨシさんも、「正月が過ぎると、今度は米俵を編んだ。四十俵分は編んだでしょう。俵は中と外を二重に編まねばならなかった。冬のあいだも休むことはなかった」と語った。そのうえ、冬場の暇をみては蓑《みの》も編んだという。自家用はもとより、蓑[★79]を商品として、引き取ってくれる店に持ち込み、多少でも家計の足しになればと思ってやったという。

3　メゴづくり

九十二歳の宮下博雄さん（大正十一（一九二二）年生まれ）は、昭和十七年から二十一年まで兵隊に出ていた。中国（福建省）で敗戦を知った。留守のあいだ、母が一人で農業の切り盛りをしていたので、帰国後は会社に勤めながら、母に苦労をさせまいと農業を継いだ。戦後は必要なものはなんでもつくっていた。メゴ（竹で編んだ入れ物）づくりもした。器用な人で、いまでも竹細工の腕も達者である。竹についての知恵も経験を伴ったものである。

竹は犯土《つち》（暦の上の一定の期間）に入る前に、切っておくと虫がつきにくいので、その時期に切っておくと言い伝えられていた。つまり、八専《はっせん》に切っておいて、苗メゴ（苗運び用の入れ物）★80は自分でつくっていた。つくった物は土天《どてん》（囲炉裏《いろり》の上の天井で、竹を敷きその上に粘土を一面に塗り込めたもの）にあげておいて囲炉裏やクド（釜戸）の熱でしっかり乾燥してから使わないと形が崩れる。材料の竹は破竹《はちく》が良い。つくる物にもよる。ソウケ★81をつくるのには真竹《まだけ》が良いと、長い経験から語った。

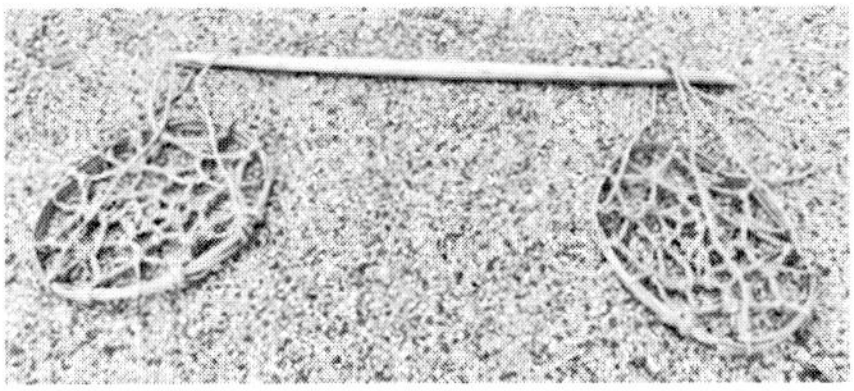

80

81

78　『広島県史　民俗編』一九七八年、四六七頁。
79　三原市大和町　田原開起蔵。（蓑の内側と外側）
80　広島県世羅町別迫　藤井正蔵。（苗メゴ）
81　三原市大和町　農家蔵。（ソウケ）

杉田五蔵さんは、竹製品なら虫が入っていたら、つくり替えることもできるが、土壁の中に編む木舞《こまい》（壁の下地として、縦横に組んだ竹や細木）の竹に、もし虫がついていたら、やりかえようがないので、木舞にする竹は、虫のつきやすい犯土は絶対に避けていた。昔からの知恵を大事にしながら、細心の注意を払っていたと語った。大工職人の知人もそのことは守ったという。

4　冬場の雨降りの唐臼《からす》搗《つ》き

戦争に端を発して両親に恵まれなかった堀田勝さんは語った。

「終戦前に両親と死別した私と三歳違いの兄は、二人いっしょに親戚に預かってもらった。終戦後の昭和二二年ごろのことだった。食糧難のころのことだから、ある意味では厄介者であった。ただでは生きていけなかった。雨の日は、雨の日にできる仕事が割り振られていた。たとえ雨降りの日であっても、子どもにも役割はあった。雨の日の仕事の一つに、唐臼搗きがあった。私は唐臼搗きの日は楽しみであった。兄と二人で、支え棒を握って搗くあいだ、兄がいろいろな話をしてくれていたからだ。その話が新鮮でおもしろかった。当時娯楽らしいものはなく、もちろんテレビもなかったから、話は楽しみの一つであった。

両親を失った私にとって兄は、たった一人の身寄りであり、父であり母でもあった。父母のように、私をかばってくれた。小さいころ兄は、病気で足を悪くした。その兄は、中学校卒業と同時に、私を気遣いながら単身大阪へ働きに出た。一人になった私は、またほかの親戚に預けられ、今日に至っている。伯母の家であったが、伯母も叔父に対する気がねがあり、可愛がりながらも、私に厳しく当らざるを得なかったのだということを、年を重ねて理解できるようになった。年とともに、別れ別れになった兄との唐臼搗きの日は一生涯忘れられない、楽しかった思い出になった。いまでも兄には感謝している。自分にできる、せめての恩返しだと思って、毎年米を送っている」と語った。二人は、お互いに相手をかばいながら戦中戦後を生きてきたという。

5　堆肥《たいひ》づくり

冬のあいだの仕事で意外と語り伝えられないことの一つに、堆肥づくりがある。

藁《わら》も商品として売っていたが、商品にならないような藁は、田のほとりまで運び堆肥にした。「押し切り」で十センチくらいに切り、それに山で集めた木の葉を混ぜ、米ぬかがあればまぶして、その上から水を撒《ま》いて、寝せておくと堆肥ができる。山草とは別に、藁からつくる堆肥である。

多くの家で、藁は畳の床材として売ったり、牛の餌にするので、それらに使えない藁を堆肥にした。堆肥は途中で二回くらい切り返して、「荒起《あらおこ》し」の前に、肥料として使ったと宮下博雄さんは話した。

II　田植まで

1　田起こし

（1）堆肥を撒く

東田民春さんは「四月になると堆肥を散布することから、田の仕事をはじめる。牛小屋の堆肥と田でつくった堆肥とを撒く」と語った。さらに「二町のうち、五反くらいは麦を植えていたので、残りの一町五反を先ず『荒起し』をする。わしが牛を使っているときは、家内が堆肥を撒く。一日じゅう素手で牛小屋の堆肥を撒くと、手がつるつるした」とも語った。

入野清治さんも「荒起し」の前には先ず堆肥を撒いたという。「家には牛が二頭いたので堆肥も多かった。牛小屋の隣に、一段低い堆肥舎（「落とし小屋」と呼ぶところもある）と呼ぶ、堆肥を一時保管して、発酵させる場所があった[★82]。尿や水蒸気が発散するので、その場所の壁には、防水・防臭用にコールタールを塗っていた。いまでもその痕跡がはっきりと読み取れる」と語った。その堆肥舎を見せてもらった。半世紀前の痕跡を残しているが、そこは、いまでは農機具の倉庫になっていた。ここから田んぼへの運搬用に安駄《あんだ》[★83]と呼ばれる竹で編まれた、今日の担架に相当する物が使われていた。江戸時代には、「行き倒れ人も安駄で運んでいた」という記録があると国寄明史さんは語った。

宮下博雄さんは、忘れもしないことの一つに「クムシ」（「クマシ」「クモシ」と呼ぶところもある[★84]）の作業をしたときのことがあるという。「クムシ」とは藁《わら》を刻んで、それに糠《ぬか》などを混ぜて、水をかけ堆肥にする作業のことである。八歳のときのことを思い出して語った。「わしが藁を渡し、母が『デジメン』（押し切り）で藁を切るのである。間違ってわしの指を切ってしまった。幸いにも治ったが、いまでも爪の生え方が普通ではない」と言って指を見せてもらった。その「クムシ」でできた堆肥を、背負《せお》い子★85で、それぞれの田に配った。背負い子を手造りしていた器用な百姓の姿も昭和四十年ごろからは見かけなくなった。

　堆肥を撒いたら畔《あぜ》を欠き（削り）、「荒起し」をし、それに続いて「返し」（「荒起し」をしたものを再度反対に鋤《す》く）を行なう。さらに、「コナシ（熟《こな》し）」（食べ物を消化するように、土を小さくする）と呼ばれる作業、つまりマンガ（一〇二頁写真93参照）で土塊《つちくれ》を小さくする作業がある。そのあとで水を入れる。畔際《あぜぎわ》に先ず水をまわし、畔用のマンガで「代掻《しろか》き」をしたあとで、アガタを寄せる。一日ほどそのままにしておくと、適当に乾くので、次の日に畔を付ける。そのあとで、「水合《みずあ》わせ」をして、いよいよ「代

82

82　三原市大和町　農家の駄屋。写真は「落とし小屋」で、牛小屋からは、一段低くなっている。写真の奥まった所から堆肥を外に運び出す構造になっている。今日ではトラクター等が格納されている。

83　広島県世羅町の庄屋文書によると、江戸の末期に路人（行き倒れ人）を、この安駄で赤屋から別迫に運んでいる。村境の外に運んだ。通行人の手形は持っていなかった。

84　「くみる」『日本国語大辞典』小学館、二〇〇六年。〔動〕温度や湿気によって変質する。発酵したり、かびたりなどする。蒸されて腐る。「くみる」と島根県・岡山県の用法としてある。意図的な作業が「クミサセル」であり「クムシ」「クマシ」「クモシ」と、なまった言葉ではないか。

85

86

87

掻き」に取りかかる。「水合わせ」の作業とは、水を入れた状態で再度、大まかに鋤き返すことである。水を入れた状態で、「返し」を行なう作業だと言ってもいい。「クムシ」や堆肥を撒いてから、「荒起し」以後のことも、あらましを聞いた。

（2）「畔《あぜ》欠《か》き」

「荒起し」の前の下準備の一つに、「畔欠き（畔を削る）」★86 という作業がある。この写真のように昨年付けた畔を半分欠いて、新しく畔を付ける準備をする。写真の上方に向かって、一鍬《ひとくわ》一鍬削っていく。今日では圃場整備に伴って、畔を欠くことも畔を付けることもなくなった。鍬の出番は少なくなり、手作業の手間が少なくなった。

百姓仕事は、「段取り八分」と言われるように、段取りができたところで、いよいよ「荒起し」をはじめる。

（3）「荒起《あらおこ》し」

四月になると田仕事の一番元になる仕事の「荒起し」がはじまる。ほとんどの田には麦が植えてあるが、植えていない田は、去年稲を刈ったままの状態である。そこに、畜舎から運んでおいた、「だいごえ」（駄屋肥《だやごえ》）や山草などでつくった堆肥を撒く（だいごえは牛小屋から前もって田んぼに運んでおく）。[★87]だいごえは逆円錐型に編まれた背負い子に入れて、田のところどころにあらかじめ運んでおく。それを田んぼ全体に撒いて広げる。

入野清治さんは「荒起し」は、春の早い時期にやっておけば良いというものでもないと語った。降誕会（月遅れの五月八日）を過ぎたころに、蓮華《れんげ》などを鋤き込むことによって肥料になる。また草を鋤き込むことで田の乾きも良くなったともいう。そのほかの古老からも同じように、草を鋤き込んで肥料にしたと聞いた。しかし、生の草を鋤き込むことになり、生草が多いことで、土の中でガスが発生する。それがもとで田植のあとで、稲の活着が悪いことを心配する古老もいた。

乾かすことは、次の作業にとって大切な一歩であることを年配者は語る。「荒起し」をした土が乾いていないと、次の仕事に手間取る。

鋤いて細かく砕いたあとで、水合わせをしてどろどろの状態にするが、どろどろの粒状になるためには、「荒起し」がすんだ段階で、土が乾いていることが大事な要件である。土が乾くことがうまく砕けることの要件であり、土の中

85　「広島県椋梨ダムの民俗調査」記録写真、三原市立中央図書館蔵。（箱川　松井正人氏。一九六四年十月撮影）
86　同前。（一九六四年十月二十三日撮影）
87　三原市大和町下徳良　農家蔵。

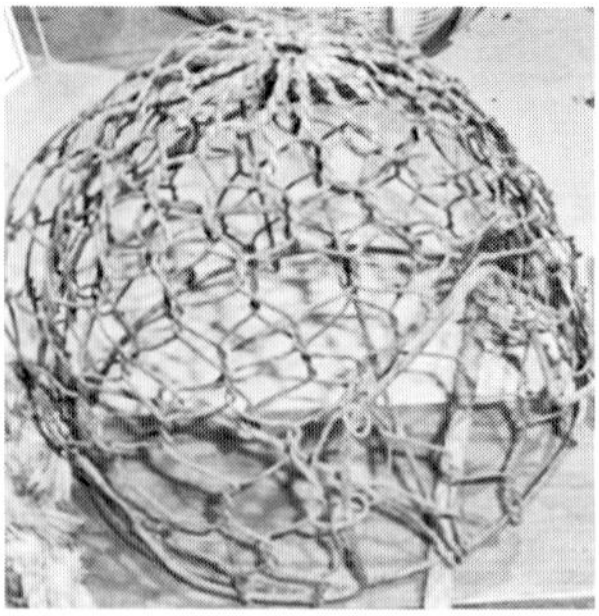
88

に酸素がたくさん入り、肥料もよく吸収し、根張りが良くなる。

いろいろ考えて、適当に草が生えたあとに「荒起し」をしていた。ところが、草が生えていると、鋤《すき》を引かせるはずの牛がその草を食べることに気を取られて前に進もうとせず作業にならない。そこで考えられたのが、牛の口を塞ぐための籠《かご》である。[★88]通称、「クツゴを着ける」と言っていた。これで、牛も草を食むことをあきらめて、せっせと仕事をする。いや、せざるを得なくなる。

鋤幅《すきはば》十センチほどの幅を鋤きながら田の中を行き来するのであるから時間と労力がかかる。何回も行き来して、かまぼこ型の畝《うね》（田畑に作物を植えつけるため、間隔を置いて土を筋状に高く盛り上げたところ）をつくっていく。一つの畝の山形はおおよそ三尺（約九十センチ）から四尺（約百二十センチ）程度である。山形の幅が狭いほど乾きが良い。乾きの悪い田は畝幅を四尺よりも三尺にする。

田の乾きの良し悪しを長年の経験で心得ており、さらにその年の天候の状態も考えに入れて、畝幅を決める。近隣の百姓も、岡目八目でよく知っていた。素人の仕事はすぐにわかる。

乾かすための知恵として、畝から溝に土塊《つちくれ》をおとさないことがある。もし溝に土塊が落ちたら、牛仕事をしていない者（一般的には妻）が、その土塊を鍬《くわ》で畝に上げる。その仕事を「挙げ放《はな》し」と言っていた。古老によると、それはおそらく土塊を溝から上げて畝で放す動作から、「挙げ放し」と言ったのだろうという。根気のいる仕事であった。子どもも土の塊を、手で溝から畝に挙げていた。

「挙げ放し」のほかに、もう一つのしんどい鍬仕事が、「角打《かどうち》」であった。「角打」とは、田の角を打つことである。田んぼの角には鋤が届きにくい。できるだけ牛に鋤かせようとはするが、完全には届かない。そこは、人力で耕さねばならない。面倒なので手を抜こうとすると、年寄りが「辺《ほとり》をざまくにするな」と厳しく言っていた。言い換えると「辺りをいい加減にするな」ということである。九十三歳の古老が、その「父に言われた」という、ずいぶん古い百姓の心得である。トラクターで耕耘することが当たり前になった今日、かつての百姓は集約的で、その技が丁寧であったことを感じさせられる。

なんでもないように思えることだが、入野清治さんは牛を使うときは、右回りに鋤いていくことを心がけていたという。右回りだと、追綱《おいつな》を引けばよいので回転させやすいからだと荒起しにちなんだ話としてつけ加えた。

(4) 鞍下牛《くらしたぎゅう》で「荒起し」

裕福な百姓は、経済力があり牛を飼う余裕がある。小作をしているような貧しい百姓は、一年じゅう牛を飼うだけのゆとりがないので、前記したように田植の時期だけ牛を借りる。宮下博雄さんも、子どものころはどの家にも牛がいるというものでもなかったと言う。

「うちの家にもいなかったので、田植の時期になると、親戚といっしょに、二軒で一頭の牛を借って耕しました。昭和の初めころです。相手の家では男が牛を使うが、うちの家は、母が牛を使っておりました。牛は厳しく追い立てる男の言うことはよく聞くが、女・子どもの言うことは聞かない習性があります。一週間ごとに借りるのですが、相手の家がすんで、わしの家に来ると、牛が母を甘く見て本気で仕事をしないのです。しないどころか、作業の途中、仕事を止めて地面に座り込むという有様です。母はずいぶん泣かされたと言っていました。困り果てた母は、牛を使ってもらえないかと親戚にお願いに行ったが、そこも手一杯で断られました。そのとき、近所の正田明さんに泣きついたら、快く引き受けてくださいました。その恩を一生涯忘れるなと、繰り返してわしに聞かせていました。母が苦労しているのを見ていたので、わしも子どものころから手伝っていました」と話した。

88　広島県世羅町　八田原郷土民俗資料館蔵。(クツゴ)

（5）鍬《くわ》の柄《え》にも蓑笠《みのかさ》を着せたい

戦前から戦時中は、今日のように圃場整備が行き渡っているわけではなく、ザブ田が多かった。牛を入れると、落ち込んで動かなくなる。小さな田の場合は牛よりも、人の手仕事に頼っていた。大正時代以前は、ザブ田を耕すことを「ザブ田を打つ」と言っていた。一株一株、鍬で返していたと聞いた。国寄明史さんは、「曾祖母は鍬の手元を下げて、難なく稲株をひっくり返していた」と、祖母から聞いている。なかなかの仕事師であったので、鎌も左右両手で使っていた。斜めの畔《あぜ》などを刈るときは、方向転換をすると斜面が逆になるので、それに合うように鎌を反対の手に持ち替えていた。効率的な労働のために、左右の手を同じように使える技を、身につけたのである。労働のなかで鍛えられた結果、両の手足が同じように使えるように鍛え上げられた。

手作業で耕作をした家は多い。近くでは大和町下徳良の亀山神社の北側は、岩盤であったので水はけが悪く、古谷年一さんの田の一部にザブ田があったことを、榎本禎夫さんから聞いた。表土の下に丸太が埋めてあった。田植も稲刈りもその丸太の上を移動して作業をしていた。牛での耕作は無理なので全部鍬仕事であった。

このように、たとえ牛がいても、牛で耕すことのできない湿田が、方々にあった。湿田はすべて手作業で耕作した。人の力で一鍬ずつ耕さねばならなかった。それが当たり前のこと、やむをえないことと思って、せっせと働いた時代が、ひと昔まではあった。雨降りの日は特別であった。そんなときに鍬にも蓑笠をつけさせて手伝わせたい気持ちになって、「鍬の柄にも蓑笠を着せたい」と多忙な気持ちを相手に伝えていた。「百姓は骨を折っていた（苦労していた）」と恵本高夫さんは語った。

（6）「返《かえ》し」

「荒起《あらおこ》し」の次の作業が「返し」である。「荒起し」でできた畝《うね》を、もう一度鋤《す》き返して、土塊《つちくれ》（土の塊）をできるだけ小さくする。この作業が「返し」である。

2　水を溜める

(1)「ムナクト」(水口《むなくと》)を止める

「荒起し」をし、「返し」をしたら、その時点でやっと、田に水を当てる。

しかし、水を溜めるためには、水の出口である「ムナクト」★89を止めねば、水は田んぼに溜まらない。

上野年枝さんは、嫁いできた昭和十五年ころのことを次のように語った。

「『いまから、ムナクトを止めにいくからついて来い』と言われるので、舅《しゅうと》について行ったのですが、ただたんについて行ったら『ムナクトを止めるからついて来い、と言われたら藁《わら》を持ってこなくては、ムナクトは止められんじゃろーが』と言われました。嫁いだころ『ムナクト』が何やら知らなかったのです。『鑿《のみ》をもってこい』と言われたら、当然それを使うために必要な『槌《つち》も持って來る』ものだ。『鑿といえば槌』ということを教えられました。『槌も持ってこい』ということが言外にあることを悟る感どりが必要だったのです。『ムナクト』は藁で止めるのです。『ムナクトを止めるからついて来い』と言われたら、暗黙のうちに『藁を持って行く』ことが当たり前のことだというのです」。筆者は今年も、一部、昔ながらにムナクトを藁で止めているが、その作業は廃れ、「ムナクト」という言葉も使われなくなった。

89　三原市大和町　田原開起。二〇一三年四月、作業。水路の下流に、藁を折り重ね石を据えて、水の行く手をさえぎり水田に水を導こうとしているところ。写真次頁。

89

90

(2)「アガタ」を寄せて畔《あぜ》を塗る

いよいよ水田にするために水を入れるが、畔から水が漏らないために先ずは畔塗《あぜぬり》をしなければならない。そのために畔際に水をまわし、畔のまわりだけ畔用の幅の狭いマンガで代掻《しろか》きをする。一定にねばねばの状態になったら鋤簾《じょれん》で「アガタを寄せる」★90という作業をする。この作業は畔に塗るために、いわば粘土状の土を畔端に寄せるという作業である。東田民春さんもアガタをとった体験を語った。「わしの家ではアガタは鍬《くわ》アガタ（鍬で打ちながらアガタを寄せる）だった。わしが牛を使っているあいだ、家内が鍬でアガタを寄せていたので助かった。家内は鍬捌《くわさば》きが上手であった。百姓仕事は鍬が使えることが、先ず第一歩であった」と語った。

アガタは一日ほどそのままにしておくと、適当な硬さに乾くので、次の日に畔を付ける。★91

最近では「畔付け機」と呼ばれる機械があり、難なくつけることができるが、昔ながらの畔付けは、鍬を使いこなす経験を積んだ者でないと容易ではなかった。私たちの世代は皆、見よう見まねで、その技とコツを学び取った。

（3）畔豆《あぜまめ》を植える

畔塗が終わり、畔からの水漏れが心配なくなったら、全体に水を入れる。そのあと、畔が柔らかいうちに畔に等間隔（一尺約三十センチくらい）に、板鍬《いたぐわ》の角で穴をつくり、そこに子どもたちが、大豆を二～三粒ずつ植えていく。これを畔豆★92といった。子どもが豆を伏せると、その上を写真のように、燻炭《くんたん》（籾殻《もみがら》を焼いたもの）で覆う。スクモ（籾殻）も被せる。田植後の水分と田に撒《ま》いた肥料のおかげで大豆はすくすくと成長した。時代が新しくなってからは、昔ながらの勤勉さもなくなり、田んぼの風通しが悪いということで、いつのまにか昔の風景は消えた。

畔豆は、忙しいときには田植がすんだあとで植える家もあった。

91

92

90　同前。畔際に三十センチ幅に粘土状の土を寄せ集めたところ。

91　同前、畔付け作業中。寄せたアガタ（写真の左部分）を、股鍬で寄せる（写真の中部分）。それを鋤簾で塗り付ける（写真の右部分）。

92　「広島県椋梨ダムの民俗調査」記録写真、三原市立中央図書館蔵。（大和町箱川　西川幸枝さん。畔豆にスクモをかぶせる。一九六五年六月六日撮影）

（4）「水合《みずあ》わせ」から「代掻《しろか》き」

畔が塗られ、畔際から水が漏らないようになったら、全体に水を当てて「水合わせ」をする。「水合わせ」とは水を入れた状態で「返し」を行なう作業だと言える。ところによっては「コナシ（熟《こな》し）」とも言っていた。文字どおり「土の塊を熟して水田にする」のである。

とくに水持ちの悪い田（田の底から水が漏れる）は三回も「返し」を行なったと経験者は語った。肥え土を鋤《す》き返すと同時に、その下にある「ニガ土」（表土の下の基盤になる土）の表面を鋤《すき》の裏側で固めていく作業が「水合わせ」

93

94

95

96

の、もう一つの大事な作業である。この作業で水が田の底から漏れないようになる。「水合わせ」の作業が終わったら、最終段階の「代掻き」という作業に移る。

「代掻きマンガ」[★93]と呼ばれる道具を牛に引かせて、土塊《つちくれ》を小さくする作業を行なうことでやっと平らな水田の格好になる。マンガも次第に改良されて、「ハロー」と呼ばれる、湾曲《わんきょく》した数枚の歯を回転させることで、土がこなれやすい工夫をした農具[★94]がしばらく使われた。

写真はその「ハロー」を牛に引かせて松井敏美さんが、昭和四十年代前半に「代掻き」をしているところである。[★95]

これまでのマンガよりも楽でグレ（田の中に残っている前の年の稲株）を切って砕くことができた。

右の絵[★96]は従来のマンガで「代掻き」をしている風景であるが、土と水がなじんで、次第に平らになった状態である。ここまでにするにはかなりの労力を必要とした。

田の土の状態によって、こなれにくい田があった。いわゆる、ねば土と呼ばれる土は、なかなかこなれないので苦労が多かった。麦田の場合は、このマンガの歯の部分に麦の切り株が溜まる。下手な者は、その株の塊《かたまり》を一か所で、いっきに歯の部分から外すので、麦株が一か所に集まる。上手なものはときどき株を外して、どこに落としたかわからないようにする技を心得ていた。

畔付けをするところに麦の株があると、うまく畔が塗れないので、株を子どもに取らせていた家もあったと小世良両道さんは語った。

宮下博雄さんのところは、一枚の田が、一反から一反五畝《せ》の広さがあり「代掻き」を、牛一頭では手間がかかるの

93　広島県世羅町　小世良両道蔵。
94　三原市大和町　恵本高夫蔵。（マンガを改良したハロー）
95　「広島県椋梨ダムの民俗調査」記録写真、三原市立中央図書館蔵。（松井敏美氏、ハローを使って代掻き）
96　広島県　世羅町世羅民俗資料館蔵。

で共同で、三頭くらいの牛が一枚の田に入り「代掻き」をした。一頭は自分の家の牛で、そのほかの二頭が近隣の家の牛である。三頭の牛が入るということは、牛を追う者が三人いる。そのなかの一人、「先牛《さきうし》」が先導する。田の中をぐるぐる回って「代掻き」をするが、無駄なく均等に「代掻き」をするためには、采配《さいはい》する先牛が、どこを通るかを各人がしっかりつかんでいないと、無駄や斑ができる。「先牛の力量が問われる」と前記（三〇頁参照）の榎本禎夫さんと同じことを語った。

また「代掻き」が終わってから、最後の板代《いたじろ》（「マンガに板をつけて牛に引かせて田を平面にする」こと）は一頭で行なう。「代掻き」が終わった時点で、一頭を残して二頭の牛は田の外に出す。牛には「連れ焦《こ》がれる」（ほかといっしょに行動する）習性があるので、ほかの二頭が外に出ると最後の一頭も必ず前に続こうとする。その習性を心得て気をつけて見ていないと、最後の一頭がマンガを付けたまま飛び出す。それがもとで事故になったり、けがをしたりすることもあった。田に残して「板代《いたじろ》」をさせようとしたオスの牛が暴れて、角で突かれ、大きな事故になるところであった、と語り継がれている。

この話から、話は横道へ入り馬の話になった。中国大陸での捕虜生活のときの体験を宮下博雄さんは語った。敗戦で日本軍はすべての軍馬を没収されたが、その馬の飼育管理は日本軍の兵隊が行なっていた。あるとき、馬を移動することになった。鞍《くら》を付けた馬には中国人が乗り、日本人は鞍のない裸馬に乗って、馬の一団を川へ向かって移動させていた。川が近づくと、リードしていた日本兵の馬が走り出、そのほかの馬も一斉にあとを追った。川辺に牧草があったため、草を食べようとして日本人の乗った馬が今度は突如として止まった。続く馬も皆、急に止まった。前記のように、日本人の乗っていた馬は裸馬であったが、日本兵は裸馬の乗り方を熟知していたので、馬の胴を足でしっかり締めたのである。その構えで鬣《たてがみ》をしっかり握っていれば落馬しないことを学んでいたので、幸いにも助かった。ところが、鞍は大丈夫なようで、急停止の場面では安全ではないため、中国の兵士はほとんどが落馬してしまった。しかし、馬が止まったのは日本兵の意図ではなかったので、彼らも日本兵を責めようがなかったという回想話を聞いた。ここにも牛馬との共生の知恵が、潜んでいることを知った。「牛の心を知っていることが大事だ」という話の続きであった。

話は元に戻って、「代掻き」のあとでは、今日ほど金肥《きんぴ》（購入肥料）は使わなかったが、わずかばかりの硫安《りゅうあん》・過《か》リン酸《さん》石灰を散布する家もあった。

いよいよ最後に、田の面をできるかぎり水平にする。その作業を「エブリを掛ける」という。「代掻き」がすんだ田の中を、「エブリ」★97を持って周りの高低を見ながら手直しをする（高低をなくす）。田植直前の仕事である。「エブリを掛ける者」を「エブリ司」と呼んでいたが、「代掻き」がすんだらすぐに「エブリ」を掛け、それを待っていたかのように「植え子」が入るので「エブリ司」は、短時間のあいだの勝負になり忙しい。そのため、食事にありつけないこともあった。昭和十七～十八年ごろまでのことであった。その後、マンガに板をつけて均《なら》したので「エブリ司」の出番がなくなった。

田植では「牛使い」が一番の花形で、一番先に田から上がって食事にありついた。「エブリ司」は最後で「膳がなかった」と榎本禎夫さんは語った。「エブリ司」は、「神楽で言えば三吉にあたる役割でもあり、その場をにぎわす役であった」とも語った。

戦後になって、どこからはじまったかは定かでないが、代掻きマンガの歯の下に丸太の棒をはめ込み「代掻き」と同じように、牛に引かせるようになった。そのおかげで、「エブリ」で均すよりも能率的になった。さらに昭和三十年代ごろ、板を

97

97「広島県椋梨ダムの民俗調査」記録写真、三原市立中央図書館蔵。（昭和四十二年当時自家製の「代ならしのエブリ」、箱川迫家所有）

馬に引かせ、自分が板の上に乗り、馬の尻尾をつかんで、馬を操った若者がいた。彼らもいまや高齢期を迎えたが、彼らこそ、きょうび百姓の数少ない生き字引である。

3　苗代づくり　四月〜五月

以前は六月の田植が一般的であった。しかも夏至（六月二十〜二十一日）から半夏《はんげ》★98までに田植を終わるようにしていた。それから逆算して田ごしらえや苗代づくりをしていた。苗代は田植から五十五〜六十日くらい前に籾種《もみだね》を蒔《ま》くことからはじめていた。山桜が咲きはじめるころ（四月二十日ごろ）に蒔くことになる。大正時代は水田を均して床にして、水田一面に籾種を蒔いていた。だいたい一反に一升の籾種を蒔いていた。大正十年ごろになってからは、水田を短冊に仕切った苗代に籾種を蒔くことが推奨されるようになった。

99

それ以来、その方法で蒔いた苗代を「短冊苗代《たんざくなわしろ》」★99と呼ぶようになった。写真は苗床を親子でつくっているところ。そのあと、板で苗床面を平らにする作業をして苗床ができると籾種を蒔き、その上を鋤《じょ》簾《れん》で抑えて籾を土の中にいれる★100。いちいち鋤簾で全体をおさえるのは手間がかかるし、籾種を傷めたり、均等に巻いた籾種が移動するので、その恐れのない網のローラー★101が、のちに開発され商品化された。このローラーで、籾を蒔いたあとの床を押して歩くことで、籾種の移動を防ぎ、傷もつかなかった。そのことで、作業も楽になった。

101

100

さらに、終戦の前ごろになると、油紙で苗代を覆って、苗代の温度を二度から三度あげるやり方の、保温折衷苗代《ほおんせっちゅうなわしろ》★102がはじまった。そのころ、小世良両道さんの観察によると、賢いスズメがいたという。「先ず油紙に穴を開けて、その裂け目を口にくわえて羽をバタつかせ、少しずつ後ろに下がって、紙を引き裂いていく。その裂け目から種籾《たねもみ》を取り出し、籾殻《もみがら》を剝《む》いて食べるという賢さを観察した」と話した。今日の猪が電気の柵を感電しにくいように尻から入るという技を覚えたのと同じように、動物たちが生きるために賢くなったのは、今も昔も変わ

98　七十二候の一つ「半夏生」（はんげしょう）から作られた暦日で、かつては夏至から数えて、十一日目としていたが、現在では天球上の黄経百度の点を太陽が通過する日となっている。毎年七月一～二日ごろにあたる。

99　三原市大和町下徳良　農家蔵。（昭和四十年代）

100　「広島県椋梨ダムの民俗調査」記録写真、三原市立中央図書館蔵。（短冊苗代　籾蒔き後に苗床を平にする「のり直」。作業をしているところ。一九六五年五月撮影）

101　三原市大和町下徳良　農家蔵。

102　「保温折衷苗代の発明者である荻原豊次氏は、長野県軽井沢の古宿で生まれた。そのあたりは、標高千メートルに近い高冷地である。同氏は若いときから稲作に従事し、たまたま、昭和6年、冷温の襲来でひどい被害を受けた。しかし、近くに被害の軽い稲があるのに気づき、その農家に栽培の仕方を教わった。結論は、二日でも三日でも早く田植をすることが大切だということである。早く田植をするためには、早く種を蒔なければならない。昭和一七年、油紙保温折衷苗代の完成をみるに至った」（川田信一郎『冷害――その底に潜むもの』家の光協会、一九六五年）

らない。

保温折衷苗代をするようになってからは育苗が楽になった。以前は寒さ対策ができなかったため、田植が現在よりも一か月程度遅かった。それは自然に逆らわずにやっていたせいだともいえる。「良いタイミングで苗づくりを進めねばならなかったが、いまとは違って農薬が少なく、病気の心配があった。とくにイモチが多発した。病虫害も考慮して、田植えのタイミングも考えねばならなかった」と、東田民春さんは語った。

4　田植と麦刈り

近辺ではほとんどの家が二毛作で裏作《うらさく》に麦を植えるのが習わしであった。山田といわれる山辺にある日当たりの悪い水田には、麦植えをしなかったが、それ以外のほとんどの水田に麦を植えた。「麦を植えずに飯米《はんまい》がないというな」と、お互いに戒めあいながら、自縄自縛していた。可能なかぎり裏作に麦を植えたうえでの貧乏には、人々も同情的であったという。どの家も秋が終わり、米の収穫を終えた田に裏作として麦を植えた。

田植と麦刈りは、ほぼ同時期になるので大変に多忙であった。天候も見ながら段取りをする。段取りが悪いと仕事にならない。天候、仕事量、水の入り具合、仕事のさばけ具合（はかどり具合）などを読んで、段取りをうまく進めることが肝要だった。段取りの一つに、「麦刈りの鎌を研《と》ぐ」ことがあった。稲と違って麦は抜けやすいので「切れ味の悪い鎌で刈ると切れずに抜ける」ので、年寄りは稲刈りのときよりも丁寧に鎌を研いで段取りをしておけと言っていた。手砥石《てといし》という、手に持てる小型の砥石に穴を開け腰に下げて、麦刈りの途中でも鎌を研いでいた。それほど段取りに気を使っていた。

次の朝の仕事の心積もりのために、前の晩に少々無理をしてでも、一定のところまで片づけておく。現代ふうにいえば残業・超過勤務に値するものであるが、家族のうち、誰一人として不平不満を言う者はいないという。生きるために必死であったからでもある。

天候などに大きく左右されるから、臨機応変に物の順序も変えねばならなかったが、基本的には、裏作をしていない山田などの田植を先ず行なう。そのあとに、麦刈り、麦の取入れ、麦田の耕耘、田植の順になる。最後に苗代に使った田んぼの田植をする。その前後に、麦の脱穀をして、すべてを終了させる手はずである。

（1）麦刈り

「麦の出穂には陽を降らせ」と、願いの言葉を懸けた。五月から六月にかけて好天に恵まれると、収穫が多いという。麦刈り[★103]は夏至までにすませる。刈り取った田は、すぐに田植をしなければならないので急がなくてはならない。麦を刈り取ったあと、すぐに耕して田植をするのだから、稲刈りのときのように、田の中にハデをするわけにはいかないので、刈り取った麦は、全部田の外に移動してハデにする。ほとんどの農家が、家の近くまで持ち帰り、家の周りにハデをする。なかには写真のように、畔端《あぜはし》に麦ハデをする場合もあった[★104]。写真では田の畔側の農道の傍に麦ハデをつくっている様子がよくわかる。田植の邪魔にならないように、道端に二段重ねのハデをつくっている。田植が終わっても、次に麦扱《こ》ぎが残って

103

103　「広島県椋梨ダムの民俗調査」記録写真、三原市立中央図書館蔵。（箱川　松井正人夫妻の麦刈り風景。一九六五年六月十一日撮影）

いること、田植の終了後に家に持ち帰り、脱穀する手はずになることが、この写真から読み取れる。はじめから家に持ち帰った場合は、家の周りに五段にも六段にも重ねてハデをつくる。手作業で一把ずつ掛けるので、子どもも総出で働いていた。国寄明史さんは麦を六反植えていたので、ハデは夜の仕事であったと言った。

六月五日から六日ごろが、二十四節季の芒種《ぼうしゅ》（麦を収め稲を植えるころ）で麦刈りは五月終わりから、六月十日ごろまでに終わる方が良い。六月十五日ごろには「麦わら倒《だお》し」をして、水を入れなければ田植えが遅れるからである。

（2）「麦わら倒し」植田づくり

刈り取った麦田の「荒起《あらおこ》し」に当たる作業を「麦わら倒し★105」と呼んだ。

刈り取った麦田には、あらかじめ牛小屋から運んで用意していた堆肥《たいひ》を入れる。なにかと多忙なので、堆肥を入れずに、田を鋤《す》きたいと思うが、いまごろのように金肥がないので、やらざるを得ない。手抜きをしていると、近隣の目が厳しいせいもあった。「なんと横着なことよ」と思われるのである。

良し悪しは別にして「隣百姓《となりびゃくしょう》」という言葉がある。「隣を見て隣とあまりかけ離れたことをしない」ということである。長年の経験から生まれた生き方である。その生き方のなかに、折り合って生きる術があることも理解できる。そのために、人さまから、大きくかけ離れる挙動に出ることは、ためらうのである。短期間に次々と仕事があるので、隣を見て大きく遅れていれば、夜なべ仕事をしてでも遅れを取りもどす。

堆肥を撒《ま》き終えたら、「麦わら倒し」を行なう。前記した「荒起し」のあとの作業と同じように、畔の周りに水をまわしアガタをとり、畔を塗って水が漏れないようにしたうえで、水田全体に水をまわし、「水合《みずあ》わせ」を行なう。「水合わせ」は文字通り、鋤き返すことで土に水を合わせ、水田にしていく作業である。麦田の「水合わせ」作業は粗々とした作業でもよいので、「麦わら倒し」とは違って、月明かりがあれば夜間でも可能であった。

恵本高夫さんの話によると、ちょうど月夜だったので、夜のあいだに「水合わせ」を行なった農家があった。さす

104

105

が隣を気遣い、隣の人が寝静まったころを見計らって、夜中から明け方までに「水合わせ」をすませたという。朝になって気づいた隣家は、驚くとともに、変な競争心を駆り立てられたという。隣と力を合わせながら、一方では張り合っていたのが百姓の一側面でもあった。

「水合わせ」がすむと「代掻《しろか》き」に入る。マンガで土をさらに細かく砕くのである。麦田は刈り取った直後であるので、麦の株が腐らずに残っている。その株がマンガの歯の部分に引っ掛かり、前に進めなくなる。何度も何度もマンガを持ち上げて株を外して進む。麦の株が、腐食していないこともあって、麦田は収穫が悪かった。「代掻き」のあとは、麦を植えていない一

104　広島県世羅町大田庄歴史館企画展。（共同田植、一九四二年）

105　「広島県椋梨ダムの民俗調査」記録写真、三原市立中央図書館蔵。

毛作田の「荒起し」のあとの作業とほぼ同じである。

（3）田植　各々の思い出

上野年枝さんは結婚して七年間は、本家で両親兄夫婦と同居していたから大家族であった。当時のことを思い出した。

「朝になると一番早く起きるのはお父さん（舅《しゅうと》）です。若い私たちは眠たくて起きられません。すると舅が『道子さん夜が明けたぞ』と言って、雨戸をあけるように催促します。道子さんとは兄嫁さんです。兄嫁さんは『ハイ』と言って返事をします。私も舅の声を聞いていますから、私が立って行って、雨戸を開けます。もちろん兄嫁さんも起きて、朝の支度をします。田植の時期はとくに眠たかったのを思い出します」。

宮下博雄さんは「私のところは田植の時期が早かった。溜め池の水が十分にあって水の便が良かったからだ。六月十二日が田植のはじまりで、半夏《はんげ》には終わっていた」。「水の少ないところは天水（降雨）を待った。いよいよ水がないときは、最終的に半夏水《はんげみず》を待って植えた。池の水も時間を限って当てていた。家ごとに分水《ぶんすい》をした。我田引水との言葉の通り地域地域に必ずといってよいほど、不心得な者がいたのも事実である。午後六時には池の水を止める約束になっているので、その前に自分の田から下手にある田に水を落とさないようにして、自分の田に水を引くという、目に見えて勝手なふるまいをする輩がいた」と語った。「田植は四、五軒が共同でやっていた。『綱田植《つなだうえ》』といって、綱を移動しながらそれに沿って植えていった。子どもには、その綱引きの役割が与えられた。子どもも一人前ではないが、雇われて、よその家に行っていた」とも語った。

岸本コヨシさんが語った。「わしは三十三歳で後家になり、それ以来姑《しゅうとめ》さんといっしょに一町一反の田を植えました。田ごしらえも自分でやっていました。牛も使っておりました。牛が言うことを聞かず困りました。牛が後ろを向いてジロッとわしを見て、にらむような仕草をするので、いびせかった（怖かった）です」。

「田植は、一時のことだから共同で手間替えをしながらやっていました。四、五軒が一組になって、お互いの家の作業の進み具合によって、作業の日取りを決めておりました。明日は○○さん、その次は××さんというように、みんなの都合で決め、手間替えで植えておりました」。

「わしの家の田植は六月十三日にだいたい決まっていました。小さい田は自分の家の者で、先に植えておいた。自分の家の仕事のときは、朝は暗いうちから田に出て苗を取り、夜は暗くなるまで植えた。『もあい仕事』（共同作業）（『出会い仕事』というところもある）のときは決まった時間に集合してはじめた。うちの田はどうしてか、三反ほど萩原（隣の集落）の離れたところにありました。その田の田植のときの昼飯は、萩原のお堂さんで食べておりました。みんな、お互いに弁当は自分持ちではありますが、来てもらう家には、団子やおかずをなんぼうか（いくらか）用意しました」。

聴き取りを総合すると、十時と三時には「タバコ」といって休憩をした。その時間になると、田植に来てもらっている家の者が、「タバコにしてつかあさい」と呼びかけるのが常識であった。時間になっても「タバコ」を呼びかけないのは、ご無礼な話ということになる。「タバコ」の時間が一定に過ぎたら、そのときはその家の者以外の誰かが気をきかせて、進んで腰を上げるのが習わしであり、礼儀でもあった。田んぼに入ったら、都合では多少「タバコ」の時間が前後することもあった。「タバコ」の時間になっていても、ついでに植え終わってからの方が都合がよいと思っていても、その家の者は、「時間になったら『タバコ』にして下さい」と声をかけるのが礼儀であった。反対の立場の人は、一区切りつくまで「ついでにやりましょう」と返答するのが礼儀でもあった。常識をわきまえない者、我欲の強い者のなかには、稀にその逆をやる不心得な者もいた。

自分の家の仕事のときには「タバコ」を短くするように計らい、他人さまのところではできるだけ「タバコ」の時間を、長引かせようとする者もいるのである。しかし、我欲に固まった行為は人さまの心にいつまでも残り、次の世代になってまで語り継がれている事実も聞いた。

岸本コヨシさんは続けて語った。「田植の手順は、先ずは苗代に入り、苗取りをします。★[106] その場合、苗を小分けに取ってしっかり洗っておくと苗が分かれるので、植えやすいです。しかし、人によっては大まかに取って、そのうえ、しっかりと土を洗い落としていないので、苗が分かれにくい。そうした苗は、植えるときに手間がかかることがあります。自分は小分けに取っていても、植えるときには、人さまが取った苗にあたる。すると、思うように植えられなくて困ったことがありました。丸太屋さんは、小国地域の農家から嫁いでこられた方で仕事のよくできる人でした。おまけに朝も早かったです。わしも丸太屋さんに、仕事を教えてもらいました。一日に五畝《せ》植える人でしたが、それが精いっぱいでした。苗のとり方の、上手下手はありますが、同じところに住む者同士お互いのことですから、誰もそのことを口にはしませんでした」と語った。続けて田植のやりかたを思い出して、次のように話を続けた。

古くは「綱田植《つなだうえ》」といわれて、綱を引き引き植えて後ろに下がっていくやり方であった。横一列に並んで自分の持ち分の幅を植えていくが、両隣が植えてこなければ、やむなく隣の領分にまで手を伸ばして植えることになる。反対に両隣に植えてもらっては、気の毒だと思って頑張るのである。それが良識的な田植風景である。上手な人は植える範囲が広くなるのである。隣同士が、お互いに反対の方向に向かって植えていくと、一定のところでお互いが出会う。そこで綱引きが綱を上げ、約八寸ぐらい、元綱《もとづな》に合わせて後ろに移動し固定する。そこでまた、お互いが、反対方向に向かって植えていくと今度は反対の人と出会う。そこでまた綱が上がり、さらに反対の方向に植えていき、次第に全体が植えながら下がっていくということでだんだんと「植《う》え代《しろ》（植える場所）」が少なくなっていく。元綱の反対の綱引きは目検討で綱を動かすので、幅に広い狭いが起こる。そんなときには、「植え子」が、「幅が広い」とか、「狭い」とか言って、勝手に自分の前の綱を動かすことがある。すると綱引きが「勝手に綱を動かすな!!」と言って、大声を出す場面もあった。それは「気合を入れる」余興でもあったようだ。また、全体的に綱と綱とのあいだが広いと、植える株数が少なくなり、田植は早く終わるが、収量が少なくなり、その家の主《あるじ》は気に入らない。そこで、当家の主は元綱の反対の一番ほとりで田を植えながら、その間隔を見守っていた。

通常、経験が少ない者は他人に迷惑をかけまいとして頑張るのである。良識的な集団では人間の誠意が伝わってくるし、頑張ろうとする雰囲気が広がってくる。そんな集団では、どうしても一人の持ち分が多くなる真ん中の位置に、上手な「植え子」が入るようになる。

106

いまひとつ、田植がスムーズに能率的に行なわれるためには、「苗配《なえくば》り」の上手下手が大きく作用する。「苗配り」によって、田植の能率が違う。「苗配り」が上手だと、すぐ後ろに苗を投げる。手持ちの苗がなくなって後ろを向くと、そこに、次の苗束があるという状態が上手な「苗配り」ということである。

この集落の小松出さんは、日ごろから籠《かご》で麹《こうじ》を商っていた人で、上手に籠を担ぐ心得があった。みごとな技で手際よく苗を運び、「植え子」の様子から、苗を投げる位置を考えてうまく投げた。人手が足りないときには子どもたちにも投げさせたが、投げる位置の間隔が読み取れないので、同じところに苗が多かったり、逆に足りないから近くの「植え子」に苗を送ってもらったりする場面があった。苗運びの上手下手で、田植の能率が違った。苗メゴに苗を乗せて配った（八九頁写真80参照）。この集落では、彼

106　同前。（大和町箱川。このころは薄手のゴム手袋を着用している。一九六五年六月撮影）

のおかげでスムーズに田植ができ、みんな協力的であった、と岸本コヨシさんは語った。

人によって上手下手はある。早いか遅いかだけでなく、植え方が深いか浅いかの違いもあった。基本的には倒れないように、浅く植えることが望ましい。浅く植えて、それが「浮き苗《うきなえ》（根が土の中にしっかり植えてないために浮き上がる苗）になってはならない。浅いばかりがよいのではない。逆に浮かないようにと思って深く植えても駄目である。浅く植えて、しっかりと植え込まれていることが、大切なのである。上手な「植え子」は、足跡で窪んでいるところにすばやく土を寄せて植えるので「浮き苗」にならない。しかし、足跡が窪んでいても、手間がかかるのでそのまま植える者もいる。田植を終えて、植田を見ると、誰が植えたか一目でわかる。上手下手の違いはあるが、この集落はみんなが、良識的であったとも述懐した。

しかし、ところによっては弱い者いじめの集落もあった。初めて嫁に来た新嫁の腕試しとして、持ち分の広くなる、真ん中に新嫁を入れて持ち分を多くした。年輩の者が、ほとりの少ないところに位置取り、ほとりの者のペースで田を植えていくと、中の者は取り残されてしまう。あちこちの集落で目にする風景であったという。このように、地域の人間関係がところによって、必ずしも一様ではなかった。


「思い出せば、いろいろ大変なことがありました」と荒田キヨミさんは語った。「田植時期になると、共同作業なので朝の六時には、仕事場に出かけて、皆で作業をしましたが、朝が早いので、オムツの洗濯が気になりながら、する暇がなくて、そのまま出かけたこともありました。田んぼへ出れば出たで、大変でした。そのころは田んぼに蛭《ひる》がずいぶんいましたから、いつのまにか知らないうちに、足に吸いつくのです。花田さんの田にずいぶんいたのを、よう忘れません」。

荒田キヨミさんが、もうひとつ覚えていることとして、「新しくその地域に入った嫁さんは、綱田植のときに、真ん中の方に入らされる」話をした。「真ん中は、どうしても植える面積が広くなります。綱を引いているものは、『植え子』を遊ばせまいとして、真ん中の人が植え終わらないうちに、綱を上げるのです。すると真ん中の者のちょうど口のあたりに綱が当たるのです」。このことを「綱を食う」と言っていたと語った。取り残されることを「壺《つぼ》になる★[107]」と言っていた。この話は、どこの地域にもあった。何人かの聴き取りのなかで、岡本万里子さんは、「その谷々にボス的存在の老婆がいて、初めてその谷に来た新しい嫁さんの腕試しだった」と語った。遅れながらでも、皆についていけば合格である。一種の通過儀礼である。大きく遅れると取り残されてしまい、自分の周りだけが植え残ることになる。「〇〇家の嫁さんが壺になった」という言い方をしていた。

福田アジオは「ハカ」という言葉があることにふれ、そのなかで「井戸に入れられた」という話を、「ハカという言葉がある。『捗る』と動詞に使えば、それは共通語でもある★[108]」と述べ、「捗る」とは仕事が進捗する意味であるとしている。茨城県筑波地方の田植には、しきりにハカという言葉が使用されていたことを、次のように記述している。「田植の各人の分担をハカと言っていた。ハカは熟練度に応じて分量を加減するが、それでも嫁などの未熟者は植える速度が遅く、隣の者に遅れ、『井戸に入れられた』とか『穴に入った』といって笑われる★[109]」という。聴き取りの「壺になる」と同じ情景である。新嫁はとくに仕事量によって値踏みされるのである。

田植の前の「さんばいさん」は、田植初めの儀式の一つとして広範に行なわれていたが、この地域ではすでに、聴き取ることができなかった。山の神が田の神として降りて、田植にふさわしい時期を教えていたものと思われる。

この地域では田植の時期を語る言葉の一つに「半夏半作《はんげはんさく》」がある。それは、「半夏生《はんげしょう》」（七月二日ごろ）を過ぎてか

107　田原開起『死と生の民俗』近代文芸社、二〇〇八年、二二八頁。
108　福田アジオ『可能性としてのムラ社会　労働と情報の民俗学』青弓社、一九九〇年、二〇頁。
109　同前。

ら田植をすると作柄が半作だということである。七月に入って田植をしたのでは、その後の日照時間が少ないから、収量が半作になるのはもっともな話である。田植は遅くても「半夏生」までに終わるのが習わしであった。「六月の中」（夏至＝六月二十一日ごろ）に植えると「金の棒がひわる」といっていた。「六月の中」の日に植えると、金の棒を担いだときに、金の棒がひわる（たわむ）のと同じように、稲を担いだときに、稲穂が重くて、その棒がひわる（たわむ）ように、ずっしりと重いというのである。

そのために、天候に左右され、水と闘いながらも、「半夏生」ごろまでの限られた期間に、田植をすますことが理想なのである。山田と呼ばれる山間の日陰になる田は、夏至よりも四〜五日早く植える方が良いとは国寄明史さんの話である。

榎本禎夫さんも、田植は六月二十一日に植えるのが一番良くて、この日に植えることを、「中田《ちゅうでん》に植える」と言っていたという。「ぶげんしゃ」（分限者＝地主、財産家）はだいたいそのころに集中して植えていた。「ぶげんしゃ」の田植の日には、小作人は、自分の田植は放っておいても、田植を手伝った。赤屋（広島県世羅町）に伝えられた話によると、明治時代「組の内の女衆は全部手伝いに行った。豆絞りの手拭いは、そのころ貴重品であったが、それをもらうのが楽しみで手伝いに行った。明治の中期のことで、当時「半麦に梅干し」を食べさせてもらうだけで、喜んで仕事に行っていた。「その家の旦那は縁側の上《かみ》に座って一杯飲みながら田植を見ていた」と榎本禎夫さんは語った。「半麦」とは「麦半分米半分」の飯。家では「麦七分米三分」のおかゆが良い方で、稗・粟・大豆の葉・大根・葛の葉などを混ぜたおかゆであった。

ザブ田は、下半身は褌だけで耕し、田植をしたという話を聴き取った。近辺では、その記録写真に出会えなかった。ザブ田は全国にあったので、ここでは参考までに『日本生活図引』★110から引用する。写真のように、下半身はザブ田に埋まりながら、後進して田植をしている。写真のなかの人々の表情に暗さがないのが救いである。

(4)「夜苗《よなえ》をとる」

夜明けとともに先ず苗取りを行ない、それを田ごしらえのすんだ田んぼに運び、共同で田植をはじめる。暗くなるまで植えて、一人がおおよそ三畝《せ》植えるのが一般的であった。ある程度暗くなっても苗を取る作業はできるので、田植がすんだあと、暗くなりかけてからでも、さらに苗を取った。夜のうちに苗を取っておくと、次の朝すぐに田植に取りかかることができる。そうすると作業能率が上がるという。そのための作業を「夜苗をとる」といった。苗床の土の良し悪しによって、作業の能率が大きく違う。粘土質の土の苗代は、なかなか苗が抜けなくて苦労した。次の日に「結《ゆい》」で、皆さんに田植をお願いするときには、できるだけ苗を取っておいて、作業能率を上げようとした。そのため家族で夜苗をとっておくのだと、粘土質の苗代で苦労した埜上トシエさんが語った。

(5)田植の変遷

「綱田植《つなだうえ》」にはじまり、その後、門田枠《もんでんわく》と呼ばれた六角の枠を転がして植えるようになった(正方形に植える)。さらにそのあとでは並木植えと呼ばれる方法で筋付けをして植えるようになった。

110

110　須藤功編『写真でみる日本生活図引1　たがやす』弘文堂、一九八九年、二六頁。この写真は静岡県沼津市・浮ケ原の昭和初期のものと記録されている。下半身はすっぽりとザブ田の中に埋まっており、聴き取った古老の話に符合する。

111

112

113

綱引きは一般的には男の仕事であった。綱引きの気合いで田植も弾んだ。田植の能率は苗の抜き方が丁寧で、しっかり根元を洗っているかどうかで左右されると東田民春さんも語った。このように田植といえば綱田植を思い出す。

長いあいだ田植といえば綱田植★111であった。

写真に見るように老若男女が引《ひ》き綱《づな》に沿って一列に植えて下がってい

る様子である。この共同田植は、「もあい仕事」とか「結」という。写真は戦時中のもので大規模な共同田植であるが、平時で一般的には五～十世帯くらいの共同であった。

どこの家庭も三世代家族が多かったので、「もあい仕事」は原則的には各家から二人が出ていた。植えている後方には、「代掻《しろか》き」をすませた牛も見える。人海戦術で一気呵成《いっきかせい》に田を植えている勢いが見える。なによりも子どもたちも戦力として一団に加わっていることがほほえましい。家族や地域が一丸となっている姿、子どもは子どもなりに役割を果たしている姿は、ずっしりとした生活感があった。貧しくても、それぞれに生き生きとした姿があった。


綱田植の「引き綱」と植田の一部分を、写真[★112]は示したものである。石垣に沿って張られているのが元綱《もとづな》である。石垣に沿って、綱が反対方向（写真向かって右方向）の端に、もう一方が固定されている。この元綱に直角にもう一本の綱を等間隔で引いて、下がりながら移動する。写真は植え終わったところで、かすかに元綱と植えた苗が見える。元綱に直角に引っ張るもう一本の綱を二人で移動する。その上げ方が早いか遅いかで田植の能率が違ってくる。すでに記述したように、綱を早く上げると、まだ植えている人は取り残される。上野金助さんは、綱を早く上げる忙しい人だったので、中ほどを植えている者は「壺になった」と、埜上トシエさんも語った。

長いあいだ、田植といえば綱田植であったが、その後で門田枠と呼ばれた六角の枠を転がして、田の中に正方形の枠の形を付け、その十文字の交点に植えるようになった（正方形に植える）。その型枠、門田枠の写真[★113]である。

それに続いて登場した、並木植《なみきうえ》と呼ばれる植え方は、水田全面に並木のように筋付けをして植えるやり方であった。

111　広島県世羅町大田庄歴史館企画展。
112　「広島県椋梨ダムの民俗調査」記録写真、三原市立中央図書館蔵。（東広島市河内町小田では元綱のことを「芯綱」と呼んでいた。一九六五年六月撮影）
113　三原市大和町　恵本高夫蔵。（門田枠）

並木状に付けられた線を頼りに植えていく。★114 この方法では、線が濁りで見えなくならないように前に進むことになる。植えていく進行方向には適当に苗が配られている。

（6）田植の風景

今日のように殺虫剤はないので病虫（ニカメイチュウ・ウンカ・イナゴ）の害に合わないことも考慮に入れて、田植の時期を決めていたという。それらの体験的な知恵の積み重ねから、七十二候《しちじゅうにこう》という暦が百姓の作業目安になっていた。

江戸時代までは、田植がすんだら、植え初めの日と植え終わりの日を、割庄屋（村ごとにいる庄屋よりも上位の役職）を通して郡役所に報告していたという。たとえば、国正利明さんの居住地の赤屋（広島県世羅町）の安政元（一八五四）年の記録によると、植え初めの日と植え終わりの日を「旧暦五月十日～六月五日」と報告している。★115 今日の暦でいうと六月十日ごろから七月五日ごろまでの、最も良い時期に田植をしていたという記録が残っている。この最適期の短期間に田植をしようと思えば、作業は集落が共同で、総力を挙げて取り組まねばならなかった。「もあい仕事」、「結《ゆい》」が組まれた由縁である。「猫の手も借りたい」と言われるくらいに多忙を極めた時期だから、当然のこととして、子どもも労働力として現場に臨んだ。子どもにもできる作業があったことは随所で記録したが、田植では苗を運ぶこと、投げることをはじめ、前記のように綱田植の綱の一方を持つことなどは、子どもにも可能であった。元綱の方を子どもが持ち、反対側を年寄りが持って移動した。引き継ぎの間隔が違うと大人が「進め」とか「過ぎた」とか、大きな声をかけていた。それで元気も出た。ここでは子どもも一人前の仕事をするのである。そのため学校は二の次になっていた。

昭和五～六年ごろ、田植の日には、前日学校に欠席の旨を申し出ていた。学校も当然のこととして受け入れていたという。学校沿革史（例：広島県三原市立旧神田小学校）によると、たとえば昭和十五年六月八日の記載に「五年生以上児童勤労奉仕麦刈茶摘をなす」とある。昭和十六年六月十二日には「本日より二四日まで、稼穡《かしょく》休業[★116]」との記載がある。戦時中という事情も伴っているが、小学校児童も大事な家族の労働力であったし、多忙なときは、学業よりも家族の労働が公的にも優先されていた。

戦後になっても「結」と呼ばれる共同作業は続き、勤めとして必ず手間を返していた。そんなときに手間を返す労働力がない場合は未成年であっても「手間替《てまが》え」に出ていた。別段農繁休暇があったわけではないが、筆者の旧友は、高等学校二年時の六月のある朝、中間テストの直前であったが、病で起きられない両親に代わって、急きょ「結」の労働力として出かけたという。親に代わって、一人前の労働力としての使命を、重圧とともに感じたと聞いたことがある。未成年だからということで許せるものではなく、対等な労働力を返すという、「結」の原則からくる重圧である。

田植は四、五軒の共同でやっていたが、人手がない場合は子どもも、雇われてよその家に行っていた。この地域でも、「結」という等量交換を原則にしていたが、子どもの場合は「食べさせてもらって草履《ぞうり》一足」が等価であったと、宮下博雄さんも語った。

福田アジオは、「結」について「労働力の交換が行われるとき、きてもらった家が家族全員で相手の家に行くべき労働力を確保できないときには、人を雇ってでも返すという事が行われる（後略）[★117]」と述べている。労働力の等量交換であり、

114

114 「広島県椋梨ダムの民俗調査」記録写真、三原市立中央図書館蔵。
115 『甲山町史』（広島県世羅町）二〇〇三年、五四二頁。
116 稼穡（六月五～六日）穀物の植え付けと、取り入れの時期。種蒔きと収穫。

そのうえ、田植に来てもらったら、相手の家の田植に出向く。さらに、今年来てもらった労働力と同じものを、翌年の作業のときに相手の家に返すのでは「結」ではないと述べている。相手方からの労働力は、早いうちに同じだけ短期的に決済する制度であるという。

その背景に、日本の伝統的な社会関係において、「つくす」・「つとめる」・「つきあう」という三つの行動規範があるという。そのなかで「結」は「つきあう」という対等な人間関係で成り立っており、相互的、双務的な関係であると述べている。

この地域でも、「つきあう」関係以外に、前記の「つくす」という形の関係もあったことを語った事例もある。田植がすむと、早くすんだものは、まだすんでいない家に俸禄に出かけるのが慣わしであった。戦前の農地改革以前のことである。別段早くすんだ家が豊かな農家ということではない。むしろ、早くすむ者は、面積が少なく貧農の部類に入る。農作業が遅れている家が困窮している家ということではなく、逆に豪農で人手が足りないということである。放置することもできず応援に出かける。しかし、それに対する返礼は、半夏《はんげ》に、餅を重箱の一つに入れたものを、返す程度のことであった。働いた日数が多くても、入れ子のうちの一番内側の器に一杯の餅を届けるだけのことであった。そのため貧農はますます貧しくなり、豪農はますます豊かになる。このような「つくす」という関係もあった。

「百姓は家族全員の労働力で農作業に当たっても追いつかないほど忙しいのが当たり前でした。子どもに授乳する時間でさえ節約するありさまでした。田の畔《あぜ》などへ座り込んで少しでも長く授乳していると姑が『いい事よ、乳を飲ませる言うて休めるケー』と、嫁をいびるのです」とは、三十年以上前に松永徳子さんから聴き取った記録である。乳飲み子を抱えた若妻の多くがいびられていた。田植歌にも歌われている。「五月三十日は泣く子がほしや　畔にすがりて乳飲ます……★118」と。

松永徳子さんはさらに語った。「追い詰められた状況ですから、子どもにかまってやれませんでした。かわいそうでも仕方がなかったのです。子どもを一人、家の柱に帯でつないでおいて出かけたのです。柱につながれた子どもが柱の周りをぐるぐるはいまわってだんだん帯が短くなり、場合によっては命が危ないこともありました」。

つながれて大きくなった世代は、たくましく育ち、今日では六十歳代である。いまの世は、手をかけすぎて親に心をつながれてしまって、別の意味での心配がある。あるいは、逆にまったく放置されざるをえない状況もあり、はなはだ心もとない。

田植時期の子守について七年前に荒田キヨミさん（当時九十歳）からも、聴き取った。「子どもが小さいときは、ユグリ（子どもを寝かせて入れておく、藁《わら》製または竹製の入れ物）に入れ、それを八畳の部屋の真ん中に置き、外に出ないように、あるいは外から猫などが入らないように、すべての戸を閉めて、野良へ行っていたのです。時には田んぼの畔の見えるところに、ユグリを持っていったこともあります。仕事は大変でしたが、子どもの成長を楽しみに頑張れたのです」と語った。小世良両道さんも同じ体験を語った。子どもをユグリから抱き上げたらユグリの中からオシッコの湯気が立ったと。また痛ましいこともあった。忙しさのために、寝かせていた赤ちゃんの着物に炬燵《こたつ》の火がついて激しく泣き止まないのに、仕事の手が放せなかったために、両足の爪先が焼けて切断するという事故があった。しかしいまでは、親孝行なその子の家族に囲まれて元気だと聞いて、胸をなでおろした。

同じころ、東北地方でも悲惨な話があった。労働力のない家庭で一人寝かされていた嬰児が、口のまわりについている母乳の臭いを嗅ぎつけた猫によって嚙まれるという惨事があった。岩手県の山村に生まれた大牟羅良は、そのころ四年間、岩手の山村を行商しながら、農山村の百姓の姿を以下のように、つぶさに記録している。

117　福田アジオ『可能性としてのムラ社会　労働と情報の民俗学』青弓社、一九九〇年、五九頁。
118　『大和町誌』（広島県三原市）一九八三年、「大和町内の民謡」、一〇八七頁。

「このまなざしは何をみてる?!」の見出しで写真★119とともに、訪ねた家のようすを記している。「家にいるのは財布を持たない老人たち、そして子供、中にはたった一人赤ちゃんがエジコに入れられたままで、寝入っていることもあった。泣き疲れて寝入ったのか、よごれた顔にハエが這いずりまわっていたりしました」。さらには「人気のない台所の隅のエジコに泣き疲れている赤ちゃん、農繁期には、親の帰りを待ちかねて、火の気のないいろり端に寝入っている子供たちの姿、そして、そういう生活の中でつぎつぎとあの世へ旅立っていく子供たち、私は人間の親として、これをどうしても耐えしのぶことができません★120」。

程度の差はあったにしても、子どもにかかわってやれなかった時代が、日本全国の農村の姿としてあった。そのことを農民の生活の一端として忘れてはならない。これらの子どもたちのために歌われた子守唄は、全国に数限りなくあるであろう。

尾平ハナエさんも語った。「昭和三十年ごろ双子の息子が二、三歳のとき、大八車に乳母車を乗せ、それに子ども二人を乗せて田植に行ったのを覚えている。主人は勤めていたので、私が一人で田植をしておりました。二反ほどですけー何とかやってきました。牛仕事は親戚の者に頼んでおりました」。

尾平ハナエさんが通われた道を筆者も知っている。上り坂のある道を、しかもけっこうな距離を、よくも通われたものだと感心して、さらに聴くと「そのころは若かったし元気だったのでなんとも思わなかったし、皆も、それくらいのことは、やっとられました」と、何事もなかったかのような語り口である。鍛えに鍛えた体があってのことか、九十五歳のいまでも畑仕事に出かけている。畑の中では、素足で仕事をすることに慣れており、その習慣は今日でも続いているという。「健康は素足にかぎります」と言い切る。「お日さんとともに生活する」ことを教えられたように思った。

（7）田植の応援

岸本コヨシさんは「自分のところの田植がすんだら、近くの集落へ、田植の手伝いに行っておりました。大きな集落とか、田植の遅い地域では、先にすんだ地域から応援を求めておりました。日当で雇われて行っておりました。村のなかの別の地域へ、四、五人（池田本家・池田分家・丸太谷・舛谷）が、いっしょに出掛けておりました。村のなかの田植がすんだら、田植の遅い地域、西条（東広島市西条町）へも、泊りがけで手伝いに行っておりました。行った先に、宿泊施設があり、そこで女衆は炊事当番もしながら、田植をやり終えました。田植名人の池田さんは、田んぼまでは杖をついて出かけられました。雇った方は、この老人は大丈夫か、と不安な目で見ておられましたが、ほかの誰よりも上手に、早く植えていました。田の中に入ったら、まったくの別人でした」と思い出して語った。「私は左コンニョ★[121]だったが、誰にも負けまー（負けまい）と思って植えました」とも語った。

地域によって、それぞれの流儀もあり一様ではないし、田植は短期間の勝負だから、疲れがたまったという。

119

（8）茶摘《ちゃっ》み

小世良両道さんを訪ねた五月、庭に新茶の葉を摘んで筵に広げていた。新茶の葉を前にして彼は語った。「田植の前後に茶摘みをした。これも共同で行なっていた。何軒かが共同でお互いの家の茶の木の新芽を摘んだ。農作業としては楽な仕事でお互いに、よもやま話をしながら摘んだ。一昔前なら茶摘歌をうたいながら作業をし

119　大牟羅良『ものいわぬ農民』岩波新書、一九五八年、八一頁。
120　同前、一七四頁。
121　佐藤亮一『日本方言辞典』小学館、二〇〇四年。左利きの人―岡山県小田郡、広島県備後、広島県豊田郡―コンニョー、広島県福山市―ゴンニョー、ゴンニューとある。

ていた。私たちの時代には歌をうたうことはしなかった。一般的には畑の端に一列に茶の木が並んで植えられていた。たとえ離れたところに一本茶の木があっても無駄にせず、その家の者が後で、丁寧に新芽の先だけを摘んでいた」★122。お茶の葉は持ち主の家に持って帰り、そのままにしておくと熱をもって駄目になるので、茶摘みが終わると、その日のうちにホウロクに入れ、最初は強火で、燃えるような緑が、やや黄色みを帯びたころにとろ火にして、水分を飛ばすように、手で空中に揚げてバラバラにしながら煎る。とろ火は「松葉を焚く程度のとろ火がちょうどよい」と語った。葉が柔らかくなったら莚《むしろ》に広げ、手で揉《も》む。さらに二回目をホウロクで煎る、そして再び揉む。その工程を三回は繰り返す。それを乾かして完成である。手間のかかることで、根気のいる仕事であった。長年の経験と根気と緻密さが求められた。

長い年月使った莚には、蒸したお茶をもんだところが、二か所タンニンで茶色に変色している。二か所でおそらく夫婦であろう二人が揉んだ跡のある筵が農家に大切に保存されていた★123。

(9)「代満《しろみ》て」

年じゅうの作業はどれも厳しいものであるが、やはり植えつけまでの、田づくりの作業は格別であった。その作業は、自然の恵みの水があって、初めてできることであり、しかも生き物である稲も最適期に植えることが肝心である。一定期間に集中的に植えつけねばならないので、労働が一時に集中する。それを乗り切るためには、人々が力を合わせることが肝要である。それだけに、やり終えたときの心地良い疲労感と充足感もまた格別であった。「代満て」★124とは「植え田が苗で満ちた」つまり「田植がすんだ」ということで、そのお祝いに、地域の人たちが集まって、飲食をともにする休日のことである。大したごちそうがあるわけではなかったという。団子をつくったり、ところによっては「塗り付け」と呼ばれる、餅にあんこを塗りつけたものをつくった。さらには川魚を捕まえたり、「鶏をおとす」といって、百姓屋で飼っている鶏をみんなでさばいてご馳走にした。「首を切られた鶏が反射的に走っていって、壁際にぶつかって倒れた」その光景を筆者も記憶している。食事の前の「いただきます」の言葉の原風景である。この日は皆くつろいで、のんびり休んだ。

日々の張りつめた労働のなかで、「代満て」は百姓仕事にとって、最大の「ハレ」（休み）の日であった。そのほかにもけっこう「ハレ」の日はあった。「半夏生《はんげしょう》」は、「半夏休み」であった。そのほかでも雨が降ると、「潤い休み」として、「言い継《つぎ》」（家から家への伝言）を出していた。稲刈りがすむと「鎌祝《かまいわ》い」といって、小芋を煮て食べた。稲扱《いねこ》ぎが終わると「箸祝《はしいわ》い」（稲を「扱ぎ箸」で扱いでいたことから）、麦植えが終わると「エンボウぶるい」、臼《うす》挽《ひ》きが終わると「ハシカ落とし」といって、それぞれ「ハレ」の日

122

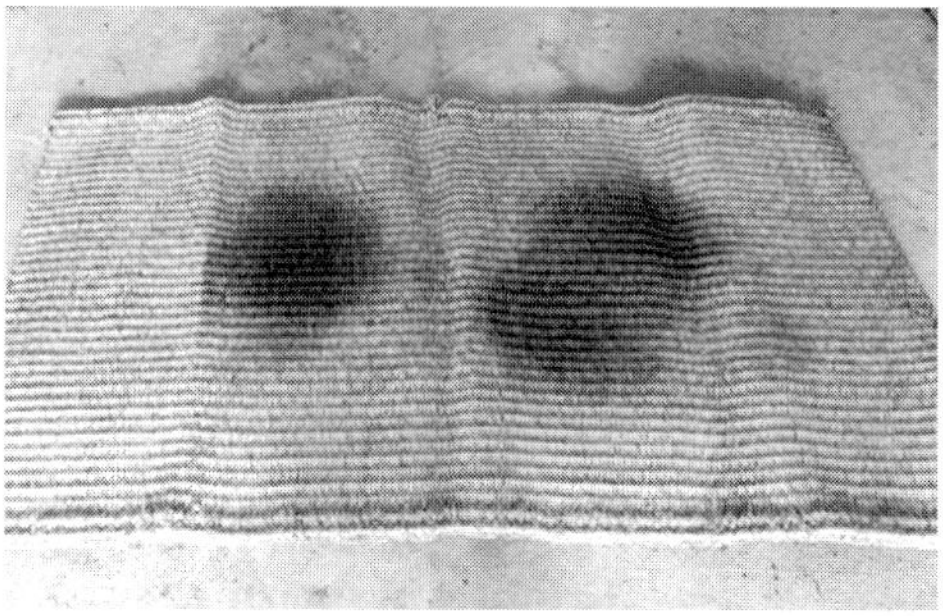

123

122　「広島県椋梨ダムの民俗調査」記録写真、三原市立中央図書館蔵。（大和町箱川、茶摘　唯一本だけの茶の木でも大事に新芽を摘んでいた。一九六五年五月三十日撮影）
123　三原市大和町　農家蔵。（半世紀前に蒸したお茶をもんだ莚の痕跡）
124　田植を終えた祝いを、「早苗饗」（さなぶり）とも「代満て」（しろみて）ともいう。広島県央では「代満て」とよぶ。

として休んでいた。「言い継」を伝えるのは、しばしば子どもの役割であったと古老は言った。不思議に思えるのは互いに、この「言い継」を守っていたことだ。このことについて福田アジオは、「その日に働くことは単に非難の対象になるだけでなく、処罰の対象になったのである。休日は個別の判断で行動すべきものではなく、ムラとしての統一がなくてはならなかったからである」と述べている。さらに、働いて罰せられた事例も述べている。茨城県勝田市の各村落は、「休日の日に野良へ出て働いていると強制的に仕事を止めさせられ、また処罰された」。また、「若い衆が見回りをして、働いているものを見つけると中止させ、あとで酒を一升出させたという★[125]」。手荒なこともあった。「横着物の節句働き」とことわざに言うように、もし休みの日に働いていようものなら、日ごろ一生懸命働いておいて、皆が休んでいるときは休めという。この統一性によって元気を回復していたのである。「休める日」というよりは、元気をとりもどし、生産を高めるために「休まねばならない日」であった。

今日では、もし言い継が出たとしても、個々の仕事の都合で、全員が守ることはまずないだろうと思われる。過労死の現実を生み出している現代の教訓でもある。

このことを岸本コヨシさんは、いみじくも語った。「田を植えたあとは、次々仕事があって休む閑はなかったが、共同作業のお蔭で、みんなが一斉に休むことができました」と。

III　田植のあとも続く作業

1　麦扱《こ》ぎ

宮下博雄さん、国寄明史さんの話をまとめてみる。

麦扱ぎは、田植をすませて一休みしてからのことになるので、「半夏生《はんげしょう》」（七月一〜二日）前後になる。雨にあうと、ハデの最上段は雨にぬれて芽を出す。濡《ぬ》らすまいとして最上段に莚《むしろ》をかけるが効果は少なく、出た芽は青くなっている。そこで、麦扱ぎはできるだけ半夏水《はんげみず》★126が出るまでにすませておこうと頑張る。

大方の家で、人間の食用としては裸麦《はだかむぎ》を充てた。大麦《おおむぎ》は牛馬の飼料として主に栽培した。牛馬に食べさせるといっても、春先の田ごしらえのころ、毎日働かせるときだけ食べさせるのであって、働かないときに牛馬に食べさせるゆとりはなかった。農閑期は藁《わら》ひごに糠《ぬか》が混ぜてあれば上等であった。

裸麦にはイギ（針のように尖った部分）があり脱穀《だっこく》中に手足に刺さって皮膚に不快感を伴う。おまけに暑い最中は汗ばんだ体にイギがまとわりつき、ますます労働を厳しいものにした。千歯《せんば》扱《こ》ぎで扱ぐが、一粒一粒にならないので、

125　福田アジオ『可能性としてのムラ社会　労働と情報の民俗学』青弓社、一九九〇年、四七頁。

127

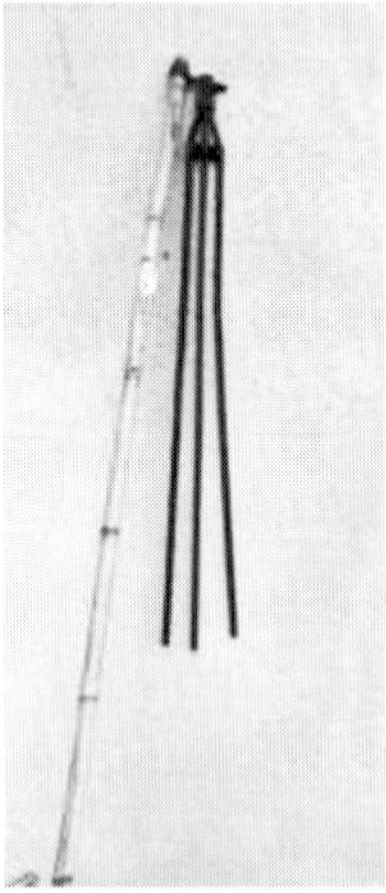
128

扱ぎ終わってからカラサン★127で再度打つことになる。裸麦は比較的一粒一粒になり易いが、大麦はなりにくい。一粒一粒になった麦と、なっていない物とを「トオシ」（竹または銅線で目を粗く編んだふるい）で選り分ける。すべての作業中、イギやハシカが体にまとわりついたり、体に刺さったりして、悪戦苦闘の労働であった。家によっては千歯扱ぎの代わりに「麦打ち棚」という道具をつくって使う者もあった。腰の高さの位置に孟宗竹《もうそうだけ》を割って並べただけの、簡単な棚である。その上に麦束をたたきつけると麦の穂が一粒一粒になって下に落ちる。そのあとの処理は千歯と同じである。

千歯で扱いでも十分に一粒一粒になっていないので庭先に莚を広げて二～三人でカラサンを使ってたたいて処理していた。作業風景は『日本生活図引』から引用した。回転する棒は一本であるが、のちには改良されて、三本の鉄製の棒を取り付けたものも出現した★128。一般的には四角の棒をつけていた。簡単そうに見えるカラサンの使い方にもコツがあり、経験を積まねばうまくいかない。暑い盛りにカラサンでたたき、「アクタ（芥）」、つまり「藁《わら》ゴミ」を取り選別する作業は根気のいる作業であった。どちらかというと大麦の方が一粒一粒になりやすく、作業が楽であった。麦扱ぎの風景は戦後になっても、しばらくは変わらなかった。

2　田の草　七月

田植・麦扱《むぎこ》ぎがすむと、田の草取りに入る。「田《た》の草《くさ》を這《は》う」という言い方をした。文字通り植田の中を三回くらいは這いずりまわって草取りをした。

八反擦《はったんず》り★129や除草機《じょそうき》★130が使われるようになってからは、最後の一回だけ田の中を這って草取りをするようになった、と榎本禎夫さんは語った。

隣村の埜上トシエさんも同じように語った。「一番草二番草までは八反擦りを使って草取りをしました。正条植えと呼ばれるように正方形に植えてあるので、田の中を縦・横の順に擦りました。縦に擦ることを『一番草を取る』と

126　その地方地方で天気を予報する名人がいた。生まれ育ったその土地の自然を知り尽くしていて、経験から天気を予報するのである。「私の地域でいうと集落の前にある山の、ほうそうの木の葉が、白くなると雨が降るというのである。（白くなるのは東風か吹いてくると白い裏葉が見えるからである）。東風が、この谷に雨雲をよんで来るというのである。さらには川尻の薬師さんの鐘の音や、三川あたりから汽笛が聞こえると雨が降るという。それは雨雲が低くたれこめているためである。雲行きや煙の流れ方などを読んで予報をするのである。だから、この名人が他の地方に行って天気予報をしたところで当たるものではない。その地に長年住み、自然と一体に生きている者の力である。先人から受け継いだ民俗的な文化なのである」（国寄明史談）

127　須藤功編『写真でみる日本生活図引1　たがやす』弘文堂、一九八九年、一四五頁。群馬県利根郡片品村花咲（一九六七年、須藤功撮影）麦などをたたいて一粒一粒にする道具。

128　広島県世羅町別迫　藤井正蔵。（カラサン）

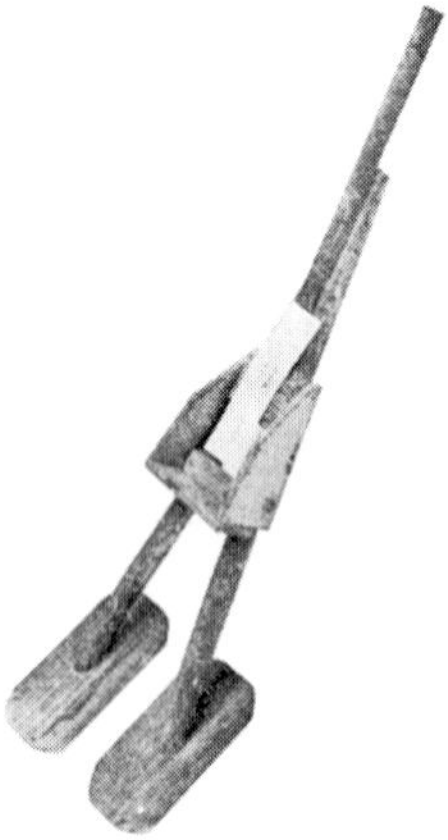

129

130

言い、横に擦ることを、『二番草を取る』といっていました。『八反擦り』は字の通り田の上を擦って草をかぐり取る手製の道具でした。そのため田の中にしっかり水が入っていないとうまくいきません。前後に『八反擦り』を動かすことで草を抜いて、水の上に浮きあがらせ、草が根を張らないようにするのです。実際に八反も擦ることができたかというと、そうはいきません。八反というのは、より広い面積のという意味あいだろうと思うとりました」と思いを述べた[★131]。『広島県史』では「八反擦り」を「除草機」として一括《くく》りにしているが、埜上トシエさんの地域では「八反擦り」と「除草機」とは区別したうえで、あえて「八反擦り」と呼んでいる。「除草機」は、水田で草が短いあいだでないと効果がない。「八反擦り」は草が長くなっても削り取る。また砂地の固い田でも使える利点があった。百姓が考案したものである。埜上トシエさんの話では、田の草取が手作業から「八反擦り」に変わったときは、革命的であったという。「八反擦り」に先駆けて「除草機」はあったものの「除草機」の機能は除草機の爪で雑草を天地返しする仕組みであり、完全に草の根を田の土から遊離させることができない。それに対して「八反擦り」は、雑草を根こそぎ引き抜く機能を原則にしているので効率的である。草が水の上を浮遊するのである。強力な助っ人であった。

当時「八」とは「広い」という意味で使われていた。「向こう八町よりも婿の心」という、娘を嫁がせるときの価値観があった。「目の前に多くの田んぼがあるよりも、嫁にやるなら相手になる婿殿の真面目な心の方が大事だ」というのである。この場合も「八町」とはたくさんの田んぼという意味で使われている。「八反擦り」は、画期的に百姓の労働力を削減してくれた。

「八反擦り」で縦横と二回にわたって草を削る。家によっては縦横縦と三回擦る。最後に人の手で、草取りをするのが「止め草《とぐさ》」である。その作業が、七月十四日ごろから二十日ごろまでに終わる。

「止め草」は、人間が田の中全体を四つん這いになって、両の手で、草一本一本を丁寧に抜き取り、それを丸めて、稲株と稲株のあいだに埋め込むのである。抜き取った雑草を、田の外に持ち出すことは、大変に手間のかかることである。抜き取った草を埋め込むと、やがてそれが肥料になる。その証として、しばらくすると稲が青みを帯びてくる。百姓は体験的にそのことを知っていた。

暑い真っ盛りの仕事である。汗がたらたら流れるので、上半身裸で止め草をとったものだ。上野年枝さんも背中に、「ほうの木」の枝を背負って草取りをしたという。広島県央のあちこちで、田の草取りで、暑さを和らげる知恵があったが、ところによって、使う木の枝は違っていた。

県南部の東広島市では「ねむの木」の枝を使っていたという。夏の暑い盛り照りつける日差しをよけるために、背中に「ねむの木」の枝を腰紐《こしひも》にさして、背中全面を覆うよ

131

129『広島県史　民俗編』一九七八年、九二七頁。（八反擦り）
130 田原開起蔵。二〇〇二年除草中。（除草機）
131『広島県史　民俗編』一九七八年、九二七頁では「田の草取りタスリ」としている。八反擦りを使っての除草風景。

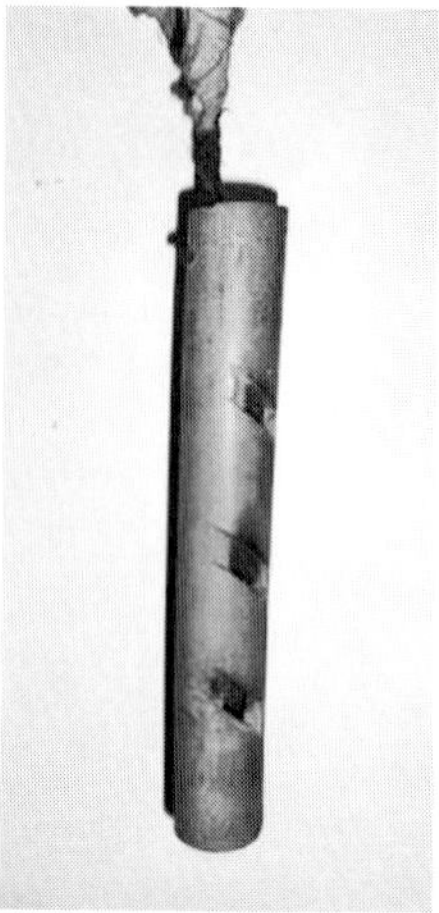

132

うにしていた。日よけ効果が高かった。「なぜねむの木か」といえば、ねむの木の葉は柔らかくて、肌触りがよいからであった。その他の枝では、薄手の着物の上から肌を刺すというのである。反面、「ねむの木」はすぐに萎れてしまうという欠点があるという。いずれにしても熱い真夏の最中、考えることは共通している。けっこう涼しい。今日でいうグリーンカーテンの原型ともいえる。

いずれにしても、炎天下での田の草取りは容易ではなかった。熱いうえにブヨ（ブト）が体中を襲ってくる。そのころは虫よけの薬剤もなかったので、百姓は工夫をした。ぼろ切れに火をつけて竹筒に入れて腰に下げてブヨを遠ざけていた。★132

田の草取りも手間のかかる作業なので、田んぼが大きい家では共同でやることが多かった。岸本コヨシさんは六軒（池田静子・池田コユウ・丸太谷寛子・舛谷時子・小松出）で共同作業をしたという。自分の家の草取りは七月中ごろからはじめ、三回取ったという。「大きな田は、四〜五人が並んで草を取っとりました。一人が四列ぐらいを受け持って前に進んで行くのですが、お互いに余り遅れまーと思って一生懸命でした」と語った。そのうちに除草機が使われるようになったが、「これも勢いよく押さないことには、草の根は抜けず『草がきょろっと』涼しい顔をしておりました。楽げに（楽そうに）見えても、除草機は力とコツが要りました」。さらに、除草剤を使うわけではないので、ナギ（小菜葱《こなぎ》・一年性の水田雑草）が生えていると手間がかかったという。田の草は取ったら、その場所に深く埋めていたのだが、ナギは根が張っており、埋める場所がなくなるので処理に困った。

ナギの処理は、「田の中を足で踏んで窪みをつくり、その中に踏み込んでいた。草が顔をださないように、その上に、田の中の土を置いていた」と、国寄明史さんも語った。広島県央で南北二十キロメートル以上離れていても、草の処置の仕方は同じであった。その地域の風習や、やり方ということではなく、それが最も合理的な処理の仕方であったものと思える。取って処置していく作業は、草の生え具合にもよるから一概にはいえないが、一日に一人が一反取れば良いほうであった。

暑くて厳しい田の草取りの途中、気分晴らしに「田の草取歌」を歌った。

田の草取歌
ヤーレ暑やヨーほがるやヨー手拭い欲しや
〇〇様の浴衣の袖なりとー
ヨーイヨーイヨー
ヤーレ〇〇様の浴衣の袖とは言（ゆ）たが
肩の手拭き欲しゅござる
ヨーイヨーイヨー★133

3　「落とし肥」八月

草取りが終わったら、次は「落とし肥」といって「だいごえ」を田の中に落としていった。「だいごえ」はその名のように「駄屋肥《だやごえ》」つまり牛小屋の堆肥《たいひ》である。メゴ（竹で編んだ入れ物）に入れて、田の中まで持って行く。

132　広島県世羅町世羅郷土民俗資料館蔵。（手製のブヨ除け）
133　『大和町誌』（広島県三原市）一九八三年、一〇九〇頁。大和町では「苗取り歌」「草刈り唄」にも代用した。

植田の中だから、メゴの置き場がない。それぞれに、いろいろな知恵を働かせた。夫婦の共同作業が多いので、夫婦のいずれかが（主に夫）がメゴを背負って田の中に留まり、妻が手作業で田の中に撒《ま》いていく。二人で徐々に移動していくが、夫はただたんに背負っているだけでない。妻が撒いた肥が、うまく稲株のあいだに落ちず、稲の茎にかかったままになることがあるので、それを棒切れで落としていく。二人三脚で共同作業を進めた。家によっては、二人の共同作業ができない場合がある。また地域によっては、その作業を一人でしているところもある。そんな場合に登場するのが、メゴを乗せる移動式の台である。みずから考案して、植田の中を移動させながら、メゴを乗せて撒く台である。必要性から生まれた知恵であった。だいごえは屎尿《しにょう》交じりであり、撒くと田の中の水が茶色になる。それは、稲がよろこんでいるように思える場面である。

「あのころは金肥《きんぴ》がなかったので、稲の肥やしにはだいごえが一番であった。うちでは、わし一人でやっていたので、駄屋で発酵した堆肥をメゴ★134で田の畔《あぜ》まで持って行き、そこから『エンボウ★135』に小分けして、肩にかけて何回も何回も田の中へ入って、撒いていたものです。堆肥が発酵しているので、堆肥を撒く手がつるつるした。その手で顔をなぜたら、顔がつるつるしたじゃろうのー。そこまではせんかったが（しなかったが）」と岸本コヨシさんは語った。「いまごろの百姓は楽なもんよ」とも言った。

筆者の世代の者は、みな素手で堆肥を散布した経験がある。たしかに、手が見事につるつるになった。

岸本コヨシさんは続けて語った。「うちでは『落とし肥』はだいごえ以外の物を使ったことはなかったです。『落とし肥』がすむと、山草刈りに行きました。その山草を『デジメン』（押し切り）で刻んで牛小屋に入れてやり、堆肥をつくりました。藁《わら》はできるだけ、買いにくる畳屋さん（三原市大和町萩原の木原さん）に売って現金収入にしていたので、藁の代わりに山草をどんどん刈って堆肥にしておりました。牛小屋へ行ってみると糞尿で汚れているので『早いことと山草を敷いてやらにゃー寝るところがないので困るじゃろーの』と牛を家族の一員のように大事にしておりました」。

金肥も使うようになったことを国寄明史さんは話した。「落とし肥」に、牛小屋の堆肥が使えることは誇りであった。なぜなら、山草の堆肥は荒々しくて「落とし肥」にはならなかったのである。藁を踏ませ物にするのは贅沢なことだった。それだけに「落とし肥」にだいごえが使えるのは誇りであったと教えられた。だいごえを使うと田の水が茶色に変わり、いかにも効き目がありそうだった。事実、「落とし肥」を振ると稲の色が良くなって、楽しみであった。ある時期から、二町歩（二ヘクタール）以上も耕作する豊かな農家はだいごえ以外に金肥を使うようになった。商品として購入する肥料には、ニシンや大豆粕《だいずかす》があった。ニシンが当時、肥料として使われていたことを、いまでは奇異に感じる時代になってしまった。

町田武士は「綿を育てるための肥料はニシン粕《かす》で、北前船が北海道から大阪などに運び農家に普及していった★136」と述べている。今日では金肥という場合、化学肥料をさすが、もともとは、綿栽培のために北前船が運んだニシンからはじまったとも述べている。その後、西日本にも肥料として伝わったのであろう。『日本史小百科』に「畿内・中国では干鰯、しめ粕が早くから広く使われ……★137」と解説がある。今日では、

134

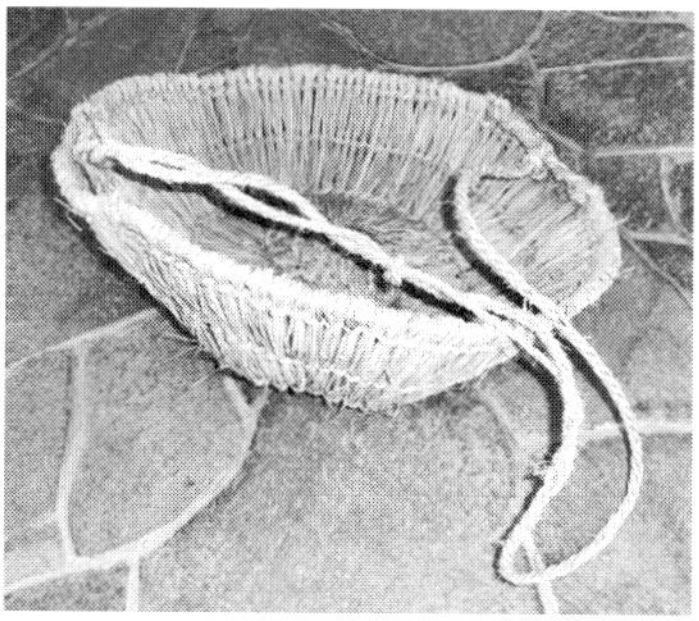

135

134　「広島県椋梨ダムの民俗調査」記録写真、三原市立中央図書館蔵。（一九六四年撮影）
135　三原市大和町　農家蔵。（エンボウ）
136　町田武士『やまずめぐる』ソニーマガジンズ、二〇〇六年、一五九頁。

食糧を肥料として使っていたことに戸惑いを感じる。『広島県史』にも、広島県東南部で使われていたと記している。★138

砂田明夫さんの言によると、砕いた状態のニシンが、北国から送られていた。それをさらに、杵《きね》★139で砕いていたという。宮本常一たちが残した写真は、先端には鉄の輪が掛けられ「一本の棒切れ」であるが、はるか彼方の北陸から運ばれてきたニシンの粕を粉ごなにする道具であった。その粉を、暑い真夏の最中に落とし肥として、汗といっしょに落としていた。その歴史を、一本の棒切れは物語っている。砕かれたニシンの中には数の子など、食べることができる部分があった。「ためしに食べてみたらけっこう美味いので食べ続けながら散布したと砂田明夫さんが語ったのは、すでに四十年も前のことである」と話してくれた人も高齢者だ。食べられる部分を口にしながら、落し肥にしていたのは、中山間地での共通の風景であった。

ニシンの落し肥は、ただたんに撒くというよりは、田の中に刺し込んでいく感じであった。「落し肥」という言い方とともに、「刺し肥」という言いまわしがあったのも、そのためである。購入肥料には、もう一つ、油粕があった。ドーナツ型に圧縮された油粕が送られてきていた。それを砕いて撒いた。

購入肥料について、国寄明史さんは「私の村では、村の信用購買組合が日常雑貨や食品などといっしょに、金肥を扱っていたが、金肥の購買代金が未納になり、経営できなくなった。組合長が責任を取って借財を個人の資産で賄い倒産したと聞いている」と語った。

榎本禎夫さんも金肥を使ったと話した。七月の終わりごろから落し肥をした。魚のくずを唐臼で搗《つ》いて粉にして撒いた。唐臼の杵には鉄の輪をはめて搗いていたと、似かよった話を聞いた。

前記の備後地方の「落とし肥」のやり方は、安芸の国でも共通していた。東広島市の入野清治さんの話もそうだ。堆肥舎《たいひしゃ》で発酵が進んだ堆肥をメゴに入れて田に運ぶが、けっこう重いので、いったん田の中に置かねばならない。そのために、メゴが置ける高さに、専用の台を用意し、立った姿勢のままで、メゴを台の上に置く。そこから、少しずつ稲株のあいだに落としていく。堆肥以外には、カマスに入れられたニシンが、北海道から肥料として運ばれてきた。それを株と株のあいだに踏み込んでいた。「落とし肥」一つをとってみても、備後と安芸の国の行政のうえでの区割りはあっても、百姓仕事に違いはなかった。

昭和二十年八月六日、荒田キヨミさんは、その日の状況と重ねて、「落し肥」の記憶を昨日のことのように語った。「原爆が落とされた日の朝、わしは家の前の田へ『落し肥』をしておりました。『落し肥』とは、植田に堆肥を撒くことです。植えた稲株のあいだに堆肥を落とすことです。堆肥をメゴに入れて、背負って田んぼに行ったのです。『落し肥』を撒くと稲の色が出る（緑が濃くなる）のが楽しみでした。撒いていると、突然西の空にキノコのような雲が見えたのを、覚えております。それが原爆だと知ったのは、だいぶんあとになってからのことです。当時は原爆という言葉は知らなかったのです。年寄りが間違えて『広島に燕麦（麦の一種）が落ちた』と言っていました」と語った。

事実あった話として、農薬用の殺虫剤、「ＤＤＴ」を農協に買いに行って「ＰＴＡをください」と言ったことが、話題になった。別に無教養だというつもりはない。戦後いきなり、横文字が使われるようになり、次々と増えていき、ついていけなかった。日本文化は横文字に浸り、いまもって留まるところを知らない。

明治の初め「拙者・おいどん」はすべて「僕」に言いかえ、相手は「君」と呼ぶことが文明

139

137　大石慎三郎編『日本史小百科　農村』近藤出版社、一九八〇年、二〇六頁。「しめ粕」とは「鰊の油を取った粕を粉にした肥料」のこと。
138　『広島県史　民俗編』一九八三年、九四六頁参照。（魚肥）
139　「広島県椋梨ダムの民俗調査」記録写真、三原市立中央図書館蔵。（ニシンを搗く杵）

人であった。「君はこう思うが、僕はどう思うかね」と「僕」と「君」の、とんちんかんな逆用があったと聞いている。近代化はどこまでいくのか。

荒田キヨミさんが「終戦になっても夫からはなんの連絡もないまま、約三年が過ぎました。そのあいだおじいさん（舅《しゅうと》）と二人で農業をする毎日でした」と語ったのは、七年前のことである。うれしいことに九十七歳の現在も達者でおられる。

それぞれが語ったように、共通点もありながら、皆が創意工夫をして戦中戦後の農業を支えてきた。物資不足のなかで、工夫をしながら施肥に励んだのである。

4　雨乞い　八月

（1）我田引水にまつわる話

池の水が十分にあり、水の便が良いところでは、六月十二日ごろが田植のはじまりで、半夏《はんげ》には終わっていたと恵本忠人さんは言った。水の少ないところは天水（降雨）を待った。「半夏生《はんげしょう》」のころには、ほぼ間違いなく雨が降る。その水を半夏水《はんげみず》といい、それを待って田植をした。上野年枝さんも「日焼け田《ひやだ》」（日焼けする水持ちの悪い田）であったので、半夏までには水が溜まらないので田植ができなかった。半夏水を待って、七月に入って、遅れて田植をしたことなどを語った。

雨が降らないときには、池の水も時間を限って当てていた。家ごとに分水をしていた。「我田引水」の言葉通りに地域地域に、夜中に我が田に水を当てる者など、あからさまに勝手なふるまいをする者がいた。

実際に水喧嘩という言葉があった。そのころ、IさんとNさんは鍬《くわ》や鎌を振り上げて水争いの喧嘩をはじめ、そこへ恵本忠人さんが割って入って仲裁したという話がある。日ごろ仲良くしていても、水不足のときには、みな我を張ったのである。

（2）雨乞い《あまごい》　千把火《せんばび》を焚く

「久井町泉で千把火を焚いたら、風向きの関係で、賀茂（広島県世羅町）の者が喜んだ」と宮迫忠雄さんは話した。千把火の炎が風向きで、賀茂の方向に向かい、そこに雨をもたらすというのである。村じゅうの者がそう言いながら、自分の家の焚き木を、それぞれに背負って、山に登ったという。この地域には、かつては百三十軒があったが、そのうち六十〜七十軒が各家から一人ずつ焚き木を背負って登った。山に登る千把火の話の途中で、宮迫忠雄さんの話は、新たな展開になった。

それは、共同で作業をする場合には、お互いに相手の動きを見て、自分の立ち位置を見定めていなければならないという話であった。そのなかで「『そうれん』で木を担いではいけない」と、先人からきつく言われていた、という話の展開になった。それは「二人で丸太などを担ぐときに、一人は右肩で、もう一人は左肩で担ぐというやり方を、『そうれんで担ぐ』と言う」。なぜこのことが危険かというと、おろすとき、片方は右に他方は左に、おろすわけにはいかない。「左におろすとすれば、右肩に担いでいる者は頭を越して丸太を左に動かさねばならない。頭を越して反対に動かすことは無理な話である」そのために首の骨を折って死んだ者が何人もいたという。多くの体験からの知恵で「そうれん」で担ぐな、と語り継がれてきた。「そうれん」の場合は、別の誰かが一方を反対の肩で担ぎ代えて、声をかけ合いながら、おろすようにしていたという。千把火のときに、二人で担ぐ場面もあってのことであろうか。

榎本禎夫さんは昭和三十年代、木材の伐採で山仕事をしていた。「ひょうれん肩」という言い方で、「そうれん」のことを知っていたという。「ひょうれん肩で担いでいて、おろすときに、上徳良の岡田さんが首の骨を折って亡くなった」という話である。「ひょうれん」は「そうれん」のことである。いずれにしても「そうれん肩」による事故で、各地で不幸があったことが、高齢者の記憶に残っていた。

聴き取りを進めるうちに「そうれん」★140とは「葬殮《そうれん》」（「葬斂《そうれん》」）であることにたどり着いた。「葬殮」とは「葬式」のことであり、棺桶を担ぐ二人は、肩を違えて担ぐのである。そこから、一般的に肩を違えて担ぐことを「そうれん」と言うようになった★141。

「聴き取り」のあと、「葬殮」という用語を使っている文面に出会った。「秀吉は、本能寺で討たれた主君織田信長の葬儀を、先月、京の大徳寺でとりおこなったばかりである。京の五山から集めた五百人の僧侶が、七日間にわたって経を読み、三千人が参列し、……大がかりな葬殮であった★142」とある。

「葬殮」という言葉が、今日まで、中国山地の中山間地によくぞ残っていたと感心するとともに驚いている。

昭和十七～十八年ごろ、水不足で、川の水をバケツで汲み上げたことがあったと、岸本コヨシさんは語った。そんな年には、千把火を焚くために、御建山《おたてやま》★143まで枝木を背負って上った。急な細い道だったが、みんなが登っているので、負けじと登った。一人では登れるものではなかった。みんな「わが身を使うて生きていた」と言う。いまでは聞かなくなった言いまわしで語る元気な長老である。「いまは世がいい」とも言う。

同じ地域に住む榎本禎夫さんも、八月には千把火を焚いて雨乞いをしていたと語った。「ここから見える御建の山に、枝木を背負って行って焚いていた」と庭先で語った。昭和十年ごろのことで、子ども心に覚えている。大人について登ったという。

そのころ、上徳良地域と下徳良地域の村境の論岩《ろんじいわ》（地名）★144のところで、この地域の亀岡八幡神社の宮司、神笠清俊さんが雨乞いの祈願のため、「三日三晩飯を食わずに、雨乞いの神事をされたと言い伝えられている」「めしは食わなかったがむすびを食べた」と、オチもつけて言い伝えられている。必死の祈願に違いはなかった。その神は北の方角にあり黒の色で表わす。そのため黒の御幣を飾っていた、と地元の古老は聞いている。

雨乞いが神事であったことは、広島県全体にもいえる。広島県庄原市の例を引用して『広島県史』も次のように記述している。庄原市本村町は「きこりこう踊り」を伝承している唯一の町で、「本村では、この踊りを雨乞いとその願いもどきにしか行なわなかった」と記し、「雨乞いを厳粛な神事として営み、そのとき以外は踊らず、年中行事化させなかった★[145]」と述べている。

雨を求める心は、万葉集の次の歌にもうたわれている。
「この見ゆる　雲ほびこり　との曇り　雨も降らぬか　心足ひに★[146]」と。作者は、農民とともに作柄を気にした。

141

140　「殯」「斂」は遺体を衣服でおおう意である。
141　「広島県椋梨ダムの民俗調査」記録写真、三原市立中央図書館蔵。（一九六六年九月二十五日撮影）
142　山本兼一『利休にたずねよ』ＰＨＰ文芸文庫、二〇一〇年、三八五頁。
143　『広島県史　近世一』一九八〇年、四九六頁。「恩建山」「御留山」はいずれも藩用材の確保のため、樹種のいかんを問わず伐採を禁止した。直轄林野である。
144　「論岩」「論所」「論田」という地名は近隣にも地名として、語り継がれている。岩を境の目印にして、村境のもめごとを論じたところだと伝えられている。『広島県史　近世一』によると、土地の境だけでなく、農民の共有地の草刈り場の境をめぐっての、もめごとを裁いたところと推察できる。（『広島県史　近世一』、一九八〇年、四九六頁）
145　『広島県史　民俗編』一九七八年、一一六三頁。
146　小島憲之・木下正俊・佐竹昭三校注『日本古典文学全集　万葉集四』一九七五年。巻一八の四一二三番、大伴宿祢家持の歌（訳「あの雲が空に広がって、一面に曇り、雨よ降ってくれ、心行くまで　満足いくまで」）。

時代は下って、親鸞も、「これほど雨が長く降らないのは、神仏の怒りだと思い込んでいるのです。それを親鸞どのは無知蒙昧な輩の迷信と、ひとことで斬ってすてられるのでしょうか」★147と雨乞いを迫られている。

百姓は古くから、干ばつの心配をしてきた。そこで干ばつのときに農民は、雨を降らせようと考えた。雨を降らせるため行なう呪術的・宗教的な儀礼が雨乞いである。さまざまな雨乞いが見られるが、大別すると、「山野で火を焚く」「神仏に芸能を奉納して懇請する」「神社に参詣する」などがあったが、そのなかで、下徳良地域で行なわれていた雨乞いは山頂で火を焚くだけのものであった、と沼田春子さんの話から推定でいる。彼女は「私が父親から聞いた話は二つあります。一つは恵比寿ヶ平（地名）に靄《もや》が上がると雨が降ると言っていたことと、もう一つが雨乞いの話です」と言った。

雨乞いの話は、大正十三（一九二四）年ごろ、彼女が十歳ごろのことで、九十年さかのぼる話である。「前の晩に父は『明日は千把火《せんばび》を焚く。一人が一把ずつ持ち寄って火を焚いて雨を呼ぶ』と言っていたのを覚えています。七〜八月のことだったでしょうか。次の朝、父は背負《せお》い子に、山掃除で集めた雑木を背負って、御建山へ向かいました。三々五々に地域の者が集まって、村上さんの前から御建山に登って行きました。しばらくすると、御建山から黒い煙がもくもくと昇ったのを覚えています。火は見えなかったように思います。『千把火』とは、枝を束《たば》ねたものを千把焚くということからついた名前ですが、千把とはたくさんということです。そのとき、雨が降ったようには覚えておりません。焚いたからといって、雨が降ったわけではないにしても、日照りが続くと、稲ができず、百姓は困ったわけですから、藁《わら》をも摑む気持ちで雨乞いをしたのです。昭和二十年ごろまでは、行なわれていたように思います」と語った。

当時「百日照り、もう一日」という言葉があったと彼女はいう。それは「もう一日で日照りが百日続くという日に、雨が降った」という。この解釈は「百日近く雨が降らない」という解釈と、「日照りが続くにしても百日目には雨が降る。必ず雨は降る」という、待望の気持ちを表現している言葉でもある。もちろん、いまでは廃れた言葉である。

蛇口をひねれば水は無尽蔵にあり、楽に使えるものだと思っている私たちである。ましてや、子どもたちに話したところで、信じないであろう。また非科学的だと、若者は言うであろう。しかし、必死の時代があった。

県内の事例としては、大柿町の陀峰山（標高四百三十八メートル）も、干ばつに見舞われると、千把火をたき、松明を持って登り、火祭りが行なわれた代表的なところであったと聞いた。

子どもも一役かっていた話を恵本高夫さんからも聴き取った。「私が小学校四、五年生ごろだったと思いますが、御建山へ雨乞い用の枝木を背負っていくように親から言われ、紐で背中に括《くく》りつけて行きました。御建山は、もともと木の生えていない『赤はね』（禿山）でした。その尾根伝いに道があり、歩きやすかった。山に登ると、すでに枝木が積んであった。一気に大きな火を焚くのだから、いまのように雑木が生えていたら山火事になるが、私が子どものころには『赤はね』であった。そのために、少々大きな火を焚いても山火事にはならなかった。持ち寄った枯れ枝の山に一気に火をつけた」。

雨が降らないと、田の水は、夜間は時間を決めて分水にしていた。分水計画を立てるために水番が出て割り当てをした。

その後しばらく干ばつがなかったのと、昭和二十年以降は、池や川から灌漑用水を汲み上げるための発動機で動く水揚げポンプが開発されたので、雨乞いはなくなった。

147　五木寛之『親鸞 激動編（上）』講談社、二〇一二年、二一五頁。

Ⅳ　水田の仕事が一段落

1　草刈り（飼料と堆肥づくり）

田の草取り、落とし肥が終わる八月前後から、草を刈りはじめる。草刈りは、朝草と昼草とに分けて考えていた。朝草とは、主に牛馬の飼料用である。朝の五時ごろから七時ごろまでの、朝飯前の草刈りのことである。この間に一荷刈るのが一人前である。直径二十センチくらいの束が十二束で一荷である。背負い子に乗せることのできる限度でもある。子どもがラジオ体操に行く時間帯には、母は朝草を刈って帰宅していた。

朝になると嫁たちは、どの家からも一斉に刈りに出るから、姑は、家でどこの嫁さんが早く草刈りに出るかを見ている。我が家の嫁が出遅れると、機嫌が斜めになる。「〇〇の嫁さんは、早うに刈って帰った」とぼやく者もいた。「朝草を一荷刈れば、その日は一日遊んでもよい」といわれていた。それほど、草刈りは大事なことであったという。夏のあいだは、牛馬の餌は、刈り草だけで賄《まかな》っていた。

山草は昼草ともいっていた。主に踏ませ物である。山草の丈は五尺（百五十〜六十センチ）くらいあった。男が山草を刈りに出ているあいだ、女は、朝草だけでなく、牛に食べさせる柔らかい畔草《あぜくさ》を刈りに出る。牛に食わせる草の手配は、女性の仕事であった。畔草は、山草に比べて短く柔らかいので、メゴに入れて帰った。刈って帰った畔草を、ときどき牛に投げてやるのは子どもの仕事でもあった。

草は貴重であったから、人さまの土地の草でも許しをうけたら、ありがたくいただいて刈る。しかし、越境して刈ってはならないので、境の刈り方にも掟があった。また田地が、他家の田畑と接している場合は、相手に迷惑をかけないために、隣接した部分の作業を先ずすませ、人さまに迷惑のかからない、自分の田畑の作業は後まわしにする。そのような近隣との作法があったと、地域の古老は語った。今日では、それを言うと「古い」の一言で片づけられる。「不易流行」というように、古き作法のなかに深く根づいている、不易の価値だけはいまの時代でも守りたいものだ。今日では、多くの百姓が草刈りに閉口していることからは、草刈りに労力を注いでいた昔の百姓の姿は想像もつかない。

牛馬は農耕・運搬の大事な働き手であるが、一方、歴史的には肥料の供給源でもあった。そのため、山草は牛小屋で踏ませ物にして堆肥をつくる。年間にわたって踏ませるので、かなりの量が必要である。その草を、夏のあいだに刈りこんでおくのである。『日本史小百科』は、次のように解説している。「農家の牛馬飼育には耕起用、肥料採取用・運搬用などがあるが、近世の牛馬飼育の主目的は厩肥生産にあり、厩舎《きゅうしゃ》に敷き草や夏草を入れて牛馬に踏ませ、それを田畑に施して地力維持をはかった」。さらに、「明治以降の畜産はまず明治政府によって従来もっぱら蓄力・厩肥利用に飼われていた牛馬の改良が行なわれ、一方では、乳牛の（中略）輸入がなされた★148」と解説している。いまでこそ厩肥の処理に困っているが、古くは農家にとっては、厩肥は地力回復に欠かせないものであった。そのため堆肥を貯蔵するための堆肥舎が併設されていた。

恵本高夫さんは、江戸の末期に生まれた恵本又太郎さんの話を聞いていた。それによると、「現在の湯船（地名）に

148　大石慎三郎編『日本史小百科　農村』近藤出版社、一九八〇年、一九九頁。

向かう道すがらの、左側（福田家・森川家）の上の山を、わずかな面積であるが手放さずに守った」という。当時、枯れ枝や落ち葉は、焚きつけ燃料として、山草は牛馬の踏ませ物として大切であった。しかし、自分の山がないのに入山していると、衆目が許さない。面積の大小にはよらないが、持ち山が、その地域にあることで衆目が納得することになる。もちろん、他所の山に入ろうという気持ちは、さらさらない。

しかし、気分的に落ち着いて山に入るためには、わずかでも自分の持ち山があることが、重要な意味をもっていた。そのために、わずかな面積でも持ち続けたというのである。そうした歴史のある山が、現在では荒れ放題である。

山草の刈り込みには、さまざまなケースがあるため、一様には語れない。以下、事例をいくつか述べる。

山草刈りは、主には八月の仕事であるが、人によっては「桜の葉が落ちるまでに刈る」という人もいた。要は九月いっぱいに、山草を刈るということであった。

刈り草は、背負い子で運び出す。そのため道幅が五尺程度は必要になる。それより道幅の狭いところでは、道に面している所有者の山の草を、幅三尺（一メートル）程度であれば、山の地主に断りなく刈ってよいという、暗黙の了解としきたりがあった。荷を背負って通行ができないと困るという理由である。これを「道刈り」と呼んでいた。

このようにして刈り取った草は、刈った者が持ち帰る。一日に何回か、牛小屋に敷いてやる。あい間に敷いてやるのは子どもの仕事であった。糞をしているところ、屎尿が集中している場所を見極めて敷いていた。

牛小屋で踏ませたあとは、一週間に一回程度、畜舎から取り出し堆肥として蓄えた。暑い夏の盛りに牛小屋に入ると、牛馬の糞尿《ふんにょう》と生草が発酵してかなりの暑さになる。夏の暑さのなか、堆肥の温度も上がるなかで、堆肥を出すのは苦労する仕事であった。国寄明史さんは、裸足で入って堆肥を取り出し、堆肥舎に移したという。裸足で畜舎に入ることを汚いなどと思ったことはない、とも言った。

牛小屋から出した堆肥はしばらく堆肥舎に保存する。駄屋から出した堆肥は一段低いところにつくられた「落《お》とし小屋」（九三頁写真参照）に保管し、さらに発酵が進み堆肥として熟成する。それを春先に田んぼに運び、「荒起《あらおこ》し」の前に撒《ま》く。ホークと呼ばれる農具も使うが、満遍なく撒くためには手で撒くのがいちばんである。素手で振る牛の糞尿が汚いなどと思う暇はなかった。

畜舎の年じゅうの踏ませ物を貯えておくからには、夏のあいだに相当刈り込んでおかなければならない。必要なだけ家に運ぶが、そのほかの残りはスズメホートウ（小型のボートウ）にして山に積んでおく。持ち帰りは地域によってさまざまである。大八車で運ぶ者、馬に特別の鞍を付けて、俵でも載せることのできる籠《かご》状のものを付けて運搬した者もいた。

山草がなくなると、麦わらなどを切って踏ませる。毎年決まって手に入るものではないが、藁《わら》や茅《かや》の屋根の葺《ふ》き替《か》えで、屋根からおろした藁や茅は絶好の踏ませ物である。昔気質の国寄明史さんの父親は、昭和二十八年に駄屋《だや》を建て替えたときに、時代は瓦屋根に変わりつつあるのに、昔ながらの藁屋根にしようと言い張った。葺き替えのつど出てくる藁や茅を★149、牛小屋の敷物にしようとの考えからであった。藁や茅を有効利用するなどの循環型の生活が身についていたからである。他家の屋根の葺き替えのときに手伝い、不要になった藁・茅をもらって保管し、踏ませ物にしていた情景を、子どものこ

149

149　五箇山の合掌造り集落で、屋根の葺き替えをしたあとの、使い古しの茅。（二〇一三年六月、著者撮影）

ろに記憶している。昭和二十年代は、どの家でも中学二年生くらいになると、母屋の葺き替えの手伝いに駆り出されていた。新しい藁を棟《むね》まで担いで上がっていた。屋根の上から、しばし周辺を展望した記憶も蘇る。

昔は、循環型の生活習慣があらゆるところで身についていた。聴き取りのなかで、台所で使った水は決して無駄にしなかった、と話した者もいる。米を研《と》いだ水は、今日では下水に容赦なく流すことになんら抵抗も感じなくなった。当時はもったいないことだといって、米を研いだ水は、牛の「ひご」（わらを短く切った餌＝飼葉《かいば》）に掛けて、食べさせていた。残飯も、牛の口に合うものは、すべて無駄にしなかった。米一粒でも無駄にせず、鶏のエサにしていた。それらのこともあって、台所と牛小屋は、つねに行き来できる位置にあった。家の構造もおのずと決まっていた。曲屋に見るように牛の顔が見える位置で生活することが、いとも自然で便利が良かった。前記したように、広島県北でもそのなごりがあったが、戦後、非衛生だとの理由で畜舎が遠ざけられた（四八頁写真34「県北の家」参照）。

津川保次郎さんも、「クモシ」（堆肥）づくりの準備として山草を刈った。「クモシ」の原料は藁《わら》・柴・山草に大別することができる。藁は畳の床材にもなり貴重なので、初めから堆肥に使うことは少ない。いきおい山草が中心になる。山をもっていない者は、山の地主に、山の下草を刈らせてもらった。夏のあいだにみんなが山草を刈るので、山は見晴しがよくなったと言った。「学校からの帰りは見晴らしの良い山のなかを通って、まさに山学校を体験しながら大きくなった」とつけ加えた。当然のように、山道を通って下校した。山は遊び場でもあった。それほど山の下刈りは完全で、山の景観は見事であった。いまや荒れ果てた里山は、猪にとって格好の生息場所になり、里山を彼らに空け渡してしまった。

茎《くき》の長い荒々しい山草は、耕地の近くまで大八車《だいはちぐるま》で持ち帰り、大ざっぱに切り刻んで積み上げて堆肥にした。堆肥を寝かせる途中で、その堆肥を切り返してしっかり腐らせた。少なくとも、二回は切り返した。そのときに、堆肥舎から家畜の堆肥も持って来て混ぜて切り返した。この作業は、秋の取入れ作業がすんだあとの、十二月ごろまたは

一、二月ごろまで続いた。四月ごろになると「荒起し」に備えて田んぼに撒いた。

別の地域の岸本コヨシさんも、山草刈りを具体的に話した。「山草は普通一尺（三十～四十センチ）ぐらいの丈であった。一てねは、稲の束よりは大きめである。その五～六てねを、互い違いにそくい（束《たば》ね）、一束にした。はっきり覚えているわけではないが、一人が一日に、五十～六十束くらい刈って、束ねたように思う。「帰りには、背負い子にそれぞれが背負って帰ることもあったが、場所によっては、大八車に積んで帰った。ときには脱輪することもあり、通りがかりの人に助けられたこともあった。真っ暗になって夫が大八車を引き、わしが後ろで綱を引いて、ブレーキ代わりを務めたが、急な坂では惰力で車が押し掛けてくるので大変だった。おまけに、わしは寂しがりやだったので、車の後ろについて帰るのが怖かったので、なるべく前に行きたいと思って車の横に移動すると、夫が『引っぱっとるか?』と言うので『ハイハイ』と嘘をついたのを、覚えとります」と言って、あっけらかんと笑った。「坂を下ってコモグチ（屋号《やごう》）の家（土岸茂氏宅）が見えたときはホッとした」と昔を語った。山草は家に持ち帰り、夏場の駄屋で牛馬に踏ませた。

世羅町内の、ある地域のケースでは、小作人は水田といっしょに、地主がもっている採草地《さいそうち》（草原）も管理していた。山際の採草地は、水田に隣接している場合が多い。地主も年貢米の上納を高めるためには、少しでも多くの肥料を施してもらうことが利益に結びつくので、水田と合わせて、近くの採草地の管理も任せていた。

水田の小作はさせていないが、採草地だけ管理させている場合もあった。その場合は、一反程度の採草地の地代を、年間米一斗程度で貸していた。

戦後の農地改革のとき、採草地も農地改革の対象になった。農地改革で手にした採草地は、農業の機械化に伴い家畜を飼わなくなったため、草刈りもしなくなった。放置された採草地は、いまでは山林になり、かつての面影はなくなった。

　農地改革の対象になった水田と採草地は、国家の政策で、遠慮なく小作人が買い取るケースが多かった。しかし、国寄明史さんの父親は、農地改革の対象になる水田・採草地の双方を地主に返した。農地改革は国策だから、国の政策に従えばよかったが、そうはしなかった。そこに、農村の人間関係に対する律儀さが、当時は残っていたことを伺い知ることができる。逆に農地改革という制度を当たり前のこととして、最大限に活用した小作人もいた。当然のことではあるが、戦後を境にこのころから人と人との関わり方にも、大きな変化の兆しが見られるようになった。

　以上、何人かの古老から、草刈り体験を聴き取った。いまではまったくなくなったが、山草を刈って堆肥づくりに励んでいた。農業にとって肥料は重要であったので、知恵を働かせて肥料づくりにつとめていた。重複する部分もあるが、記録にとどめた。

２　溝立て　九月

　耕作面積の多かった榎本禎夫さんは、秋になると作業能率のことを真っ先に考えたという。なによりも水田の乾燥が第一だという。山草を刈っていると、秋がくる。稲の穂が傾きはじめるころを見計らって第一に「溝立て」をしたという。

「水はけの悪いところの稲株を抜き排水路をつくることを、『溝立て』といった。最近では横手《よこて》（畦畔《けいはん》から一番奥まったところ、上の田の畦畔の下にある水路）をあらかじめつくって『ヌルメ』★150としても使っているが、その溝の部分にも以前は稲を植えていた。そのため稲が実ったころになって、溝の部分の稲を抜いて水路にする。それを『溝をたてる』といった。田植のとき、一株でも多くの稲株を植えようとして、その部分にも植えて増収を図った」と聴き取った。一株でも多く植え、一粒でも多く収穫しようと願った。

「溝立てを横着すると田の乾きが悪く、のちのちの作業がすべて思うようにいかない。天候に左右される百姓仕事は、最初が肝心である。溝立ては、畦畔から一番奥まった乾きの悪いところの稲株を二筋分抜きとり、そこを排水用の溝にする作業である。大きな田んぼでは、田の真ん中に、横手と直角にTの字形に排水を設けて水はけを良くした。これを『中落《なかおと》し』と呼んでいた」。戦後は暗渠排水《あんきょはいすい》が普及してきたこともあって、溝立てはしなくなったと語った。

Ｖ　収穫の秋　十月

1　稲刈りから莚干《むしろぼ》しまで

榎本禎夫さんは稲刈りから乾燥終了までの流れを次のように語った。

「九月の後半になると、早物《はやもの》から稲刈りをはじめていた。刈りはじめるのはシビ（稲穂の茎）の三分の二くらいが茶色になったころである。戦前はこの地域でも『八反錦《はったんにしき》』とか、『オマチ』などの酒米をつくっていた。酒米は茎が長いので倒れやすかったが、高く売れるので、できるだけ収入を上げようと、皆つくっておりました。しかし、手間も

150　山間地や高冷地でみられる、水田の「ゲシ」に設けた、冷水を温めるための溝。用水路から直接引水しないで、ここでいったん温めてから田に水を入れる。

かかるのでだんだん止めました」。母と二人だけで、一町八反を耕作していたので、仕事が遅れがちであった。そのため、ともかく天気が良ければ、稲刈りをどんどん進めておいた。日中は刈り転がし、暗くなってから夜中までハデをしていた。

「刈り転がしたままにしておくのと、刈ってすぐに束《たば》ねるのとでは、乾燥の程度がずいぶん違うので、一日の仕事量を考えて、ぎりぎりまで乾かしたあとに、束ねるように心がけていました。暗くなってからはハデづくりでした」。それは、榎本禎夫さんのみならず、皆が考えることであった。

二毛作で麦を植える田は、ハデを「田の畔」（畦畔《けいはん》――耕地の境のあぜ――の側面）に近いところと、「ヤネ」に近いところに立てて、真ん中を空けておき、稲刈りの途中でも田がよく乾いていれば先に鋤《す》いておくようにした。ハデの部分だけは除いて鋤いておいて乾かす。乾いたときに鋤いておけば、それだけあとの仕事の進み具合が良かった。

天候を第一に考えながら段取りをして、来る日も来る日も稲刈りをする。ともかく早物（早稲《わせ》）がすんだら、おそ物（晩稲《おくて》）の稲刈りに取りつき、稲刈り・ハデ掛けをすませると一安心である。稲を刈り取ってハデにすると、そのあとで天候を見ながら麦植えか稲扱《いねこ》ぎをする。

稲扱ぎの日には、足踏《あしふ》み千歯《せんば》をはじめ、莚・コモ・叺《かます》などを大八車に積み込んで、田の中に据《す》えて扱《こ》ぐ。

昭和十年ごろ、モーターがついた千歯が出まわったときに、榎本禎夫さんの家では、それを購入したので、足で踏む必要はなかった。その点は楽であったが、モーターを回すための電気を引かねばならないので、田の近くに電柱を立てた。電線を百メートル以上も買って、千歯まで引いてこなければならなかった。千歯を移動するたびに、電線も移動した。

踏む必要がなかったが、その代わりに電気で動かすだけのことだから、扱いだあとの処置は、足踏み千歯と同じようにしなければならなかった。つまり「チリ」（稲穂がちぎれて、一粒一粒になっていない状態の稲穂）・「アクタ」の処理、「シイラ」（実入りの良くない籾《もみ》）の処理も、同じように手数がかかった。チリもアクタも混ざっているので、先ず網で籾とチリ・アクタを選別する。風があるときにはチリ・アクタを両手でもって、上空で放すとアクタは風で飛ばされ、チリだけが足元に落ちる。この作業を「チリをたてる」と言っていた。籾はさらに唐箕《とうみ》★151に掛けて、実入りの良いものとシイラを選別する。チリは家に持ち帰り木の槌《つち》か、カラサン（一二三頁参照）でたたいて籾にする。たたいて籾になったものは、叺に入れてとっておいて、臼挽《うすひ》き（籾摺《もみす》り）のときに同じように挽く。そこまでの作業がすむと、いよいよ最終段階の臼挽きの手順になる。ここまで来ると、一安心である。あとは臼挽きさんに来てもらって、臼挽きをすませると、いよいよ秋の終わりであり、百姓にとっての「大くつろぎ」であると、榎本禎夫さんは語った。

前記は、耕地面積の広い大百姓の手順のあらましを列記した。耕作面積の少ない百姓は、もっと臨機応変に手順を組み合わせていた。早物（早稲）の稲刈りハデ掛け、その次におそ物を刈ってハデにするか、または早物を先に扱ぐかの選択がある。または早物のあとに植える麦の田を鋤く作業をするか、の選択もある。

なによりも心がけたことがあった。「外庭を空ける日がないようにする」ことであった。外庭に干す莚の枚数に限りがあったからである。一農家の平均は百枚程度であったが、天候を見ながら有効に外庭を使うことに神経を使っていたのである。外庭に干す籾がなくならないように、稲扱ぎをすることを心がけた。空模様が変わって次の日に稲扱ぎができないようであれば、稲を束《たば》ねて、大八車で持ち帰って納屋に入れておく努力もした。

151

151 「広島県椋梨ダムの民俗調査」記録写真、三原市立中央図書館蔵。（唐箕。一九六四年十一月一四日撮影）

今日のように、ビニールシートなどがあれば、田の中に稲を集めてシートをかけて置けばすむことであるが、莚しかなかったそのころは、稲を濡《ぬ》らさないためには、家に持ち帰り納屋に入れる以外になかった。当時、百姓は、屋根《やね》下《じた》(雨が降り込まない場所)をありがたがった。

ハデでしっかり乾いていると、庭干しは一日でも良いので、誰もができるだけハデで乾かしたいと思った。今日では十月ごろには、脱穀してハデはかたづけられている。昔は、いろいろの事情でそうもいかなかった。昭和の初めごろのこと、十二月にハデに雪がかかっていた様子を、荒田キヨミさんは覚えているという。

国寄明史さんも語った。「夫婦二人で一日に五畝《せ》を刈ってハデを立てれば万々歳であったように思う。とても二人で一反も刈ることはできなかった。いまは機械が仕事をしようる(している)ようなもんじゃ。手刈りで行なう時代の稲刈りは、いまとは違って時間がかかった。思うようにはいかなかった。農作業は天候に左右されるので、手順とともに臨機応変な対応が大切であった」という。「わしのところの祭りは、十一月二十一日から二三日であったが、そのころまでハデが残っている家が、なんぼうも(いくらでも)あったのを、子どものころに覚えている」とも語った。

ところにより、家により、耕作面積、天候により必ずしも一定ではないが、おおよそ秋の取入れ以後の仕事の手順は、次のようであったと恵本高夫さんは語った。

①早物《はやもの》の稲刈り、ハデ干し
②二〜三週間おいて稲扱ぎ、ボートウ(棒塔)づくり
③おそ物(晩稲《おくて》)の稲刈り、ハデ干し
④麦植えをする田起し(麦わら倒し)
⑤麦植え
⑥おそ物(晩稲)の稲扱ぎ、ボートウづくり

⑦臼挽き（早物もおそ物もいっしょに挽いていた）

（1）稲刈り

手間が増えたという話を大草（三原市大和町）で聞いた。八十歳代の二人から、別々に聞いた。稲刈りの忙しいときに嫁に来てもらうと「手間が増える」といっていた。周りの人も挨拶代わりに「手間が増えましたのー」と言っていた。労働力としての嫁さんであったことが、戦前戦後にわたって続いていた。稲刈り★152の時期は忙しかった。手間のかかるハデ掛けは、夜に及ぶことがしばしばであった。

家の近くの田んぼのハデ掛けは、夕食をすませたあとからのことが多かった。月夜の晩は楽で早く進んだ。写真はハデを立てて、一把ずつ掛けている様子である★153。

ハデにすると藁《わら》にある栄養分が穂に下がりうま味が増すと、古老たちは口をそろえる。この状態で何日か天日で乾かす。天候や仕事づもりで、二週間前後、稲扱ぎをするが、前述のように働き手がなかったり、天候の様子では十一月の末になっても脱穀ができない場合もあった。

152

153

152　三原市大和町民家蔵。鎌で刈る稲刈りの終わりごろの風景。昭和四十年代初めごろ。

153　「広島県椋梨ダムの民俗調査」記録写真、三原市立中央図書館蔵。

ハデで乾燥する歴史はどこまでさかのぼれるのか詳しくは承知していないが、『信貴山縁起』★154に、松の木に稲とおぼしきものを干した絵図がある。その解説は、つぎのようにある。「承和八年（八四一）の太政官符に『大和国宇陀郡の人が田の中に木をかまえて、それに種穀を掛けてほすと、その殻が実によくかわいて、まるで火であぶったようにかわいている。俗にこの構木を稲機（イナキ）と言っているが、諸国ではこの器を備えてもっぱら人々の利益をますようにせよ。疎略にしてはいけない』」としている。稲機に掛ける発想は、木の枝に干す知恵だったのであろうか。「イナキ」は、ところによってハサ、ハゼ、ハッテなどともいわれる。近隣では「ハデ」と呼ぶ。

時代が進んで鎌倉期、一遍上人絵伝では、家に持ちこんでハデにしている様子がうかがえる。次第に知恵を集積してきたハデの長い歴史がある。しかし、農業機械が普及しだすとともに、瞬く間にハデは姿を消していった。

承和八（八四一）年の「疎略にしてはいけない」という太政官布告も近代化、機械化の現時勢では、その神通力を失った。ハデ干しはすくなくなってしまった。

筆者は可能なかぎりハデ干しを続けようと思っている。★155

乾きの悪い田での稲刈りの様子を上野年枝さんは話した。「わたくしの家の水田はどちらかというとザブ田が多かったのです。秋になっても水はけが悪いので、稲刈りのときに、刈った稲を地面に置くことができませんでした。それで、刈った稲を置くための敷物が必要だったのです。その敷物を、稲すけ（『稲をすける』つまり『稲を置く』台）と言っておりました。それは檜の枝を重ねてつくったものです。その上に刈った稲を置いて束《たば》ねます。束ねたら、一束か、二束ずつ畔《あぜ》まで運ばねばなりません。その繰り返しですから、ずいぶん手間がかかりました。ザブ田の稲刈りでは、束ねるための藁《わら》を必ず背負っていました」と語った。

岸本コヨシさんも「ザブ田では稲株は元気なケー、ちょっとのことでは沈まんので、稲株の上を選んで歩いておりました」と、経験者しか知らない話をした。

さらに、稲刈りの苦労も聴き取った。大正時代の中ごろ、十月十三日の秋祭りの前、大霜で氷も張り、小雪が舞うなかを、素足でザブ田の稲刈りをした。今日のように田靴もないので素足で稲刈りをしたという。

私たちの世代は、あちこちのザブ田の風景を心に刻んでいる。筆者の家にもザブ田があった。大学入試をすませた年に、しばらくのあいだ農作業の手伝いができない代わりに、せめてザブ田のいくつかを一枚にまとめ、大きめの田んぼにしておきたいと考え、父といっしょに、いまで言う圃場整備にとりかかった。手作業であり、はかどらない作業であったが、なんとか四月の入学を前にしてやり終えた。充足感があった。その田んぼと、今日あらためて向き合っている。それにしても、山間地の小規模水田の行く末はどうなるのであろうか。

155

宮本常一の著作『ある農民の生涯』を思い出した。彼が父との体験を、次のように綴っている。

「私の父は一かいの名も知られざる百姓にすぎなかった。しかし、私にとってはこの上ない貴い師であった。私の農業に関する知識と態度の根本的なものは父の考えを一歩も出ていない」と語り、さらに「私の家で、ある湿田を小作していたことがある。そうした田はづくり手の少ないものである。その田を誰にでもづくりやすくしておかねば、と言って排水工事をしたことがある。深さ三尺に幅一尺五寸ばかりの溝をほって底に小石をいれ、その上に砂をしき、そこにシダをおいて埋めたのである。こうしておけば永久的なものだと言っていた。ちょうど冬のあいだの作業で毎朝浜へ石を

154　澁澤敬三・神奈川大学日本常民文化研究所編『新版絵巻物による　日本常民生活絵引第一巻』平凡社、一九八四年、一〇八頁。（稲を干す）
155　三原市大和町　田原開起蔵。（二〇一二年秋、自作のハデ）

ひろいに行くのが辛かった。指先が痛んで血が出ることもあった。浜の石だけでは足らないので古船を買って来て、沖の島まで小石を取りに行ったりしたものである。面積は三反ほどのものであるから大きな工事ではないが、一家の労力だけでは骨の折れる仕事であった★156」。

前記の私的な体験と重ね合わせて心に残っている。

上野年枝さんも稲刈り体験を語った。「お日さんが出ているあいだは、刈ることに専念し、夜になってハデをするのが常でした。とりわけ月夜の晩であれば、都合によっては、夕飯を食べて、それから再び田んぼに出かけ、月明かりを頼りにやっていました。それから風呂に入りました。温水がすぐに出るような風呂ではないので、五右衛門風呂が沸くのには時間がかかりました。仕事の途中で帰って、風呂だけは、ひとまず沸かしておくようにしておりました。仕事の途中で、風呂を焚きはじめておくやり方は、集落のみんながやっていた知恵でした」。

月明かりもなくなった暗闇の日には「猫の目も借りたい」と言っていた。「猫の手も借りたい」という表現は、しばしば聞いていたが、それとは別に「猫の目も借りたい」というたとえ方があった。これは秋の取り入れ時期の、多忙さのなかで交わされた言葉である。「つるべ落としの秋の空」といわれるように秋はいきなり日没がくる。それでも月夜の晩は、夕食後あらためて田んぼに出かける。稲のハデ掛けは、月明かりでけっこう可能である。しかし、まったくの闇夜では、それもままならぬ。そんなとき、人々は「猫の目も借りたい」と言ったのである。猫は闇夜でも、ものを識別するほどの視力をもっているということから、たとえられたと聞く。

昭和四十（一九六五）年ごろから、鎌に代わって、手動ではあるが稲刈道具が開発された。そのころ、筆者は生家を離れて生活していた。三、四歳の長男を連れて稲刈りに帰った。そこで見た稲刈り道具は、鎌の歯を二枚合わせた格好の物で、挟んで手で押し倒す、画期的な稲刈り道具であった★157。その道具を使っての作業風景を、宮本常一たちは記録に留めていた★158。いまから考えれば、鎌に毛の生えた程度の、まさに道具であった。それでも父は、稲刈りが楽になったと言い、その道具で刈り取ってみるように促した。なるほど鎌に比べて効率的であった。しかし、しっかり押していかないと切れないので腕が痛かった。

昭和初期（一九三〇年ごろ）広島県内で、「足踏み千歯《せんば》扱《こ》ぎ」が普及しはじめたころ、農家に嫁いだという今田アキノさんの話を、平成十八（二〇〇六）年に聴き取った。そのとき「『扱《こ》ぎ箸《ばし》千歯』から『足踏み千歯』になったので楽になりました」という話を聞いて、妙に印象に残っていた。それは、前記の父との会話に重なったからである。その時点では画期的だと思った「足踏み千歯扱ぎ」も「手動の稲刈り道具」も、あとで考えると、まことに手間がかかる代物であった。

当時使っていたこの手押しの稲刈り道具を、いまも倉庫に格納している。いずれ孫たちが、先人の努力に気づいてくれる日があれば、との思いがあってのことである。いつの日か、この道具で孫たちと自然に働きかける体験をしたいものだと、楽しみにしていた。世の多くの親たちも、子らと終日汗して、自然に挑むゆとりをもちたいと願っているのではなかろうか。「道具で自然

156『宮本常一著作集19　農業技術と経営の史的側面』未來社、一九七五年、一五六頁・二六四〜二六五頁。

157　三原市大和町　田原開起蔵。（我が家の往年の働き者）

158「広島県椋梨ダムの民俗調査」記録写真、三原市立中央図書館蔵。（東広島市河内町小田。鎌に代わる画期的な稲刈り道具での稲刈り風景。一九六五年十月十二日撮影）

157

158

に挑む」という日常は次第に遠のいてしまった。誰からも振り向かれなくなった道具が、ゴミとして廃棄される日を待っているのがいとおしい。農作業用の道具が、ゴミになりだしたのは一九七〇年代からである。

さらに言えば「肉体労働」と「頭脳労働」が極端に分離されてきた。

道具は、そのバランスを取り戻す役割も担っていたように思う。それらごく当たり前で自然な生活が、田舎の生活のベースになっていた。

（2）稲の葉で目を突いた話

「祖母はいたって元気だったのに、稲刈りをしていたときに稲の葉で運悪く目を突いてしまった。苦《にが》がって苦って（痛みが繰り返して）仕方がないので、地元のお医者さんに診てもらいましたが、どうにもならないので眼科の専門医（三原市の桑田眼科）まで行きました。しかし、そこでも手当てがうまくいかず、右目を繰り出しました。それがもとで、しばらくしてから亡くなりました。いまの医学なら死ぬことはなかったでしょうが」、祖母は死にぎわに息子（角）に「角よ抱いてくれりゃあいいのにのー」と頼んだ。「息子が抱いてあげると、眠るように息を引き取った。息子のほうは、母の死を自分の腕の中でみとったのです★159」。息子の腕の中で亡くなった贅沢な往生である。この一文は、杉本禎子（当時七十八歳）さんから、八年前に聴き取った話である。今回あらためて聴いたら、その稲は酒米の八反錦という、丈の長い稲で、四方八方に入り乱れて、稲の葉が多方向を向いて倒れていたため、目を突いてしまったということだった。

そのほかにも、田の草を取るときに目を突くことは多かった。田の草取りのときに稲の葉で目を突き、義眼を入れ、それを朝晩洗っていた年寄りの話も聞いた。稲の葉先で目を突いた話は、聴き取ってみるとずいぶんある。多くは田の草取りのときである。田の草を取っている途中、上向きから下向きに姿勢を変えるときに、稲の葉がちょうど目の位置になり、うっかり突くのである。「下向きになるときは、目をつむっておれ」と、年寄りは繰り返して言っていた。

（3）稲扱《こ》ぎ

ハデ干しは、一週間から長いときで三週間くらいであった。ハデ干しのままで、水分が十七〜十八％まで乾いたら最高であった。ハデでは、それ以上の乾燥は無理である。十七〜十八％に乾いたら、天気の良い日を見計らって足踏み千歯で扱いでいた。

田の中に、足踏み千歯をすえて扱ぐ。このとき、子どもも千歯を踏んで大人を助けていた。のちには、動力の千歯《せんば》扱《こ》ぎになったので楽になった。

岸本コヨシさんは語った。稲扱ぎの日には、学校へ行く前に、お父さんが「ちーと踏んで行ってくれー」と言われるので、鞄を持って田んぼへ行って、ぎりぎりまで千歯を踏んで、学校へ走って行った。ぎりぎり間に合った。「わしが、病弱な継母のもとで育っていることや、家の手伝いをしていることを、皆もよう知っておりました。放課後になると、みんなが『あんた、掃除は皆でしておいちゃるけー、早よう帰って手伝え』と言うてくれました。ありがたかったです。勉強道具を負うて走って帰った。お父さんが待っていた。そのころ、家に帰ると、池まで家の飲み水を三荷、風呂水を二荷担ぎに行くのが、わしの日課でした。みんなが、よーしてくれた（良くしてくれた）んで、いまでもみんなに礼を言いたいが、みんな仏さんのところへ行ってしもうて、わしだけ残った。ありがたいことです。生きられるだけ生きたいが、若い者の手間をとらんように、コロッと逝きたいです。『朝起きてみたら死んどった』というのが一番いいです」と結んだ。みんなの願いでもある。

159　田原開起『死と生の民俗』近代文芸社、二〇〇八年、二九頁参照。

稲扱ぎは家族の共同作業で行なう場合が多い。家族によって、それぞれの役割も違うし一人の仕事量は測りにくいが、次は、ある家族の一日の仕事量にかんする話である。

たとえば恵本高夫さんの記憶によると、山田と呼ばれる飛び地に一反の田があった。脱穀の日、家族（当時、本人は十五歳くらいで、両親と三人）で、夜明けとともに、大八車に千歯をはじめ、筵・叺《かます》などを積み込み、牛に引かせて向かった。田の中へ藁《わら》を広げ、その上に筵を敷いて千歯を設置し、千歯に幌をかけて準備が完了する。そのころになると、朝露もだいたい消えはじめているので、ハデに干してある稲を担いで千歯のところまで運び、脱穀に取りかかる。そのころ（昭和十年代）の千歯扱《せんばこ》ぎは動力ではなく、足踏み千歯であった。片方の足で踏みながら、両手で稲束を千歯の上で左右にぐるぐる回しながら、脱穀するので相当の労力を要した。稲穂が藁から落ちたかどうかを、目で確かめると、藁は後ろに投げる。この繰り返しが基本である。恵本高夫さんは千歯の右端で千歯を踏んで、少しでも父を助けようとした。

母は「こまわり」といって、この基本作業がスムーズに進むように、脱穀された籾《もみ》を叺に入れたり、脱穀された藁を束《たば》ねたりする。この一連の作業を日が落ちるまで続けるのである。こうして一日に脱穀できるのが、一反程度である。収穫した籾は大八車に積み家路へ向かう。一回に全部は運べないので、何回か往復する。とっくに夜になっていた。昭和五十（一九七五）年前後には動力による脱穀★160になったので苦労は少なくなっていた。

天候によって、田で扱げないこともあった。その場合は家に持ち帰っていたと小世良両道さんは次のように語った。

「記憶に残っているのは、夕方から雨模様になったため、田の中に集めていた稲を急きょ、家に持ち帰ることになったときのことです。稲束を何把か縄で束ねて『オーク』と呼ばれる棒（ところによっては『サーボウ・さす棒』とも言う）★161で担いで、雨に濡《ぬ》らさないように担ぎ込んだことです。長い距離だと、三人くらいでリレーをします。担いでいる棒を互いに肩をそろえて、Aの肩からBの肩へと移すのです。肩から肩へ移すことで、手間ひまを短くする知恵があったのです。もし、下に置いて担ぎなおすとすると、無駄な時間がかかるわけです。そこで、いきなり肩から肩へと移すのです」。

今日では、稲扱《いねこ》ぎは十月にはすむが、昔、稲扱ぎが十二月にずれ込んだという古い話がある。十二月にハデが田んぼに残っていたことを、七年前の聴き取りで、荒田キヨミさんは語った。

「私がこの家に来たのは昭和十年十二月三日でした。そのときに心に残っていたのは、『原仁作さんの家の田にまだ稲のハデがかかっていたのです』おじいさんとおばあさんの二人で、ハデを扱いでおられたのを不思議に覚えています。原のおばあさんは、『嫁がいれば、家のことを任せておいて、早く田んぼに出るのだが、息子も嫁もおらんので仕方がありません』と言って十二月になっても、稲扱ぎをしておられました」。

「私もこの家に嫁いで来たときは舅《しゅうと》と三人で、姑がいなかったので、子育てに困りました。姑《しゅうとめ》のおられる家が、うらやましかったです。子守をしてもらったり、家のことをし

160

161

160　三原市大和町民家蔵。
161　「広島県椋梨ダムの民俗調査」記録写真、三原市立中央図書館蔵。（大豆の枝を担いでいるところ。一九六五年二月一日撮影）

てもらったりできるので、『安心して野良仕事に出られるのに』と思いました」。親の世代と同居することを、喜ばない今日の時勢とは隔たりがある。

国寄明史さんも、「十月中にはハデはなくなるはずなのに、わしの班（広島県世羅町）では十一月二十一日から二十三日の祭りのころ、脱穀されていないハデがあるのが、普通であった」という。昔、ハデに雪がかっていた情景を、見て知っている世代の最後であろう。

（4）ボートウづくり

稲扱ぎがすんでから、ボートウ★162をつくる。早いときには三〜四時ごろにボートウづくりに、雇われて行ったこともあったと宮下博雄さんは当時を語った。夫《ぶ》の多い家（働き手の多い家）では、稲扱ぎがはじまると、ほぼ同時にボートウづくりをはじめた。夫の少ない家は、夜の夕食後に仕事がずれ込んだ。

「ボートウ」とは「棒塔」と書き、一本の棒の周りに写真のように、藁《わら》を並べて積み上げたものをいう。ボートウづくりも気の抜けない仕事であった。四メートルくらいの高さになり、最後に倒れたこともあったことを聞いた。ボートウづくりは、雨が降っても、ボートウの中に雨水が入らないようにするのがコツである。案内杭（短い杭）で、先ずできるだけ深く竪穴を開け、そこに一本の「ボートゥ杭」（棒）を立て、それを三本のハデ足で支える。準備ができると、一番下は藁が地面につかないように、藁の頭を棒に括《くく》り付ける。棒を取り巻くように藁をしばらく括りつけ、棒のまわりを回りながら積んでいく。次第に積んだ面が水平になると、藁の根元を内側の「ボートゥ杭」の方に向けてしばらく積んでいく。再び傾斜ができるので、また元のように根元を外側にして積んで上がる。その繰り返しの末、最後は藁の根元を外にして屋根型をつくり、最後は棒にしっかりと巻きつける。命綱などを使うわけでもなく、一本の棒（「ボートゥ杭」）を頼りに、左腕を棒に絡ませながら登って行く。投げ子の投げる藁を右手で受け取り、ボートゥ杭の周りを回りながら積んで登るわけだから、投げ子に指示することは、「とにかくボートウを積んでいる者の体にぶつける気持ちで、近くへ投げろ」と、何回も繰り返して言っていた。場所とタイミングが阿吽《あうん》の呼吸でなければいけなかった。子どもも投げる役を務めることもあるが、妻がやる場合が多かった。小回り役（助手役）の積み重ねのなかで、仕事を覚えていったのである。百姓仕事のなかにも徒弟制度が根づいていたと、宮下博雄さんは語った。とっくに日は暮れていた。どの農家もボートウをつくっていたので、ボートウが田の中に林立していた。★163

162

163

（5）夜なべ

扱いだ籾《もみ》は叺《かます》に入れて大八車で持って帰る。稲扱ぎのときに、どうしても扱ぎ落せなかったチリも叺に入れて持ち帰る。

夜道を帰りいったん夕食をすませてから、さらに働いた。持ち帰った籾の選別が待っていたのである。籾の実入りの良いものと、シイラを唐箕《とうみ》で選別する作業が夜なべ仕事である。唐箕の上にある受け口に、籾を入れて風を送ると、実入りの良い籾は下に落ちる。軽い籾は吹き飛ばされて、唐

162　三原市大和町下徳良　農家蔵。ボートウづくり作業の途中、年寄が息子に作り方の注意をしているところ。

163　戦後まもない神田村（現・三原市大和町）。ボートウの並んだ晩秋の風景。

箕の前方から出るので選別できる。一番樋《いちばんひ》には実入りの良い籾が出、二番樋《にばんひ》には実入りの悪い籾が出る。実入りの良い籾を、ソウケ（八九頁写真81参照）に一杯（約一斗）分を一枚の莚《むしろ》に入れて畳んでおく。この作業を「莚取《むしろど》り」と呼んでいた。

この夜なべは、三人いるのが望ましかった。力のある者が、叺から唐箕に籾をいれる。それはだいたい、その家の主《あるじ》の仕事であった。さらに一人が唐箕を回す。子どもに、唐箕を回す仕事が割り当てられた。三人目の者が、選別

164

165

166

された籾を筵に分けるという流れ作業ができるからである。夜なべで「莚取り」をすませて、次の朝にすぐに庭干しができるように準備をしておくのである。籾といっしょに持ちかえったチリは、庭先で籾と同じように干して、槌《つち》でたたく手作業で、脱穀状態にする。最後に臼《うす》挽《ひ》き機に掛ける。ただの一粒でも手間ひまをかけて、大事にした苦労の証しの記録写真である。★164

（6）莚干し（庭干し）

ハデ干しでは、順調に乾燥しても、前述のように、水分量十七～十八％よりも乾燥することはない。市場に出まわっている米の水分は、十四～十五％程度であるから、この程度にするためには、稲扱ぎのあと持ち帰った籾《もみ》を、庭干しすることになる。家に持ち帰った籾を庭干しするまでには、多くの作業工程がある。

（7）籾をさがす

莚取りをした、次の朝には、外庭にコモを敷いて、その上に莚取りした莚を一枚一枚運び出して並べる。それその籾を平らに広げる。★165一定の時間になると、一日に二～四回程度は集めて、広げ直す。広げ直すことで、籾を満遍なく乾燥させせようとした。

広げ直すことを「籾をさがす」と言った。★166写真166のように子どもの仕事でもあった。「籾をさがしている最中に妹の目に入ったゴミを、姉が取ってやっているところである。親も子も精いっぱいに生きていた、半世紀前の厳しくも

164　同前。（一九六五年十月三十日撮影）
165　同前。（一九六六年十月二十三日撮影）
166　同前。

麗しい風景である。夕方になると★167写真のように莚を畳んで屋根下に取り入れる。できることをできる者がやって、一日が終わる。

「千日の日和でも、さがさにゃあ乾かん」と、古老たちは言っていた。一日に四回くらい「籾をさがす」家では、一～三日くらいの乾燥ですむ。なかには、籾干《もみぼ》しをせずに、扱ぎ落とすとすぐに、籾摺《もみす》りをする人もあった。それはやむをえないときのやり方である。

今日では、便利なシートなどの敷物があるが、一昔前は、コモを敷き、その上に莚を敷き詰めて干していた。地面の乾きが悪いところでは、コモの下にさらに藁《わら》を敷いて、湿気が伝わってこないようにしていた。毎日、その繰り返しで、苦労は絶えなかった。延べでは、何百枚も干す作業であった。自然相手の作業だから、人間の思いのままにはならず、キタケ（北気★168）と呼ばれる秋の雨が、いきなり襲ってくることもしばしばであった。大急ぎで外庭まで帰り、天日乾燥中の莚を必死で畳み、庭先の軒下に持ち込むのである。どこの家も同じ作業をしているので、自分の家の籾を持ちこむのが、精いっぱいであり、隣にまで力が及ばないのが実情であった。尾道市御調町の聴き取りでは「幸い非農家が近くにあり、そんなときには、必ず駈けつけてもらい助かりました」と聞いた。地域共同体の暖かさが伝わってくる話であった。「お互い様意識」があった。

やっと、莚を軒下に入れたと思うと、いきなり照ってくることもしばしばで、お日さんのいたずらに振りまわされたものだ、との声を聞いた。これがキタケであった。

（8）「キタケ」の来た日のこと

ちょうど、今日（平成二十四年十一月一日木曜日）、広島県三原市大和町下徳良で、昼過ぎに空を見上げながら、「これがキタケだ」と恵本高夫さんから教えられた。昔、古老は「朝曇りは大日の元」（朝曇っている日は、昼間は良い天気になる）と言っていたという。逆に今日のように、朝間、きらきらと晴れ上がった日には、途中から、いきなりキタケが来ると言っていたという。

この日、天気予報では「雨の予報はなかった」が、昔からの知恵で、朝方から「今日はキタケが来るだろう」と予測していたという。天気予報に反して、十四時五十分ごろ、空の西半分は陽ざしが射していたが、東半分は、どす黒い雲に覆われ、予測通り、小雨がぱらついて、間もなくいきなり降ってきた。こうした情景を、「きらきらした今朝の空模様から予測していた」と教えられた。事実、予測通りキタケが来たのである。

167

(9) 籾《もみ》の乾燥具合

先人の知恵として、もう一つ、籾の乾燥具合を見分ける方法もあった。水分測定器のないころに、籾の乾燥具合を見分けるのは、もっぱら長年の経験と勘であった。

恵本高夫さんは糸切り歯で米を噛んでみたという。乾燥具合が進んで、程よいころになると、噛んだ米が「カチン」と音を立てる。この程度になると、十分乾燥しているという。乾燥が十分でないと、噛んだときに「カチン」ではなく、「グジッ」という音がするという。その場合は、さらに一日乾燥を続けるという。乾燥程度を判断する目安は人それぞれであったが、それぞれ当を得ていた。

167　同前。(一九六五年撮影)

168　佐藤亮一『日本方言辞典』小学館、二〇〇四年。キタケ(北気)は、北風に伴う時雨で、京都府竹野郡、岡山県苫田郡、広島県比婆郡あたりの現象としている。

大草茂さん（八十八歳）は、両手の手のひらで、ひねりつぶしてみたという。手のひらで、スクモが剝《は》げれば充分な乾燥だと言った。

島本和夫さん（九十二歳）は、足の踵《きびす》で踏みつけてみて、籾が擦れて米になるようなら、十分な乾燥だといった。

地域的には離れている国寄明史さんも同じように語った。庭干しを一日で終わるか、もう一日干すかは、籾の乾燥具合による。籾の乾燥具合を推し量るのは、家により地域によりさまざまであるが、乾燥が大切であることを国寄明史さんは次のように語った。

「籾を噛《か》んでみることと、莚の上で籾を踵で踏んで、すりむいてみることである。乾燥していれば、籾がはげる。あまりにも水分が多いと、貯蔵していても次の年の六月の梅雨のころに虫が来る。米を商う商人も一番に乾燥具合を気にした。干目《ひめ》（乾燥具合）の悪い米は、買わなかったという。米の検査員である農業技手も、乾燥具合を問題にした。水分測定器のない時代には、農業技手も噛んで、乾燥具合を見ていた。乾燥後の籾すりで、籾の約六割が米になる。籾十キログラムで六キログラムの米が残るという歩留まりである。七割も歩留まりがあれば、良い方であった」。「赤屋地域（広島県世羅町）の、秋祭りは十一月二十三日であった。百姓はそれまでには米の供出をすませて、くつろごうと思った。赤屋の近隣は、祭りが十一月十七日から十八日であったが、その地域でも、祭りまでに秋の作業をすませてくつろごうとすると、乾燥を疎かにするので、どうしても乾燥具合の悪い米が多かった。そこで、農業技手は当時、村長にも勝る力をもっていたので、赤屋以外の地域の祭りを、一週間遅らせて、米の乾燥に専念させたという。結果的に、この一帯の祭りはすべて、十一月二十三日に遅らされた」。

2　莚干しから臼《うす》挽《ひ》き（籾《もみ》摺《す》り）まで

（1）秋の手順

耕地面積の広い大百姓の手順を、前記の例で述べたが、もう少し耕作面積の少ない百姓は、臨機応変に手順を組み合わせていた。先ず、早物《はやもの》の稲を刈りハデに掛け、その次におそ物（晩稲《おくて》）を刈ってハデにするか、または早物を先に扱《こ》ぐかの選択がある。または、早物のあとに植える麦の田を鋤《す》く作業をするかの選択もある。

いずれにしても、天候を見ながら、外庭を空ける日がないように考えて、有効に外庭を使うことを、最優先にした。秋の晴天を無駄にしないように、稲《いね》扱《こ》ぎをして、庭干しをした。空模様が変わって、次の日に稲扱ぎができないようであれば、稲を束《たば》ねて大八車で持ち帰って、納屋で扱ぐこともあった。稲を濡《ぬ》らさないためには、家に持ち帰り納屋に入れる以外になかった。

（2）籾摺りまで莚《むしろ》ダツで保管

庭干しがすみしだい、叺《かます》に入れたり[★169]、納屋や軒先に莚を敷き、その上に莚ダツ[★170]と呼ばれる物（莚一枚か二枚を縫い合わせて輪にしたもの）に入れて保管した。ダツは倒れないように内側からハデ木で突っ張りをして、その中に籾を入れる。臼挽きの日まで保管する。莚ダツは一般的に二枚の莚を縫い合わせたものが多い。莚一枚を丸めたダツでは、

169　「広島県椋梨ダムの民俗調査」記録写真、三原市立中央図書館蔵。（叺に入った乾燥籾。一九六五年十月二十九日撮影）

170　同前。（「ダツ」とは乾燥した籾を仮に囲う入れ物で、莚を何枚か繋いで立てたもの。一九六四年十一月撮影）写真次頁。

169

170

いくらも入らない。かといって莚三枚を繋ぎ合わせた莚ダッは、ずいぶん大きなものになる。稲の品種も違うので、大きなものより手ごろなものをいくつもつくる。

二枚の莚を繋いだ莚ダッが、使い勝手が良いので、二枚の莚ダッを何カ所かに立てていた。莚ダッ以外に、造り付けの「込み」（戸棚＝米や籾を入れる場所）もあるので、それらの格納場所を先に使って、足りない分を臨時につくった莚ダッで保管したのである。

二枚つづりの莚ダッには、外庭で干した籾の莚六十枚から六十五枚程度を、収納することができる。米で計算すると、二枚つづりのダッには十俵（四石）程度の米が保管されている。

榎本禎夫さんは、百二十俵の米を毎年つくっていたので、莚二枚つづりダッを七〜八か所に立てていた。若いときに失敗した話も聞いた。二枚つづりのダッに莚六五枚分を入れて、最後に三十枚程度の莚が残ったので、一枚の莚のダッで十分入ると思って、一枚の莚を輪にして立てて入れたところ、莚十三から十五枚分程度しか入らなかった。そのはずで、二枚繋いだ莚の輪と一枚を曲げた輪の容積は二対一ではないことに気づいた。勉強の上では知っていたはずなのに、ついつい失敗したことを、このたび懐かしく思い出したと語った。

国寄明史さんも莚干しと莚ダッについて語った。莚干しがすむと、莚ダッに保管しておく。莚二枚のダッには莚八十枚分くらいが入っていたように記憶しているという。籾摺りをすると、籾の半分が米になるという。莚の八十枚に干した籾は八石である。籾摺りをすると四石の米になる。それは俵で十俵にあたる。出来高は、人によってそれぞれ若干の違いはある。ハデのときから、今年の出来高を予測する名人がいたとも聞いた。

莚ダツは昭和三十五〜四十年ごろまで使われていた。それは、昭和十年代以前に生まれた者が知っている情景である。急場の入れ物としての莚ダツに入れる前に、「込み」（戸棚）に、先ず入れた。「込み」は横に板を積み上げるようになっていた。量が増えると横板を一枚ずつ足していった。

つくり付けの戸棚が一杯になると、莚ダツを使っていた。

ここまで農作業が進むと、いよいよ最後に臼挽きをするが、それまでにはずいぶん、日時が過ぎている。とくに一回で臼挽きをすませる場合はますます遅くなる。臼挽きがすむと、やっとホッとする。「日本においては、仕事に区切りをつけないと、『止めない』という考えがある」「日本では一区切りつくまで終えないのが常識なのである。人に時間が来たから帰ろうと誘っても、あと少しで一区切りだからやってしまおうという返事が返って来ることはさほど奇異ではない」★171と、福田アジオは百姓仕事を評している。私たちの世代も、それが身についている。それだけに、一段落したらほっとするのである。

「ひとくつろぎ」「くつろぐ」「大くつろぎ」という言葉で心情をあらわした。あい続く労働のなかで、しばし「くつろぐ」という憩いの時間があった。「くつろいだ」という言葉には重みがある。天候に左右される取り入れの秋は、「一日の作業の遅れが十日の遅れになる」と言われた。天候を相手に働くのであるから、雨との闘いである。段取りよく進めねばならない。

171　福田アジオ『可能性としてのムラ社会　労働と情報の民俗学』青弓社、一九九〇年、一九〜二〇頁。

173

悪運に見舞われるとさんざんである。そんなことから、ひと仕事片づいたら「やれくつろいだ」という言葉が自然に口をついて出る。そして雨が降り出すと「雨が降り出す前に、稲を扱《こ》いでおいてよかったのー」と言って、家族で喜び合う。他者から見たらなんでもないようなことであるが、ともに苦労をし、心配をした家族にとっては大変な喜びの言葉なのである。この言葉が交わされる間柄は、家族以外でも深い共感がある。共同作業をしていないと、家族のなかでも違和感が出る。たとえば、年寄りが何度も「くつろいだ」と言っていると、同じようには心配していない若い者は、なんべんも「くつろいだくつろいだ」といわなくてもわかると言って、水をさす場面があった。そしてその年寄りを疎ましく思うのである。しかし、若者もやがて年老いて、自分がその場に置かれて初めて、親たちが言っていた「くつろいだ」という言葉の重みがわかるのである。誰にとっても「くつろぐ」という安堵感は生活に必要である。天候に左右される、百姓にとっての秋は、特別であったように思える。そんなことから「くつろぎんさったろう」という言葉が、挨拶言葉のようにも使われていた。相手の仕事具合と心中を推し量って、「お宅にはくつろぎんさったのー」と、言葉をかけるのである。この言葉は、仕事以外にも転用されていた。たとえば、子どもが結婚して、世帯をもった喜びのときに「よい縁があって、お宅にはくつろぎんさったのー」という、挨拶言葉になって発せられていた。相手の生活実態を知り、相手の心に寄り添う、含蓄のある言葉のように思える。齢を重ねてわかる言葉である。

　この労働と休息のリズムを、「ケ」（褻＝慣れる）と「ハレ」（晴）の二極として、福田アジオはとらえている。また「ケ」「ケガレ」（褻が涸れる）「ハレ」の三極構造にも触れ「ケ」という、日常のエネルギーが消耗されることを「ケガレ」ととらえ、その補いが「ハレ」であるという。「ハレ」としての休みは、エネルギーの充電のために、「休める」というよりは、「休むべきもの」と捉えている。★172「くつろぐ」という時間帯の重要性を裏づけるものである。「くつろぐ」場面として、納涼図《のうりょうず》を連想した。夏の風景であるが、夏の最中の草取りなどの多忙ななかでの、しばしの「くつろぎ」の図であろう。★173

3　臼挽き（籾摺り）

（1）昭和十年から十五年ごろのこと

臼挽きには、永いあいだ、土臼《つちうす》（「どうす」ともいう）が使われていた。★174

しかし、その土臼がすべての家にあったわけではなく、貴重なものであった。宮下博雄さんは「昭和十五年ごろまでは土（どろ）の臼をつくる職人★175がいた。たとえば、久井町黒郷の石井さんは、臼をつくる職人でもあり、籾摺り職人であった」と語った。さらに、「粘土を固まりやすくするために、塩分の含まれた漬物の汁を混ぜた。それを竹で編んだ臼の中に詰めた。堅木《かたぎ》の歯を、粘土の中に、規則正しく刺し込んで固めていた。籾をするわけだから、歯はけっこう消耗する。

174

172　同前。三六頁・三八頁。
173　久隅守景作『夕顔棚納涼図屏風（国宝、東京国立博物館蔵）』二曲一隻（一五〇・五×一六七センチ）、紙本墨画淡彩。
174　「広島県椋梨ダムの民俗調査」記録写真、三原市立中央図書館蔵。（一九六四年十一月三十日撮影）

『米を粉々にせず、しかも籾摺りをして、スクモをはぎ取る』ためには、柔らかく、しかも固い歯であることが求められた。そこで百姓が考えたことは、堅木の歯を、しっかり乾燥させておくことであった」と、土臼づくりについての記憶を語った。さらに、子どものころ、「土臼の歯を囲炉裏《いろり》の上にある土天《どてん》に保管していた」ことも記憶している。「現にその歯は百年経ったいまも、わしのうちの納屋に保管している」とも語った。

今回、百年も囲炉裏の上で乾燥し続けてきた、土臼の歯を写真に撮らせてもらおうと思っていたが、宮下博雄さんは病で療養中である。あり場所がわからずじまいになって、残念である。

国寄明史さんも「臼の歯を土天で乾燥していたことを記憶している」と言った。「毎日焚く囲炉裏によって土天の上は乾燥状態であった。コンニャク芋も、そこで乾燥していたのを覚えている。さらに、法名を記した記録帳も保管されていた。年号が『天保』とか『文政』とかの記録があった。箱に入れて、土天の上の屋根の垂木に括《く》り付けてあった。乾燥もするし、煙でいぶされるので、虫などの被害をうけることもなかった。大事な物は土天の上に保管していた。生活の知恵である。その土天のつくりは、一般的には、おなご竹の上に莚《むしろ》を敷き、その上に粘土を一面に塗りつけてあった」と語った。

宮下博雄さんの家の土天は、竹ではなく直径五、六センチのモロウギを半分に割って使っていた。割口を下に向けて並べ、その上に莚を敷き、さらに粘土を一面に敷き詰めていた。

当時の建物は、「あとで手直しできない部分は、手抜きをしないことに徹していた」という。あとでは手を加えることができない部分は堅固につくり、改造の可能な部分と区分けをしていたことに驚いたという。「金藤啓一さん（広島県世羅町甲山上原）は、その基本を受け継いだ職人気質の大工さんであった。彼のつくった部屋は畳がピタリと収まっていたとも聞いた。職人の知恵として後世に語り伝えたい話である」と語った。昭和の匠の心意気を伝えたい。

土臼を使った籾摺《もみす》りを仕事として、農家をまわっていた夫妻のことも心に残る話として語った。「正田明さん夫妻が何年かにわたって、秋になると訪ねていた。次の世代になって、子孫が『先代のころはお世話になりました』と挨拶をする。親たちが世話になったことを、子どもたちに語り継いでいたのである。そして、親の代の恩義に対して子どもが礼を言う」そのことに感心したという。地域共同体のつきあいは、何世代も続くつきあいであったことをよく物語っている。

正田明夫妻は、二人の呼吸が合っていて、枷《かせ》を引く夫に合わせて、妻は籾を途切れなく土臼の口に注ぐ。途切れ途切れになると、うまく挽けない。二人の呼吸が合っていること、さらには、相手がいま何を考えているかを読めることが大切である。夫妻はあっぱれな職人であった。昭和十五年ごろに籾摺りが機械化されるまでは、人力に頼った。

おおよそ四十年前になるが、昭和四十五（一九七〇）年に、東広島市河内町入野で、聴き取った話を振り返ってみる。当時の古老の話では、土臼を使った籾摺り職人が、昭和十年代には、方々の家をまわっていたという。その古老の話によると、その道に精通した籾摺り職人は、自分専用の慣れた枷★176（土臼を動かす手木《てぎ》）を持参して、籾摺りをしていたという。

昭和十年ごろには、籾摺り職人のほかに、石臼の目立て師、髢《かもじ》売り★177、ぶえん師（生魚

175

175　籾摺り用の臼の歯は堅木でできており歯のまわりは粘土で固めている。明治初期ごろには籾摺り臼の修理をする職人が旅から旅へと移動していた。一九七三年、東広島市河内町での聴き取り。

176　広島県世羅町　八田原郷土民俗資料館蔵。（土臼と枷（土臼を動かす手木））

177　「髢」（かもじ）＝「髪の毛」）売り。産地である広島県安芸郡矢野町からの行商人。

を商う者）などが村をまわっていたことも、当時、聴き取った。いまでは、それら村を訪ねる希人《まれびと》（旅人）が居たことや、土臼での籾摺りを生業にしていたことを聴き取ることはできない。

昭和四十五（一九七〇）年の聴き取りで、明治四十年代生まれの別の古老は、「貧農で米を食いつぶしてしまった家では、新米を早々と刈り取り持ち帰って、家の裏の軒先で人さまに気づかれないように、夜な夜な土臼で籾摺りをして、なんとか食にありついていた」と語っていた。聴き取った当時の、その古老の顔がいまでも浮かぶ。その古老はさらに語った。「敗戦前後、食糧が不足していた時代に、古米を食べ続けていることは、その家の誇りであり、自慢であった。古米をいつまで食べ続けているかが、その家の豊かさのバロメーターであった。出来秋《できあき》（新米ができたとき）にすぐに、新米に手を出すことは恥ずかしいことであった。次の年の四月から五月ごろまで、古米を食べていることは自慢であった。五月ごろに『うちでは、まだ古米を食べている』といえることは、最たる自慢なのである。なかには古米を、八月ごろまで食べていた富農もいた」と語ってくれた古老は、それとは対照的に、すぐに新米に手をつけねばならないほど貧しかった戦中戦後も語った。その古老も、すでに十数年前に成仏された。いまになってあためて記録し直している私に、浄土からどんなメッセージが送られるのであろうか。今日では、いつまでも古米を食べていることは、自慢にならない。しかし食糧の安泰は、このまま続くのであろうか。大量の残飯を出している日本、これで良いのかと、天界からメッセージが送られているようにも思う。

宮下博雄さんは、籾摺り職人の正田明夫妻は子宝にも恵まれていた、とも語った。「夕方、子どもたちがたむろしているので、見知らぬ私が『みんな!!　遅くならないうちに家にかえろー』と呼びかけると、一斉に子どもたちが、動き出しました。ところがほとんどの子どもが、正田明家の玄関へ吸い込まれていったので驚きました。それくらい子だくさんであったんです」と。懐かしい光景を語った。

大正・昭和にかけて、子だくさんの家では子どもを町場へ奉公に出した。しかし、誰でも奉公に行けるというものではなく、奉公に耐えうる忍耐力、人の機微のわかる心、真面目・正直などの、人となりが求められたという。正田明家の子どもたちは、奉公に耐えうる子どもたちであった。それぞれが立派に成長していった。その姿を見て、「他人の水を呑まねば（飯を食わねば）人として、成長しない」という思いを強くしているという。

さらに、自分自身のことも語った。「私もまた昭和十四年に三原市に奉公に出ていた。素晴らしい主人に出会い、人としての薫陶《くんとう》を受けた。おかみさんも立派な人で、待遇にも気を配っていた。たとえば、主《あるじ》に魚の煮つけを盛るときは、奉公人にも、同じように魚の煮つけを盛った。一方では、一尺の縄でも無駄にするなと『もったいない精神』を、厳しく植えつけてもらった。そうした自分の奉公体験から、他人の心の機微がつかめることが大切だ」と、人生の一時期を語った。「わずか一尺の縄を」と奇異に思っていたが、それさえ最後には堆肥の材料にするというのである。履けなくなった藁草履《わらぞうり》さえも、家に持ち帰り、堆肥にしたという。「一尺の縄でも無駄にするな」という言葉は、小世良両道さんからも聞いた。「もったいない」という心が、生きていた。

（2）土臼を牛に引かせる

宮下博雄さんの聴き取りと重複する部分もあるが、国寄明史さんも、土臼の話をした。江戸時代ごろから続いた土臼での籾摺りは、昭和十年代ごろまで続いた。土臼の目立て職人が、土臼の歯に槇《まき》の木の赤身を使って、目立てを仕事にして、各地を歩いていたことを知っている。

牛に引かせて、籾摺りをするようになった話も聞いた。一町五、六反も耕作している家では、人の力で臼を挽くことが大変なので、牛に臼を挽かせていた。ちょうど自転車のペダルをこいで後輪を回すように、ペダルを牛にこがせる理屈で臼を回す。

牛を追って、ぐるぐる回らせるのは、子どもの仕事であった。女性は臼に絶え間なく、一定の籾を入れる。籾が擦れて土臼から出てくるが、すべてが擦れて米になっているわけではない。八対二の割合で擦れていれば上等である。

一般的には、七対三の割合で三割が籾のままで出てくる。その籾は再び臼に掛ける。その繰り返しである。
臼《うす》挽《ひ》きが終わると、臼の下に出てきた米とスクモを選別する作業がある。稲扱《いねこ》ぎのあとで籾をより分けたときに使った唐箕《とうみ》を再び使って選別する。風を送ってスクモを吹き飛ばす。足元には米と挽けなかった籾が残る。米と籾を分ける作業が、次の工程である。其の道具は万石《まんごく》★[178]と呼ばれる、斜めになったトウシである。上の口から籾まじりの米を掛けると、トウシの網の目を通って米は下に落ち、籾は網の上に残ったまま下に落ちる。その作業で選別できるのである。

籾は再度土臼に掛けるが、最後まで籾のままで残る物は、乾き具合の悪い籾で、カシラと呼ばれていた。最後の手段として、写真★[179]のように竹箕《たけみ》（手にしている竹製の箕のことで、それを上下に煽りチリ芥などを吹き飛ばす道具）に入れて畑で籾・米とスクモをより分ける。

その後、家の中の庭（土間）にある唐臼★[180]で籾搗《もみづ》き（籾のまま搗くこと）にして、いきなり白米にする。

昭和五十（一九七五）年、入野（現・東広島市河内町）での聴き取りで、当時九十歳の古老が「玄関を入った庭は土間であっても石灰と苦汁《にがり》を混ぜた土で、たたいて固めた土間だ★[181]。外ではないので、中に入ったら別の履物（草履）を履いていた」と、語ったのが印象的であった。その当時では、土間のある家はかなりあったが、土間で履物を履き替える習慣はすでに消えていた。写真でみるように、石臼は土間と同じレベルに埋められており、穀物を扱う作業場であり、生産の場でもあったので、外の土砂を持ち込まなかった。その古老は、きれいにしてある土間に筵を敷いて、そこで食事もしていたと語った。土間は、本来「内」であることを、古老が生活を通して教えてくれた。

土間での最後の仕上げを通して、一粒の籾でさえ無駄のないよう努力していた。当時の子どもたちは、米づくりの並々ならぬ苦労を見て知って育った。食事の前の「いただきます」には心がこもっていた。物の命を「いただく」思いがこもった挨拶であった。

（3）動力による臼挽き機の登場

昭和初期には、近代的な籾擦り機が開発された。昭和十年代には、この地方でも次第に普及しはじめた。この籾擦り機は、籾殻《もみがら》の除去にゴムロールが使われ、今日の籾擦り機の原型であった。今日では、籾摺《もみす》り単独の機能だけではなく、籾と玄米を選別する機能も組み合わせて一体化した籾摺り機が一般的に流通している。当時は籾摺り単独の機能だけであったが、土臼に比べると格段に効率的で、画期的なものであった。発動機で動く籾摺り機をもって調製して歩く職人は優遇された。

ところにもよるが広島県世羅町では昭和二十年代に、臼挽きを専門にする職人が生まれた。「唐臼《とうす》挽《ひ》きさん」と、なぜか敬語をつけて呼んでいた。そのうえ接待もしていた。臼挽きを頼む農家が、臼挽きさんの家まで籾摺りの機械を取りに行く。大八車に乗せて帰

178

179

178　広島県世羅町世羅郷土民俗資料館蔵。

179　「広島県椋梨ダムの民俗調査」記録写真、三原市立中央図書館蔵。（一九六五年一二月二十八日撮影）

180　同前。（一九六四年十一月撮影）写真次頁。

181　赤土・砂利と石灰に苦汁を混ぜてたたき固めた。「三和土」と書き、「たたき」と読む。

180

182

183

り、籾摺りがすんだら、次の家まで運ぶ。臼挽きさんにはその労をねぎらって、酒魚で接待もしていた。土臼で毎晩毎晩、籾摺りをすることを思えばありがたいことなので、敬意を払っていたのである。

榎本禎夫さん、国寄明史さんの聴き取りを中心に述べる。

籾摺りのとき、臼挽きさんは籾の調整具合を見るのが仕事で、手伝いはほとんどしない。籾摺りがはじまると、籾を掛ける者、米を取る者、スクモを処理するなどの小まわりをする者の三人は必要であった。米を取る者は、その家の主《あるじ》であった。

摺り具合によっては、籾が多く出てくることがある。籾が多いと検査で合格しないので、家の主は、臼挽きさんに籾が多いことを告げて、調整してもらっていた。なぜか、籾が多いことを「籾が高い」と言っていた。なぜ高いと言っていたのかわからない。

臼挽きの最後に掛けるのがチリである。稲扱《いねこ》ぎのときに、途中から折れた穂の残りである。それを臼に掛けたらおしまいである。

家の者は、籾摺りの日までに、俵の下をかがって（縫って）準備万端整えておかねばならなかった。俵の重さも約一貫と決まっていた。しかし、なかには不心得な者もいて、中の俵を厚く編んだ。それだけ米が少なくてすむという計算である。

俵は外俵と中俵を組み合わせてつくる。中俵はあまり藁《わら》をそぐらない（藁の袴《はかま》を取らない）。そぐり過ぎると藁のあいだに米粒が入るので、それを防ぐためである。

冬場に編んでおいた俵を中と外を重ねて、下を折り曲げて縄でかがって準備しておく。★182 底にはサンダワラ（桟俵）（米俵の両端にあてる藁製のふた）★183 が入っている。

臼挽きまでに準備しておく。臼挽きの日に出して、当日米四斗ずつを入れる。

臼挽きの次の日は、一俵ずつ天秤《ばかり》★184 で量って、過不足を調整する。そのあと、俵の上口に、サンダワラを載せて口を閉じて藁縄でかがる（閉じる）。その作業を「口縄《くちなわ》をとる」という。そのあとで横にして五か所を縛《しば》る。先ず真ん中を縛り、次に左右のほとりを縛る。その次に真ん中と両辺のあいだを縛る。この順序で縛ることで、均整のとれた俵になる。片方から、一方的に締め

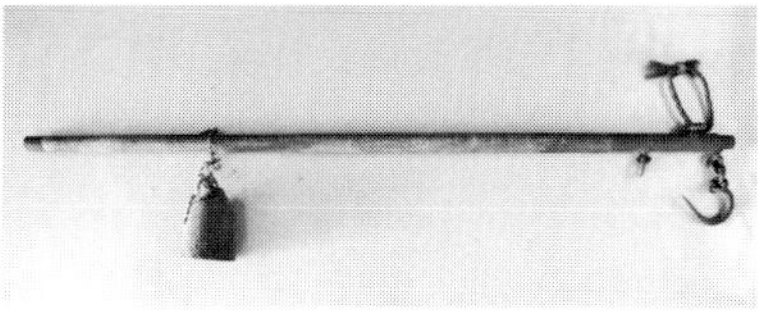
184

182　三原市大和町民家所蔵。（俵）
183　同前。半世紀前に農家で作られたものが保管されていた。
184　三原市大和町下徳良民家蔵。

ていくと、均整の取れない筍型《たけのこがた》の俵になる。

俵《たわら》締《し》め道具★185が考え出され改良され、それを使うようになってからは楽になった。道具で閉めながら、俵を前に後ろにと、転がしながら締めていた。九十二歳になる国寄明史さんが青年のころには、もっと初歩的な道具が使われていたということなので、もう一代前に、写真の俵締め道具よりも、さらに初歩的な道具があった。どこかでその道具に出会えればうれしい。

185

榎本禎夫さんは、臼挽きのことで印象的なことは、太平洋戦争がはじまった昭和十六年のことだと語った。「その年十二月十八日に、夜遅くまで臼を挽いていたら、地域の世話役山岸直実さんが『電燈を消せ、アメリカ軍が攻めてくる』と、伝えに来られました。外に漏れる電燈だけは消して、臼挽きをしたのを覚えています」。
「そのころには、この地域でも、個人で籾摺り機を買って、臼挽きの仕事を専門にする職人が現われました。このあたりでは神谷忠雄さん、兼平洋一さん、門出一美さんなどがはじめられました。彼らをありがたがっていました。よその地域と同じように、頼む方が、牛を連れて籾摺り機を取りに行き、籾摺りがすんだら返しに行っていました。籾摺りが終わったら、酒を出して労をねぎらっていました」と語った。「臼挽きが十二月の半ばのことですから、下徳良の恵《え》比《び》寿《す》講《こう》の祭りのころ（十一月二十日）は、まだ農作業の最中でした。最近では、とっくに農作業が終わっております。いまごろの百姓は、百姓と言うほどのものではありません」とも語った。

4　麦植え

麦は奈良平安時代から、米の不作に備えてつくられていた。裏作《うらさく》としてつくられるようになったのは室町時代からだという。明治時代は、農民が常食に充てるほかは、味噌・醤油の原料に使われる程度であった。昭和に入って需要が高まった。昭和四十年ごろには、米の生産が過剰になり、そのうえ、メリケン粉の輸入も増大してきたので、昭和三十五年をピークに、次第に減少していったと『広島県史』★186には書かれている。次に述べる「聴き取り」は、ちょうどその時期（四十年ごろ）のことである。

（1）麦植えの時期

「麦の遅蒔《ま》きと、夏小豆の早蒔きは、実がならない」といわれ、麦はできるだけ早く蒔くように心がけた。逆に小豆はできるだけ遅くに蒔いていた。「柿の葉が出て、柿の木にとまったスズメが柿の葉に隠れて、見えない程度になるころが小豆の種蒔きをする時期だ」と恵本高夫さんは言った。気候や家の事情で、農作業の手順はさまざまではあった。大まかには、稲刈りがすむと、麦植えに取りかかっていた。聴き取り相手によって重なる部分と、地域差はあるが、それぞれを記載する。

185　「広島県椋梨ダムの民俗調査」記録写真、三原市立中央図書館蔵。（一九六五年二月二十一日撮影）
186　『広島県史　民俗編』一九七八年、一四二頁。

稲刈りがすむと、麦植えにとりかかったと小世良両道さんは語った。麦植えにとりかかるためには、稲株をもう一度切って低くする。株切り鍬《くわ》★187で一株ずつ、株切りをしていた。あとには株きり鍬に代わる新製品として、カルチベーターと呼ばれる農具が開発された。カルチベーターは、牛に引かせて、稲の株の下の部分を、二筋ずつ切っていく道具である。鍬での作業より何倍も効率的で楽になった。この株きりのカルチベーターは、麦の中打ちにも使えて、非常に重宝なものであった。昭和三十（一九五五）年ごろに使われた。

島本和夫さんは、稲扱《いねこ》ぎと麦植えの順序は自分流であったという。「私は早物《はやもの》の稲扱ぎがすんで、そのあと十一月九日～十日ごろに、麦植えをしておりました。そのあとで、おそ物（晩稲《おくて》）の、稲扱ぎをするという手順でやっていました。麦は年によっては、一月の中旬になって植えることもありました」。生身の人間だから家族が体調を崩すこともあり、遅くなることもあったと語った。その家の事情でいろいろであった。

（2）麦植えの手順

前記のように、手順は人により、地域により、天候により、さまざまであった。七十年間稲作一本で生きてきた榎本禎夫さんは次のように語った。

臼挽きの都合や、田んぼの乾き具合を見ながら、麦を植えるように鋤《す》いて畝《うね》をつくる。何日かの乾燥のあと、小切マンガ★188が活躍する。鳥が羽を広げたような格好のマンガで、畝を小切っていく。時代が進むと、真ん中で折りたたんで、コンパクトになるマンガ（「折マンガ」「飛行機マンガ」ともいう）が使われるようになった。古くは、写真のように、ちょうど良い具合に曲がった、松の天然木を加工してつくった。歯だけは鍛治屋さんにつくってもらい、そのほかは自分でつくったと語った。

国寄明史さんも同じように、手造りの話をした。「初めのころは、鳥が羽を広げたように曲がった木を、山で探して加工した。鍛冶屋さんに持っていって、幅のある鉄の歯を取り付けてもらった。ねむの木が固いので、主にそれを材料にした。固い木でないと、打ち込んだ歯がぐらぐらしだす」と経験から語った。

次第に、折りたためるようにつくられたマンガが商品として出まわるようになった。これを「折りマンガ」と呼んだ。昭和十年代生まれの堀田勝さんは、「折りマンガ」の前の、自家製のマンガは見たことはあっても、使ったことがないという。自家製のマンガをつくっていた世代は、昭和十年以前生まれの世代である。

鳥が羽を広げたような格好のこのマンガを、二つの畝に架《か》けて進み、土塊《つちくれ》を小さく切って行く。マンガを引く牛が、麦をしっかり食べた元気な牛なら、マンガの上に大人が乗っても引くことができる。弱い牛では無理なので、子どもを乗せて重し代りにするのが、ちょうど良い程度であった。子どもにとっても、興味のあることであり、喜んで乗っていた。子どもがいない場合は、牛の使い手自身が、うつむいた姿勢で体重をかけながら移動する。前のめりになる姿勢で、けっこうしんどい仕事である。堀田勝さんは、十六〜十七歳のころ、自分がマンガに乗って牛を動かそうとしたら、牛が後ろを振り向いて、使い手が若

187

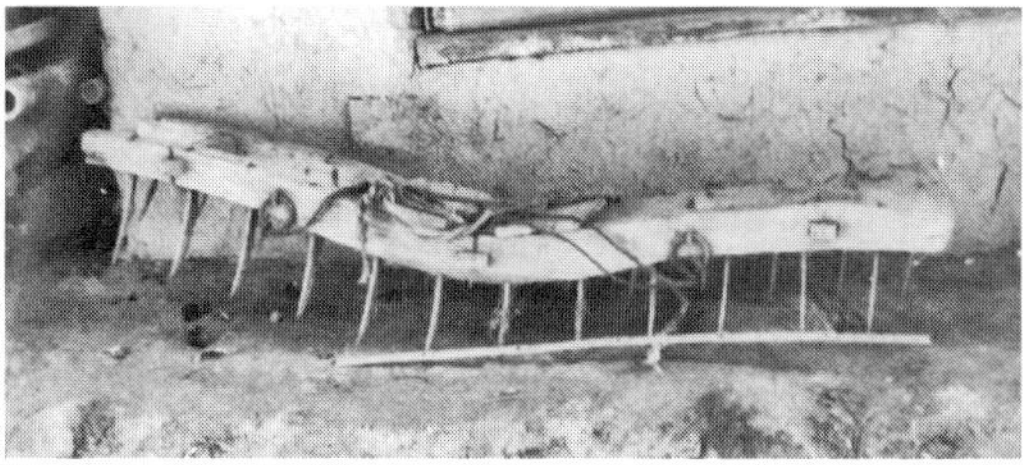
188

187　広島県世羅町　八田原郷土民俗資料館蔵。
188　「広島県椋梨ダムの民俗調査」記録写真、三原市立中央図書館蔵。（一九六五年撮影）

僧であることを確かめて、馬鹿にしたように座り込んだという。牛は相手を値踏みする。

小世良両道さんも、マンガ操作がしんどかったことを語った。「折りマンガを麦の畝に合うように折り曲げ、片方の手で牛の手綱を引き、他方の手でマンガを操縦するのは、けっこうしんどい仕事であった」。

時代とともに、鳥の羽とは逆で、かまぼこ型[★189]のマンガが、市販されるようになった。折マンガを引くときには、牛は溝を歩くが、かまぼこ型のマンガの場合には、牛を畝の上を歩かせることになる。ところが、溝の方が歩きやすいので、牛は溝に降りようとする。そのため牛の操縦がむずかしかった。それで、かまぼこ型マンガはあまり人気がなかった、と聴き取った。

いずれにしても、それだけでは、土がこなごなになっていないので、さらに「振りマンガ[★190]」と呼ばれる、文字通り二人で、畝の上を振って移動するマンガで、土をこなごなにして歩いた。たいがいは夫婦で共同作業をした。否応なく力を合わせねばならなかった。

国寄明史さんも、同じようにしていたと言う。小世良両道さんの話と重複する部分もある。「牛に引かせるマンガだけでは小さくならないので、次に『振りマンガ』を二人で振りながら、溝を歩いてこまかくした。写真の手木の部分を開いて二人で左右に振り振り、カニの横ばいのように歩く。ブランコのように、思い切り振ることで、グレ（稲の株）が畝からはみ出す。麦を植えることができるようになったところで、溝上げ鋤《すき》で溝に落ちた土を畝に上げる。振りマンガは重宝であったが、高価であったので、経済的に豊かでないと買えなかった」という。

その後の作業は、鍬《くわ》でガンギ（田畑の畝と溝の凹凸）を切って、麦を植える床をつくる。古くは「横ガンギ」（畝に直角な溝）を切っていた。のちには「縦ガンギ」（畝に並行に二列の溝）を切るようになった。どちらにも、一長一短がある。「縦ガンギ」に移行したのは、麦刈りの能率を考えてのことである。刈り手は溝にいて無駄なく前に進みながら刈ることができるからである。他方、欠点は「麦わら倒《だお》し」のとき、天地《てんち》返し（鋤くときに表土の上下を入れ替える）がうまくいかず、麦の株が、田植のときに水面に浮きやすく、しばしば手に刺さる。植えた苗が浮かぶこともあった。「横ガンギ」はその逆である。畝の上で麦を刈りながら進むのでロスが多い。逆に「麦わら倒し」のとき、麦の株がうまく天地返しされるので、田植のときの「代《しろ》」がきれいで田植がしやすいという長所がある。しかし、時代は「縦ガンギ」に移行していった。

縦横いずれにしても、ガンギを切るときに、稲の株は「カバチ」（框《かまち》――畝の両端）に出しておいて、「ハンヤ」（灰焼小屋）で、「ヤーバー」（屋太＝枯れ枝、木の株などなんとも言えない雑多な物）を焼くときに、いっしょに焼いて灰にする。

麦植えのときの鍬仕事《くわしごと》には巧者《こうしゃ》がいる。鍬仕事に慣れているかどうかが、このときに試される。鍬使《くわつか》いの上手下手を「鍬捌きが良い悪い」という言葉で表わすと榎本禎夫さんは言った。

「畝ができると麦の種を蒔《ま》いた。その上には、おおざっぱに土をかけておくだけだった。十二月の終わりごろ、土が凍《し》みて霜柱が立つようになると麦の種が浮き上がるので、その時期をねらって麦踏みをしていた。霜柱で浮き上がった麦の種を踏みこんだ」という。

麦植え後の処置もさまざまである。土のかけ方や麦踏みをするかしないかなどは、人によってところによって異なる。

麦植えは、十月の終わりから、十一月初めまでには終わる。麦植えを終える目安は「久井の牛市」の開催

189

190

189　広島県世羅町　八田原郷土民俗資料館蔵。
190　広島県世羅町別迫　藤井正蔵。

日であった。

十二月になると麦が青い芽を吹く。そのころ、振りマンガで畝の中にあるグレを溝にはねのける。ハンヤでヤーバーを焼く家には、グレもついでに焼くようにしていた。麦田には稲株がけっこうあったが完全には取り切れなかった。しかし、それでも麦は逞しくできた。それを見て「麦はグレの陰で育つ。子は親の陰で育つ」と言っていた。

(3) 裸麦《はだかむぎ》・大麦《おおむぎ》

大麦はイギがあるので敬遠されやすい。同時に搗《つ》いたときに分量が減る。人間の食用には、裸麦を使っていた。戦後になって、搗いた麦をローラーで平たく潰すようになってからは、米といっしょに炊くことができるようになった。以前は麦だけ先に炊いて、あとで米といっしょに混ぜて、ご飯に仕立てていた。麦だけは、二度炊きをしていたことさえも忘れられた。「麦は腹の通じは良いが、腹が減る」と大方の人が言う。「麦の褌《ふんどし》はこなれが悪い」とも言った。つまり麦の褌の部分は消化が良くないということである。「麦の褌」とは、大麦の黒い筋の部分を褌に見立て、人が褌を締めているように見えるところから、いつとはなしに「麦の褌」と言うようになったものと思われる。

昭和十年代生まれの世代は、「麦の褌」という言い方は知らないが、その世代は麦飯を食べて大きくなった。終戦前後が小学生であり、食料不足のなか学校へ、麦飯弁当を持って行っていた。堀田勝さんは親戚に預けられていた当時のことを語った。「伯母さんに育てられていたが、麦飯でもコメの多いところを弁当にいれてくれていたのを覚えている。戦後の食糧不足のころであったが、大事にしてくれていた。また世間に対しても、自分の子どもと別扱いをするということはできなかったであろう」と。

麦飯で思い出すのは、二十年前に聴き取った話である。明治生まれの砂田久明さんが、継子いじめについて語ったことがあった。大正時代の初期のことを鮮明に思い出すと言った。「継母は、義理の息子であるわしの茶碗には、底に麦飯を入れ、表面に米の飯を塗り付け、さも米の飯をよそっているように見せかけた。自分の実子には、下に米の飯を入れ、表面に麦めしを塗り付けた。子ども心に悲しかった」と語った。貧なるが故のことではあるにしても、前記した堀田勝さんの話とは対照的な話であった。

宮下博雄さんは、「大麦は家畜の餌にするが、人間の食用にするときには、私の家では、上徳良の八若さんの家に持って行って搗いてもらっていた。細長い麦が、丸くなるくらいに搗いた。そうすることで、俗にいう褌が少しは取れて食べやすくなった」と言った。「搗くというより、グラインダーで削ると言った方が良い。カンリュウというメーカーの米搗き機は、麦と麦が互いにすれ合うことで、白米のようになっていく仕組みになっていた。そのため少しの水を打ったり、米搗き粉を入れたりすると、摩擦が高まり早く搗けた。米搗き粉といっても山からそれに適した粘土を持ち帰り、粉砕して米搗き粉代わりにしただけのことであった」と補足した。

恵本高夫さんも麦飯について語った。「裸麦を人間の食用にしていたが、丸のままの麦は、いったん鍋で炊いてソウケで水を切り、研《と》いだ米といっしょに二度炊きをして、やっと麦飯ができる。麦だけは、二度炊きすることになる。麦をローラーで潰すようになってからは、麦が炊けやすくなったので、二度炊きをしなくてもよくなった」と。「米一升に対して麦三合、つまり十対三の割合の麦飯はおいしい。食糧に余裕がなくて、逆に米三合に対して麦を一升混ぜるような麦飯は、パサパサしておいしくなかった。大家族の家の麦飯はそういう割合にならざるを得なかった」。一口に麦飯といっても、実態はさまざまであった。

5　米の供出

(1) 俵締《たわらし》め

農作業がすんで、いよいよ米を供出したら気楽になる。大詰めの仕事が俵締めである。榎本禎夫さんは俵締めを、お宮の裏の村上さんから習った。十七〜十八歳ごろからやっている。「自慢じゃないが、俵づくりは上手で速かった」と言う。十二月は俵をつくる月でもあった。俵づくりは締める縄が良いことがなによりだった。俵締めの道具が改良されてからは、ずいぶん楽になった（一八八頁写真185参照）。

中村茂七さんは、米搗きのかたわら、モーターを利用して縄の再生をしていた。再生機に掛けると、縄のひげがむしられて手触りの良い縄になる。再生機にかける前の縄で、俵を締めていたころは、手の皮が薄くなり、傷だらけになっていた。自分の家の俵づくりがすんだら、近所の俵づくりに雇われて行っていたので、縄の良し悪しもわかっていた。

米俵の目方は二貫二百〜三百匁が基準であった。検査員が一俵一俵調べて、俵に検査ずみの印を押していた。それに、正味十六貫（六十キログラム）の米を入れて括《くく》った。俵の総重量は十八貫二百〜三百匁になる。検査は厳しかったし、当時の検査員は権限をもっており、〝検査員様さま〟であった。検査員は「サス」（米サンプルを抜き出す道具）を、俵に刺し込んだ感触で、俵の厚みがわかるほどの体験知を備えていたので、これは怪しい、俵の重み厚みが違うとみると、その場で容赦なく、俵を解かせて俵の目方を測る。俵の目方を多くすることで、米の分量を少なくしようとする魂胆《こんたん》を見抜く直観力をもっていた。村長以上の権力者であった。盆正月には、付け届けをする者もいた。年末に鯛を届けていた人を知っているとも言った。

（2）米の供出の割り当て

多くの場合、米の供出は十二月にずれ込む。米の供出の割り当ては、郡内の村長会で決められていた時期があった。どの村長も、自分の村の供出米を多く引き受けまいとして頑張る。いきおい押しの弱い村長が、多く引き受けるようになっていたと国正利明さんは語った。百姓は村長が供出米を多く引き受けて帰ると「村長がまたかずいて帰った」と言っていた。「かずく」★191は「被く」という字を当てるが、数多くの古文書を読み解いていると、「五人組」にかかわる古文書には、しばしば「門」構えの中に「屋」を書いた「かずく」が出てくるという。今日では、この活字は見あたらないので、今回、外字として、「〓《かず》」くという文字をつくった。「村長がまた〓《かずい》て帰った」とは、「村長が供出の分担を多めに引き受けて帰った」ということである。村が引き受けた割り当て分は、さらに村内の各組で分担し、さらに百姓各戸が分担するのである。残念ながら小さい百姓の負担割合が増えたということである。

昭和十七〜十八年ごろだったと思うが、米不足の年があった、と榎本禎夫さんも語った。十六年の太平洋戦争に伴うものであったように思う。いったん供出がすんだあと、さらに各戸に供出が上積みされた。各戸三％の上積みが追加されたのである。どの農家も最低限の保有米しか残していなかったので、その求めに応じることを渋った。すると行政は、強権発動をする姿勢を示したので、応じざるをえなかった。なかには米を叺《かます》に入れて、山に隠すなどの行為もあった。

191　検地のあとに、たとえその田地が洪水で流されたり、あるいは、池になったりしても、流された田や池になった土地も「米ができたものとして」納税させるという「不易の原則」があった。そのため、そのほかの者が「かずく」ということになった。ここでもしばしば「〓」の字が使われたという。

家族が多いものは、それ相応に保有米も多いが、家族の少ない者は、わずかな保有米しかないのに、それに対しても一律に三％の割り当てになると、残りの保有米は「短い物の端を切る」ことになる。家族の少ないものは、根こそぎ供出に出さねばならなかった。多くの百姓が、食糧不足におちいった。大麦《おおむぎ》は、本来家畜用の餌として耕作していたが、非常事態のなかで人間がそれを食べざるを得なかった。大麦は消化されにくいにもかかわらず、非常時だからやむを得なかった。それどころか、ジョウボと呼ばれる木の葉・芋づる・小芋の茎・蓮華の新芽などを、米に加えて炊いて食べた。その状況を見て、三％増の供出を命じた直接の責任者である神田村の村長は、独自の判断で、米倉庫のカギを開け、農業倉庫に積み込まれている米を住民に放出した。自分の罪を覚悟のうえで、百姓を救おうとした。村長は罪人として逮捕され、しばらくのあいだ投獄されたので、村民は嘆願書を書いた。

近隣で、同じように米を農民に放出した村が、もう一村あったと聴き取った。旧大田村の村長（広島県世羅町）である。村民は村長の彰徳碑を建てた。今日も残されている。しかし、両村民は、互いに隣村のことをそれぞれ知らなかった。村内の者だけが知っていた。そして、村民の困窮を救おうとしたときの村長の英断は、九十歳前後の古老の記憶には残っているが、それ以降の世代には語り継がれていない。

話の終わりに、供出をすませたときの気持ちを語った。「臼挽きがすんだら『ひとくつろぎ』である。もっとも、米を出したらいよいよ一年の終わりで、本当の『くつろぎ』であるが、なぜか臼挽き後が、ホッとする瞬間であった」と言った。

一年じゅうを振り返って、妻の仕事で最も感謝するのは「なんといっても、田の草取りであった。あつい夏の盛りの田の草取りは、大変な作業であった」と、病む妻をかばって言った。

VI　秋が終わって一段落

1　麦の肥

（1）肥料を撒く

おおよそ、秋の仕事が終わって麦の芽が出たら肥かけをする。金肥《きんぴ》があるわけではないので、さまざまな努力をした。麦の肥は、各家の風呂の洗い水などを壺に溜めた、その「壺の溜り」をかけた。当時の農家の風呂の洗い場は、スノコになっていた。その真下には大きな壺が掘ってあった。入浴で使った湯水が、スノコから下に直接落ちる。そこは小便所でもあり、肥料として使うために一定のあいだ、それらをともに溜めておく場所であった。農家にとっては貴重な肥料がそこにあった。

とりわけ体を洗った人間の皮膚垢は、貴重な肥料であったから、無駄にしない。

裕福な家では、家人全員の入浴がすんだあと、近隣で毎日は風呂を沸かす余裕のない人々に入浴をすすめた。好意ではあるが、同時に少しでも肥料として溜めておこうというねらいもあった。けっこう大きな壺であるが、一定の日時が過ぎると一杯になる。この「壺の溜り」は貴重な肥料だったので、高値で買い取られてもいた。国正利明さんは、この壺を「コガ壺[★192]」と呼んでいたという。『ダムに沈む村[★193]』のなかで、鮓本刀良意も、写真192を取り上げて、「玄関右の風呂。落とし水はコガ水といい、その溜めるところをコガ壺という」と注釈をつけている。ここでは少し掘り下げて

192

194

195

みたい。

世羅町八田原郷土民俗資料館は、八田原の民家を復元したものであるが、玄関の入口右手に「コガ壺」を復元している。写真[★194]の左側面が風呂の入口で、右側面の、せり出した箱が小便器である。この中には杉の枝が常時入れてあった。写真195はコガ壺の名残りを、今日に残して生活している民家である[★195]。「コガ壺」は「榼《こが》壺」と書く。榼とは、語源的には「酒器也」[★196]とある。榼とはもともとは酒器だということであるが、ここでいう「コガ壺」とは、使った風呂の水や、小便などを溜めておく壺のことである。大きく掘り込んだ壺である。「コガ壺」の呼び名は、広島県庄原市あたりから世羅町、三原市大和町あたりまで共通である。北陸のあたりでも確認される。溜まりの量は定かでないが、一つの壺が米三斗一升（四十六・五キログラム）として引き取られた記録がある。

コガ壺の溜りが貴重な肥料であったことは、近隣の郷土史にも記述されている。また、日本の歴史上にも散見できる。コガ壺の歴史は古い。[197]

（2）コガ壺のたまり

小世良両道さんも語った。おおよそ、秋の仕事が終わったと思うと、麦の肥かけに入る。麦の肥は、各家のコガ壺の溜まりを散布している。それだけでは、肥料分が少ないので、便所の屎尿《しにょう》も合わせて撒く。さらには非農家のコガ壺を、たとえば米一升で買ったという話も伝わっている。それらの水肥《すいごえ》は麦畑の霜氷が溶け出す前に撒かないと、土がどろどろになり、地下足袋《たび》などの履物がずるずるになってしまう。非農家の便所はタンポと呼ばれ、やはり現金で買われていた。すぐに田畑に撒かない場合は、田のそばに掘った、コガ壺に匹敵する穴に貯えておいた。

正月が過ぎて土が凍みているころ、コガ壺の溜りを肥タゴで運んで麦に撒いた。家族の多い家では中継ぎをしながら、肥タゴを担いだ。

192 「広島県椋梨ダムの民俗調査」記録写真、三原市立中央図書館蔵。（一九六三年九月二十六日撮影）写真は風呂の入口で、この壺に流される風呂水や小水をコガ水と呼ぶ、風呂の下にある壺をコガ壺と言う。コガ壺の一角には小便器があった。

193 鮓本刀良意『ダムに沈む村』未來社、一九七一年、一四一頁。

194 広島県世羅町　八田原郷土民俗資料館の玄関に復元。

195 三原市大和町下徳良　民家。

196 『前田本敷色葉字類抄』巻下七オ、一一七七～一一八一年、二五九頁。

197 『甲山町史　資料編Ⅱ　近世』（広島県世羅町）二〇〇三年、五二八～五二九頁。「川尻村迫揚百姓売払覚帳」文久二（一八六二）年、「たまり三斗壱升　おんじ富蔵」。年貢皆済は百姓にとって一大事である。事情で未進になったら、家財はもとより代価になるものはなんでも処分した。槙壺の溜りや、囲炉裏の灰までその代価に出すのである。

（3）「彼岸過ぎての麦の肥」

「彼岸過ぎての麦の肥」「二十歳過ぎての息子に意見」という。彼岸が過ぎてから麦に肥を与えても効き目がない。ともに適切な時期があるという。早めの施肥の大切さを伝えようとする百姓の自戒である。

十二月は日和も良く、土も乾いているので、この時期にコガ壺の溜りを全部いれるのである。麦の中打ち（あいだを打つ作業）も行なっていた。

五木寛之が、親鸞の東北での激動時代の生活をつづっている。そのなかで「厠」[198]のことに触れ、肥料の大切さを記録しているのは興味深い。

先人は、寒肥《かんごえ》といって十二月の内に施肥することを推めていた。「節季（年末）の内に肥をやるように」促していた。[199]

糞尿《ふんにょう》を肥料に使うことについて、樋口清之は次のように述べている。「糞尿を肥料に使う知恵は、中国の一部にもあったが、日本人は水田や畑は神が支配するものと考えていた。米は神聖であり神に捧げる酒の原料ともなるものである。したがって、水田の神聖を犯してはならないということが、いろいろな神話のなかに出てくる。それなのに、あえて糞尿の使用を行ったのは、戦争によって労働力が減少し、水田が荒れはてた鎌倉初期であった[200]」と記述している。

さらに、都市近郊でさかんに下肥が使われていた記録もある。

「人糞尿は自給肥料であったが、近世にはいると都市周辺では次第に購入肥料の性格を帯びてきた。ことに大都市江戸や大坂は、周辺農村にとって下肥の大供給地となり、野菜その他の農産物や貨幣とひき換えに人糞尿を汲みとることが行われた。江戸の武家屋敷では御掃除請負人が一手に引取り、村方では請負人を介して下肥を買い取った」という。さらには、下肥の高値が訴えられ、幕府は下肥値段の引き下げを命じたこともあるという。[201]

いずれにしても古くから、肥料として使われていた。高取正男も『明治東京逸聞史』を引用して、いまは東京の中心にある代々木の町も、かつては東京近郊農村の一つであった、明治十年前後には畿内（皇居に近い地域）から下肥を求めて蔬菜づくりをしていた、と述べている。

大八車の改良と道路の改良で畿内から代々木まで「一車に二荷の肥料を積んだが、路がよくなってからは、三荷、四荷と積んだ。しかも肥桶は、昔は二斗入りであったのが、二斗八升入りとなった。これは郊外の農業にとっては、まことに重大な変遷であった」★202。蔬菜生産は大きく進歩をしたと、述べている。

世羅町甲山での聴き取りにおいても、西上原・小世良（地名）あたりの農家が、今高野山（世羅町甲山）あたりの家の汲み取りをしていた。年間一斗くらいが相場であったと聞く。汲み取りに来て、野菜などを届けていたとも聞いた。

高取正男の記述では、大八車のお蔭で、肥料としての活用が進んだことを記しているが、近辺の聴き取りでは、ほとんど担ぐ作業に頼っている。しかも、農家の仕事は基本的には家族労働である。作業は、いきおい家族全員で関わる。しかし、肥タゴを担ぐ作業は、子どもには向かない。身長の低い女性にも難しい。身長が低いと、肥タゴの底が、地面に着いて中身がこぼれる。けっこう身長はあっても、坂道にさしかかると、担いだ肥タゴを

199

198　五木寛之『親鸞 激動編（下）』講談社、二〇一二年、九頁。「これは立派な厠だ。屋根までついているではないか」（親鸞が言った）「地元ではセンチャと言います。春には裏の畠をもっと広げるつもりですから、肥やしも大事にしなければ」と（鉄杖が言う）。

199　「広島県椋梨ダムの民俗調査」記録写真、三原市立中央図書館蔵。（大和町和木大子原。一九六五年ごろ撮影）

200　樋口清之『日本人の知恵の構造』講談社、一九七二年、一〇六頁。

201　大石慎三郎編『日本史小百科　農村』近藤出版社、一九八〇年、二〇九頁。

202　高取正男『高取正男著作集三　民俗の心』法藏館、一九八三年、一六頁。

横（進行方向に直角方向）にしないと、前の肥タゴが地面に着く。経験を要する作業である。

（4）担《かつ》ぐ

国寄明史さんの家では、家族三人で、肥タゴを担いでリレーをしていたという。自分が一番しんどい部分を受け持った。父がコガ壺から汲み出し、撒《ま》く地点までの一定の距離を妻が担ぎ、自分が受け取って麦の畝《うね》に撒く。汲み出す作業・運ぶ作業・撒く作業をリレーでやる。妻の背丈はさほど高くない。しかも、結婚前に百姓体験をしていなかった妻には厳しい仕事であったので、自分が少しでも早く代わってやろうとした。農家の夫は亭主関白なところもありながら、意外に妻を優しくいたわっていた。妻が大事な働き手であると心得ていたからでもある。妻をいたわり、できるだけ早く妻の負担を軽くするためには、肥タゴを地面に置いて作業をしていたのでは能率的でないと考えた。いきおい担いだままで、杓《しゃく》で汲み出して撒くという動作をする。撒くにつれて、肥タゴの前と後ろの分量が変わってくるので、肩で前後のバランスを取りながら、撒いていく。最後には、肥タゴの裏に片足を掛けて、残っているすべてを杓に入れて、最後の一滴まで担いだままで撒く。それはかなりの技である。

肥タゴを担ぐことを請け負っていた人がいた。それを「担ぎ」と呼んでいた。それは、ほかの仕事より日当が高かった。技を要する重労働であったからであろう。二町（二ヘクタール）以上の大百姓の家では、家族労働だけでは、やりこなせないので、「担ぎ」を雇っていた。担ぎ職ともなると、二人で荷を引き継ぐときには、反対向きになって肩を合わせて受け渡すことを難なくやってしまった。一日じゅう汲むことを難なくやり遂げていた。コガ壺は、一日じゅう汲んでも、なくならないくらいの大きさであった。

岸本コヨシさんも「娘のころ、肥タゴの中継ぎをしました。壺から麦田へ運んだのです。父が汲み出し、義母が麦に撒く役割で、わしは中継ぎとして運び役をしました」と中継ぎの経験を語った。

いまでは「担ぐ」とか「背負う」とかの動作は少なくなった。明治大正時代からは、牛馬に背負わせるということが主になったが、まだ古老の記憶には、担いで米を町場に運んで行った話は残っている。ある古老は、「わしが知るかぎりでも甲山（広島県世羅町）から三原までおおよそ四十キロメートルを、米一俵を担いで運んだ」と話した。担ぐということは日常茶飯事であった。また、わずかな賃金でも手に入れようと働いていたという。

2　種籾《たねもみ》づくり

「私は昭和十六年の秋に、嫁いできました。秋が終わったころ、次の年の種籾を保存しますが、種籾は傷がつかないように手扱《こ》ぎの千歯★203で扱いでおりました（そのほかの脱穀は、当時、足ふみの千歯で扱いでいた）。しかも、稲穂のなかでも実入りの良いものを丁寧に選んで、手扱ぎにしていました。嫁いで間なし（まもなく）のことでしたから、戸惑いました。実家では、娘時代にそんな体験はないし、教えてもらっていませんでした。いきなり「種籾を扱いでおけ」と言われるだけで、教えてもらえませんでした。戸惑いながら、千歯扱《せんばこ》ぎで籾を扱ぎましたが、うまくいきません。稲穂が切れて脱穀になりません。仕方なく穂から一粒ずつ手作業で、粒にしたのを覚えております」と、古老は病床で語った。

小世良両道さんも種籾づくりのことを次のように語った。

「次の年の種籾は別にして、あとで丁寧に扱いでいました。種籾は傷つけないように、立

203

203　「広島県椋梨ダムの民俗調査」記録写真、三原市立中央図書館蔵。（一九六六年八月十三日撮影）

てり千歯と呼ばれていた、一昔前の千歯で扱いでいました」。この千歯は昭和初年ごろまでは使われていたという。平成十八（二〇〇六）年に聴き取ったとき、当時九十八歳だった今田アキノさんは、大正十四年に嫁いだころのことを話した。そのなかで「昭和五年前後足ふみの千歯扱ぎになったので、楽になりました」と語った。

3　村の情けない話

村のなかには、不心得な者もいた。中俵（中の俵）を厚く編んで、俵の目方を増やしたり、上下の止め口のサンダワラという藁《わら》製品を、本来一枚のところを二枚、使う者がいた。供出米を少なくてすむようにしようとした。ちなみに歴史的には、サンダワラを使っていない時期はあった。しかし、二枚も使うことは、古老が知るかぎりなかった。

一事が万事で、そんな家には、五斗俵の俵があるといわれた。本来一俵は四斗であるが、その家では「一秋」と呼ばれる昨年使った俵を使おうとした。昨年使っているので俵のしまりが緩くなって、米の入る量が多くなっている。本来四斗入れるところに、五斗の米を入れる。籾摺《もみす》りのとき、その代金は俵の数で支払うので、五斗入れていれば、籾摺りの料金が少なくてすむという計算になる。

一俵ではわずかでも、たくさんの米を出荷する家ではついついその気になるのであろう。寂しい話であると宮下博雄さんは語った。

さらに、「ある豪農は昼前になると、手伝い人に柿をふるまう。『昼前で腹がすいただろうから、柿を食べるように勧める』。親切でもあろうが、昼前に柿を食べると、昼飯を少ししか食べられないことになる。雇い主はご飯を少し出すことですむという計らいがあって、手伝い人に柿をふるまうというのであった。貪欲さがありありと見える。また、もう少しで日が暮れるという前に、酒をふるまった者もいた。魂胆は『酒の勢いで雇われた者が馬鹿力を出して、効率的に作業をする』ことを見越してのことであった。小作人を使って、田植の最適の時期の六月二十日前後に植え、自分の思い通りにしてきた者もいた」という残念な事例も聴き取った。

国寄明史さんの話によると、ハデ泥棒もいたという。とくに人里離れた山田のハデに干してある稲を、夜のあいだに背負《せお》い子で、三束くらい背負って家に持ち帰るという。毎晩不寝番をしているわけにもいかず、なすがままであったという。なにかの事情で、山の中に稲を隠していたこともあったという。

たまりかねた百姓が待ち伏せし、背負い子に荷をつけて立ち上がろうとする泥棒の後ろから荷をおさえていたところ、泥棒は立ち上がれず「なんと今日の稲は重いことよ」と言ったという話もある。

稲の泥棒よりも、さらに悪質なのは、籾《もみ》の泥棒である。人さまが苦労して脱穀、乾燥までした籾を、叺《かます》ごと持ち帰る者がいた。豪農は母屋と納屋が離れており、母屋にいると、納屋に忍び込んでもわからない。打ち続く盗難に困って、ついには納屋で寝泊まりしていたということもあった。

今日でも米泥棒はいる。「人目につかない山田の稲を、夜中にコンバインで全部刈り扱ぎして帰ったという事件があった」。それに比べればかわいらしいものかもしれない。今日では、町の公共放送で注意を喚起しているが、当時は泥棒対策のための「言い継」を出したという。

VII　晩秋から冬（次の年への準備）

1　肥料用の土灰づくりとハンヤ

山にある雑木やそのほか枯れ枝、木の株など、もろもろのなんともいえない雑多な物を「ヤーバー」という。それを「ハンヤ」の下に敷きつめ、その上に「土クレ」（稲を刈り取ったあとの土の付いた稲株）を載せて蒸し焼きにすると、株も土も焼けて肥料ができる。同時に稲の害虫も焼くことで、次年度の防虫対策にもなる。当地では、これを「土灰《どばい》」と呼んでいた。

この土灰を麦や稲の肥料にする。堆肥と灰は、土壌づくりや肥料として貴重であった。

鮓本刀良意は「『ハンヤ』は灰小屋である。現在では農機具が入れてあったり、肥料袋が無造作に積んであったりするが、もともとは家でできた灰を運んで貯えておく場所であった[★204]」と『ダムに沈む村』に記述しているが、主な役割は、「貯えておく場所」よりも「灰を焼く場所」であった。

灰小屋は「三方を厚く粘土や石ごめ粘土の壁でとざして正面を開け、屋根になるたけ（できるだけ）瓦を載せていた」。「その灰小屋では土焼灰や青焼灰をつくった[★205]」場所である。

国寄明史さんによると、「瓦の屋根が多かったが、自分の家のハンヤは藁《わら》屋根であった[★206]。そのためハンヤにも土天がしてあった。うちの場合、柱の下半分は石であった」という。

現在でも、役割を終えた多くのハンヤがあり、物置や休憩小屋になったり、次第に農機具の格納場所になったりしている。その姿を見ることはできるが、ハンヤという言葉を使うことはなくなった。

十一月ごろには、麦の畝《うね》と畝のあいだの中打ちをするが、畝にはグレ（稲株）があちこちに残っている。中打ちをしながら、同時にグレも集めて「エンボウ」（一三九頁写真135参照）に入れて持ち帰って焼いていた。グレ（稲株）は朽ちて土に返るのに時間がかかるのだが焼いてしまえば、稲株に残っている病虫害対策にもなり、一石二鳥である。ハンヤに持ち帰ったグレを、前記のようにヤーバーの上に置いて抑えると、ヤーバーが一気に燃え上がらないので都合がよい。

このようにしてできた木の灰と焼け土の混ざった肥料を、麦の肥として、十二月から次の年の一月ごろに撒《ま》く。『広島県史』も次のように述べている。「麦の肥料。麦はカリを好む。灰さえやれば、麦は『はい、はい』といくらでも育つ★207」。

岸本コヨシさんも、ハンヤで焼くときが心配だったことや、焼き方について語った。八月ころに用意しておいたヤーバーをハンヤで土灰に焼く。

206

204　鮓本刀良意『ダムに沈む村』未來社、一九七一年、一一二頁。

205　『広島県史　民俗編』一九七八年、一四一頁。

206　「広島県椋梨ダムの民俗調査」記録写真、三原市立中央図書館蔵。藁屋根のハンヤの解体途中の写真で、下の部分の三方は粘土で固めている。木の柱は焼けないように外側にだし、内側を粘土で塗り込めている。この中でヤーバーを焼く。

207　『広島県史　民俗編』一九七八年、一四一頁。

ほとんどの家にハンヤはあった。「『ハンヤ』の中に、田の土を持ち込み、先ずその土にガンギ（畝《うね》）を切って、『ハンヤ』に持ち込んだ土の面に、凹凸をつくるんです。凹の部分がトンネルになります。そうすると、風が通りやすくなります。その上に『ヤーバー』を縦横に敷き詰めて並べます。いちばん上にグレを乗せます。蒸し焼きの状態で土灰ができるまで気をつけて見ておりました。満遍なく並べたはずの『ヤーバー』のどこかに隙間ができて、一部分から火の手が上がることがありました。そのまま放っておくと、屋根を焼くこともありました。気をつけて水をかけ穴をつぶすように枝木を乗せて、たたき込むのです。全体を蒸し焼き状態にするには、けっこうコツがいりました」と語った。

「火を使うのが一番いびせかった（怖かった）。このときばっかりゃー、男がおりゃーのーと思いました。涙をこらえて灰をつくった」と語った。「人がやるぐらいなことは、やっとかにゃーと思うて、なんとかやりました」「がやーかーた（辛苦をした）」と語った。

「百姓は一段落したと思っても、次から次へと、なんぼうでも（いくらでも）仕事があるもんじゃ。田がすんだら野へ山へと。焚き木もつくらにゃーならんし」「割木も、えっと（何回も）割った。木小屋はいっぱい（満杯）にしとかにゃーと思うて頑張りました。この体でよくもよくもやったもんじゃ」と自分で自分をほめた。「苦労したことには算段がなあー」と言った。「算段がなあーとはどういう意味ですか」と聞き返したら、「婆さんたちが言うとったが、『限りがなあー』ということかのー」と返答があった。百歳には思えないほどしっかりとした口調である。

土灰の焼き方について国寄明史さんも、さらに詳しく語った。ハンヤの中に田の土を持って来て、五寸（十五センチ）〜一尺（三十センチ）程度の厚さに敷き、畝をつくる。畝は入口に火をつけたときにトンネル効果として火が後方にまわり、全体に火をまわすための知恵である。

次に、畝の上に直角方向に大きめの木を並べ、さらに、その上に枝（ヤーバー）を並べていく。ヤーバーは、一〜一メートル五十センチ程度積み上げる。その上にさらに満遍なく、土をかける。このことで炎が吹き上がらないようにする。壁際から炎が吹き上がることがありがちだった。とくに壁際には土を踏み込んで、炎を吹き上げないように気を遣ったという。中心が早く焼けるので、全体が中ほどに寄って来る。ちょっとした不注意でハンヤの屋根を焼くこともあったという。このような苦労をしながら、カリウム分の多い焼け土と灰の肥料をつくった。焼き畑の原理をハンヤの中で再現したといってもよい。ハンヤでつくった肥やしは、麦の肥料にもしたが、「だいごえ」つまり駄屋《だや》の肥とまぜて、水田の元肥としても春先に撒いたと語った。

恵本高夫さんからも、やり方をおそわった。重複部分もあるが記録する。

「枝木がある程度焼け落ちたら、完全に灰にするために、『上焼《うわやき》』をする。『上焼』とは、おおよそ焼け落ちた木やグレの上に、木の葉やスクモを覆い、ある程度の水をかけて蒸し焼き状態にする作業である。『上焼』をすませてからは、火の気がなくなるのを待つ」。

経験はそれぞれであるが、人や地域が変わっても相通じる知恵とやり方が集積されている。長年の経験と代々伝えられた百姓の衆知がある。

聴き取りでは、土灰焼きは個人作業のように思われたが、古くはカリ肥料を入手するための共同作業であった。土灰を焼く仕事歌[★208]があったということは、田植、稲刈りなどの仕事と並んで大事な仕事であったものと思われる。しかし、百歳を迎えた岸本コヨシさんが「年寄りが歌っていたが、わしらは歌わなかった」といった。農作業は「歌を歌えばたしかに調子がでる」とも言った。歌で元気を出していたのである。

208 『大和町誌』（広島県三原市）一九八三年、一〇九〇頁。「うたい声がすりゃあなたと思て　いらぬ水まで汲みに出る　いらぬ水まで汲みに出ちゃくれな　わたしゃそんなに思やせぬ」

2　山に入る

（1）暖房用の灰炭《はいずみ》

秋が終わり、冬が迫って来る十二月、農家は皆、早朝から山に入り、枝木を焼いて「灰炭」をつくった。灰炭とは、通常の「固炭《かたずみ》」（木炭）とは違い、雑木や木の枝を焼いて炭にしたものである。小枝の炭である。野焼《のやき》の炭だから一部は灰になっている。電気を熱源として使っていない時代のこたつや火鉢の貴重な熱源であった。大事な冬支度の一つであった。

半世紀もさかのぼれば、冬の山の谷あいから固炭や灰炭を焼く、白い煙が立ち上っていた。それはのどかな里山の風景であった。

その白煙の発する山中に、親や子さらには孫までもが総出で「灰炭」を焼く、充足した一日が過ぎていった。山の中の比較的平坦なところや山辺の田んぼに窪みをつけて、その中に枝木を入れて火をつけ燃やす。すべてが灰にならないように、「いびり焼」（酸素不足の状態で焼く）という手法をとる。くぼみに枝木を入れ、燃えはじめてしばらくすると、炭になる部分ができはじめる。そのとき、窪みに長い棒を刺し込み、テコで跳ね上げて、炭になった部分は下に落とし、空気にふれさせないようにすることで、照れない（灰にならない）で、炭のままに保つ。燃えきっていない木（「焼けくすのり」という）は上に持ってくる。焼けると同じ操作を繰り返して、炭を下に貯めるというやり方で、次第に炭の量を増やしていく。これを「いびり焼」といっていた。この操作を繰り返し、枝の量にして五打《だ》（一打は六束、一束は円周約一メートル程度の束のこと）を焼く。

最後に、どうしても焼け残るものがあるが、煙を出して燻《くす》ぶっている焼け残りは、人手で取り除く。ほぼ焼けたときを見計らって、水を打って炎を消す。最後に、濡莚《ぬれむしろ》(水で濡らした筵)をかけて密閉し空気を遮断して、火の気をなくす。火がなくなったと思えたら広げて、焼け切らずに燻っている木を選りだす。火が鎮まってから叺《かます》に入れて持ち帰る。

せっかくの炭を、なるべく灰にしないように、頃合を見計らうことがコツである。水をかけるときに急いで掛けすぎると、炭が湿りすぎることもある。火が鎮まったと思えるころを見計らって、「ダツ」に入れ、入れ口には柴を置いて縛る。この産品を「灰炭」と呼んでいた。

前記のように五打の枝を炭にすると、ダツ六袋ぐらいで、大八車一荷になる。家まで運ぶが、水をかけすぎるとけっこう重い。逆に水が行き渡っておらず、火が勢いを盛り返してしまい、帰る途中で火を吹き出してやりようがなくすべて灰になった話を岸本コヨシさんから聞いた。

この作業を終えるには、ずいぶん時間がかかる。夕方に家に帰りつくためには、朝は午前四時ごろからはじめていたという。大八車で家に持ち帰るが、十分慎重に、火の気がないように気をつけてはいるものの、念のため家に帰ると、炭の中の残り火が広がったときのことも考えて、周りに燃える物を置かないように心がけていた。持って帰った炭のダツは、軒先などに間隔をあけて立てかけていた。それでも夜中に、残り火が次第に大きくなって、ひとダツまるごと火の玉になっていることもあった。帰りが遅くなったので、持ち帰った炭を大八車に乗せたままにしていたところ、朝、気づいたときには車ごと焼けてしまっていたという話も聞いた。一日苦労して、残っていたのは、車の鉄の輪と心棒だけだったという。筆者も夜中に庭先で、残り火が勢いづいて赤々と燃え上がったので、家族皆が飛び起きたことを、聴き取りの途中で思い出した。炭は火になったが、苦労は水の泡になった、と笑ってすませたことがあった。「のどかな火の話」である。

また、わずかばかりの灰炭を現金にするために、非農家に買ってもらったと、ある古老は語った。

いる。

（2）木飯米《きはんまい》

木飯米★209という言葉があちこちで使われてきた。その意味は使い手によって、あるいは地域によって少しずつ違っている。基本的には、木飯米とは、「木小屋に、たくさんの焚き木がある家には、飯米もある」ということを表わしている。

「木小屋に薪がなくなったころに、米もなくなる」「木小屋を見れば、その家の台所具合がわかる」という意味で使うのが通例である。なかには「米も木も借りに行けないので、自分の家で用意しておくものだ」という意味で使う人もいる。さらには、「米は天候などに災いされて不作のこともあり、ある程度は借りに行けるが、薪がないのは、その家の者が横着だと見られるので、借りに行けない。その意味でとくに、焚き木が大事だ」と使う人もいる。少しずつ意味あいが違うが、共通していることは「米と焚き木は人々の生活にとって重要であった」ということである。逆に「木と飯米があれば生きていける」という生活実感がにじみ出ている言葉でもあるように思える。

砂田明夫さん（明治四十二年生まれ、一九七五年聴き取り）によると、一〜三月にかけて、一年間に消費する枝約八十打★210（六束×八十＝四八〇束）を用意したという。一日の消費量が、約一束と三分の一の計算になる。

割木（薪）は一年分として一坪（積み上げた側面の面積が一坪）程度を用意しておくという。ゆとりのある家では二坪ほど用意し、そのうちの一坪は二年先の消費用として保存し、あるいは葬儀用として保有し、手をつけないでおいた。薪や枝木はなるべく使わないようにし、日ごろも、山からの帰りには、松葉をかき集めメゴで背負って帰った。それは、年寄りが口ぐせのように「わしが死んだら、風呂をわかすときに手や足をくべる（焚く）わい」と言っていたのが、砂田明夫さんの耳にしみこんでいたからである。「木小屋を見て、たき物が少なくなると気にかかっていた」という。木と飯米がその家の生活のバロメーターになっていたから、米と焚き木には神経を使っていた。食料と燃料は生活の基本であったので、よそ様の木小屋にも注目していた。いまでは、私たちは手軽に燃料を手に入れているので、燃料に対するこだわりがなくなった。

（3）枝打ち

材木を取ったあとの枝を束《そく》う作業は一日に十打《だ》が一人前の仕事量であった。下刈りは三打と言われていた。下刈りとは、山の中の雑木を切ることからはじめ、それを束うのである。せいぜい三打（十八束）だという。雑木を鎌と鋸で倒して、十八束たばねることも、並大抵のことではなかった。夏は、とくにブト（ブヨ・ブユ＝蚋）に刺されながらの仕事だから思わしくいかなかった、と宮下博雄さんは語った。山場の地形や切り落とされた枝の形状にもよるから「一様にはいかない」と上泉勇さんも語った。

（4）枝そくいの共同作業

生活のために食料は当然大切であるが、一方、一昔前までは、今日では想像もつかないことだが、焚き木の確保も切実で神経を遣っていた。

自分の家の山から調達するとともに、どこかの山の立ち木が売れると、木材を切り取ったあとの枝を、共同で買い取った。何日も共同作業でその枝を束《たば》ね、参加した者の人数で等分に分け、大八車で持ち帰ったという。

共同作業は当然のこととはいえ、仕事量に個人差がある。また、仕事のできばえも技や器用さによって差が出る。上手な者が束ねた枝は、合掌ひば（コノテガシワ）のように、枝が合掌をしていて、まとまりがよい。下手な者が束ねると、鳥が羽を広げたようになる。一束の大きさにも差がある。それにもかかわらず、自分が束ねたものを自分で

209　田原開起『死と生の民俗』近代文芸社、二〇〇八年、一〇〇頁。

210　一打は六束、十打束うとは六十束を一日で束う作業。

持って帰るということをしない。みんなで束ねたものを等分に分けるところに、地域共同体の気遣いがあった。

等分とはいっても、数量が等分なのであって、束は前記のようにさまざまである。皆で束ねた枝を、共同作業に参加した人数分のグロ（まとまり）に分け、くじ引きで配分を決めたという。

そのくじも山仕事にふさわしい。グロ別に、別々の木の枝を置いてくじ引きをするのである。たとえば、ツツジの枝、アセビの枝、ネズミモチの枝、ときによっては石を、グロに置いて目印にして、くじ引きをする。ツツジのくじを引いた者はツツジの枝が置いてあるグロを持って帰るというものである。自然の風景に溶け込んだ、のどかなやり方のくじ引きである。

運悪く「鳥が羽を広げたような」でき損ないのそくい（束）が当たっても、文句をいわない。村の温もりであろうか。

（5）薪づくり　換金のためにも

「戦争に負けてからは必死で生きてきた。なんとかして子どもを嫁にやった。その間、旦那の妹が目を患い見えなくなった。そのころ『疳の虫（かんのむし）が目に入る』と言われていた（体が弱っているときに、なにかの菌が目に入ることだろうと昔の人は言っていた）。七十五歳で独身のまま家で亡くなった。十分ではなくても、姑といっしょにその面倒を見てきた」という前置きの話に続いて、岸本コヨシさんは次の話をした。

「秋の取り入れがすむと、すぐに山に入って薪をつくった。姑といっしょに、来る日も来る日も、休まずに山に入った。松の枝の枯れたのを見つけたら、鎌に長い柄を括《く》りつけて、下から枝を引き落としては、背負って帰って焚き木にした。割り木（薪）もつくった。冬のあいだに二、三坪は積んでおくようにした。暇をみては灰炭も焼いて、大川正夫さんのところに持っていって買ってもらった。人にあまり見られたくないので、うす暗くなってから、人目を避けて、背負《せお》い子で背負って売りに行っていた」。

「嫁に来る前、実家にいたときでも、冬になったら焚き木づくりのために、父は、必ずわしを山へ連れて行った。十八〜十九歳で元気でもあったし、継母をかばって、わしが焚き木を、山の上から下まで背負い子で二束背負って降りた。薪でも二束背負った。自家用だけでなく、森田・新川などの非農家にも持って行って買ってもらい、収入の足しにしていた。辛苦をしたが親孝行じゃ思うたら苦にならなかった」と語った。

「焚き物で、日ごろ、いちばん得やすいのは、木の葉である。仕事の帰りぎわに個人の山の木の葉を集めて、メゴに入れて帰った。公道に落ちた松葉は誰彼となく集めて帰っていた。わずかばかりでも山があると気が楽であった」と荒田キヨミさんも語った。

211

3　麦の土入れと麦の肥

荒田キヨミさんは麦の土入れのことも語った。「十二月は日和も良く、土も乾いているので麦の中打ちも行なっていた。グレはたたいて土を落としておいて、ハンヤで焼けるようにしておいた。その後、麦の芽が出たところに土をかけるのも十二月の中ごろの作業であった。★211
二月ごろになると二回から三回ぐらい土入れをした。春にはリン酸を肥料として撒いた。春先に再度、麦の中打ちをしながらの草取りは、女子の仕事であった。

211　「広島県椋梨ダムの民俗調査」記録写真、三原市立中央図書館蔵。（大和町箱川　松川ヨネさん。一九六四年十二月十五日撮影）

4　暗渠排水《あんきょはいすい》

冬のあいだの作業として、暗渠排水を掘ることもあった。宮下博雄さんは暗渠排水を掘る技ももっていた。先ず表土を掘り進み、さらにその下の「ニガ土」をスコップの深さに掘り進む。埋め戻すときに表土といっしょにならないように、排水の左右に分けて置く。排水路ができると一番下に、排水が通るように丸太を敷く。その上に「ソダ」と呼ばれる松の木の枝を置き、その上に藁《わら》を敷く。さらにその上に、掘り上げた「ニガ土」を置いて、槌《つち》でたたいて締める。思い切り締めつけておかないと、水田にしたときに牛の足が落ち込んでしまうことがしばしばあった。最近でも、トラクターはより荷重がかかるため、さらに深く落ち込むことがある。丹念にたたいて、その上に表土を戻す。経験が買われて、冬のあいだに暗渠排水の工事に出かけたことが何度もあった、と語った。

VIII　こぼれ話

1　もろもろの技

吹屋家には馬もいた。馬の雄は気性が荒いので、若いうちに「金抜き」（精嚢《せいのう》の切除）という作業をする。それは獣医さんの仕事であるが、吹屋勝さんは、自分もその場に立ち会い助手を務めた。精嚢はけっこうな珍味として食したとも聞いた。ただ臭いがきついので、ニンニクで、その臭いを消しながら食べたという裏話も聞いた。ほかの知人の高齢者も、同じ体験を話してくれた。一昔前までは農家の庭先の風景であった。

似たような情景として、現代中国の中篇小説「牛」のなかに、牛の数が増えることを心配して牛の去勢手術をするという、事実に基づいた場面設定がある。そのなかで「牛のキンタマをやっつけてくれよ、俺と老董同志は今夜、ちびっと飲むからな」「塀の角からニラを摘んできておくれ」「タマタマをまな板の上にのせ……」[★212]などなどの描写があり、珍味として食している場面がある。

吹戸勝さんはなにごとに対しても興味関心の強い人で、子どものころから、柿の接ぎ木も達者であったともいう。台木は山にある野生の柿の木で、そこに市販の改良された柿の穂木を接ぎ木すると病虫害にも強いという。

百姓をベースにして、獣医師・博労・園芸師・大工などに通じ、竹細工も巧みな、多くの高齢者に出会った。さらには神楽の達人にも出会った。あらためて「百の生業をもつ者」といわれる百姓の手本のような人々だと思った。

213

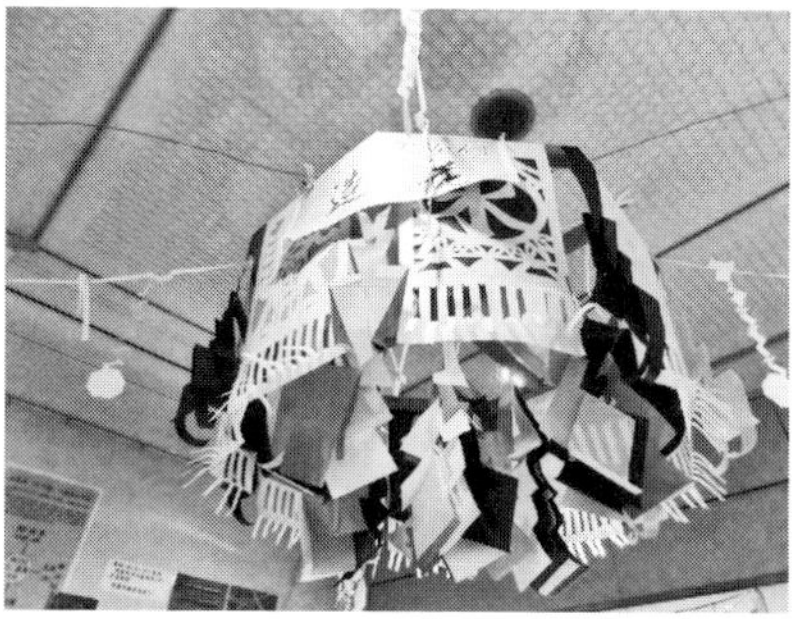
214

212　莫言著、菱沼彬晁訳『牛　築路』岩波書店、二〇一一年、四二頁ほか。

国正利明さんも「道々の人」（色々な道に長けた多才な人）である。

農業万般について精通していることはもとより、さまざまな技を生活のなかで会得している。郷土の古文書を解読し、九十歳過ぎでなお近隣の文書の掘り起しもしている。写真[★213]の神楽面はすべて手造りである。

さらに、郷土の祭りで使う造花《ぞうか》も、みずから一人できりぬいたものである[★214]。

2　土に生きる

「私は池田家の次女として生まれたが、十九歳のときに、すぐ近くに嫁いできた」という岸本コヨシさんは、九歳年上の夫のもとに嫁いできたという。夫は、初婚の相手を親の勝手で離縁させられていた。そのとき、「夫は絶望して『このままではうまくいかないので町へ出ようと思うんじゃ』と、たまたま出会った水汲み場で、わしに話したことがあります。わしは言いました。『あんたリュウマチで足の不自由な父親を置いて町へ出るとはなにごとのー。おまけに目の見えんお姉さんもおってのに。そんな非人情なことをしてはいけんよー。親孝行をせにゃー』と言いました。すると彼は『へーじゃー、あんた、わしの嫁にきてくれるか』と言いました。年は離れており再婚ではあっても、彼は背が高くて、いい男じゃったので来る気になってしまいました。結婚したのは、昭和五年のことでした。実家の父は『よう考えよ、しんぼうせにゃーいけんようになるでー』と言いましたが、わしは親の意見を聞かずに結婚してしまいました。取り持ってくれる人もあり、三人の世話人がなかに入って下さいました。三人の仲人が、それぞれに、家に招いて祝ってくださった。うれしかったです。反対していた実家の父も、夫といっしょに初泊りに来るよう、呼んでくれました。一里も離れていない実家へ、着物を着かえて歩いて行ったのも楽しい思い出です。隣村の叔父も泊りに来るようにと案内してくれました。新婚時代はうれしかった。あまり遠くへ出て行ったことはないですが、初めて二人で歩いて久井の稲生さん（三原市久井町）にお参りしたことがありました。上徳良を過ぎて家が途切れたところで、夫と手を繋ぎました」（「わしから先に手を出したんじゃろかのー」と百歳のおばあちゃんが、やや照れた）。「久井に着いたら、真っ先に『久井の稲生さんにお礼をして』下に降りたら、マンマ（飯）をよばれる（いただける）処（食堂）がありました。そしたら、お父さんが『ここでマンマをよばりょうや』というのでよばれました。楽しかったですのー。あのころは楽しみの塊じゃった。楽しみがつまっとった」と言った。

「あれから、息子夫婦に家を譲るまでは、どこにも出たことはなかったです。嫁いだときに、久井の稲生さんに行ってから、どこにもいかなんだです」と語った。

八百年間、囲炉裏《いろり》の火を守り伝えたという中部地方のとある家のお婆さんの話を聞いたことがある。囲炉裏の火を守るために、一晩も家を空けたことがなかったという老婆の話が二重写しになって思い出された。

「若い者に家を任せてからは、やっと自由になりました。五人の子宝に恵まれてよかった。そのころのことだから子どもができたら、姑さんがとりあげてくれなさった。一番先に姑さんに『よろしゅう頼みます』というのが習わしでもあり、礼儀でもありました。『またできました』と言うのが、なかなかしんどかったです」とも聞いた。

この冬、久しぶりに岸本コヨシさんを訪ねたら、「あんた風邪を引いて寝込んでいるんじゃなーかと心配しとった」と、「私が言うべきセリフ」を先取りして、迎えてもらった。この寒い冬、毎日のように、訃報が続くなか元気な姿に会えた。

213　広島県世羅町　大田庄歴史館展示会、二〇一三年。（神楽面）
214　同前。（五行際の造花）

彼女は、小さいときから継母に育てられた。継母は、すでに足が不自由であった。隣村から初婚の家に嫁いだが「昔のことだから、その家の舅がこぎ使うた（無理して働かせた）のが原因で足が悪うなって、どうにも辛抱できんので里に帰ったんです。牛を働かすように、ひどいことをする家でした。『そんな家に帰ることはない』と、里の親父は怒った。牛や馬のように働くことでしか認めてもらえなかった時代があった。それから、しばらくしてわしの家へ再婚で来てもろうて、わしらの継母になったんです。わしの家では『足は悪うても、マンマ焚いてくれりゃいいけー』と言うて来てもろうたんです。相手の方が、気の毒がって、継母の弟さんがテンセー★215に来て手伝うて下さりょうりました。そんなわけで、父親は後妻に無理をさせまいとして、娘のわしを相手に野良仕事をしていました。嫁入り前までは、実家のために働きづめでした」。

嫁いでからは、「お父さん（夫）が早よー死んだから、わしが辛苦をした」「悪をつくった」と言う。でもいまではありがたいと思っているとも言う。「毎日仏壇の前で、親様のお蔭で生きさせてもろーとるので、お礼を言っておりますす」といって、「われいま幸いにまことのみ法を聞いて限りなきいのちをいただいて如来の大悲にいだかれて安らかに日々をおくります」と唱えているという。「お守りいただいてありがたいことです。いつでも迎えに来てくださいい」とつぶやいた。忙しかったが、若いころは楽しかったと言った。

知っていながら、うっかり「どうぞ百まで生きてくださいよ」と言ってしまい「わしゃー、はあ百を迎えたがのー」との返事に恐縮して「百十歳を目標に頑張ってください」と言い換えた。

215　佐藤亮一『日本方言辞典』小学館、二〇〇四年。「てんせき」＝まれに／ときたま（栃木市、栃木県安蘇郡）「てんせー」＝ときどき（広島県芦品郡）

第二部　百姓が生み出した知恵

どの仕事にも、仕事のなかで生み出された知恵がある。百姓には百姓が生み出した知恵があり、長い年月のなかで積み上げられ、少しずつ手直しをされながら、受け継がれてきた。しかもそれは、口伝によるものが多い。そのため、時代とともに、あるいは百姓の作法の移り変わりとともに伝えられなくった。とりわけ農業の機械化に伴って、急激に大きく農作業の作法が変わったことにより、近年その知恵は語りつがれることがない。今日的には、実用的に意味をもたないものになったが、現時点でさかのぼれるかぎりの知恵を記録にとどめておきたい。

第一章　自然や人と響き合って生きる知恵

人々は、自然と神に対して祈りをささげながら、自然を相手に、小さな力を合わせて農業を営んできた。人々は、神に対して敬虔であり、自然を敬い自然を恐れながら、自然に包まれていた。

「女性的自然観」と「男性的自然観」について聞いたことがある。「女性的自然観」とは、人間も自然に包まれて生きる自然の一部である、とする考え方である。一方、「男性的自然観」とは、人間は自然を征服していくことで自然とかかわる生き方である、と筆者は理解している。「女性的」とは「包まれて生きる」こと、「男性的」とは「切り開いて生きる」ことをイメージしている。

近代以前、人間も自然の一部と考え、自然に対して敬虔なまなざしを捧げて生きてきた。近代化とともに、自然は人間によって征服されるもの、とする思考に傾いた。

百姓の知恵を顧みるということは、ただたんに、実用的に意味をもたなくなったと思える百姓の知恵を懐古的に思い起こすことではなかろう。いまの時代に問われている「女性的自然観」と「男性的自然観」を再考し、双方のバランスを問い直すことではないだろうか。「自然に対して、このまま際限なく突き進み、人間中心に切り開いて、後戻りできないところまで踏みこんでよいのか」ということを再考することではないだろうか。

Ⅰ　仕事から生まれた労働の知恵

百姓は、自然に左右されながら、限られた期間に、しかも適期に、一定の労働をしなければならない。田植仕事を稲刈りの時期にするわけにはいかない。そのうえ、機械のない時代、頼れる労力は蓄力以外にない。反面、農業は基本的には蓄力の及ばない作業が多く「人の労力」に頼るしかない。人が精いっぱい働くことしかない。人々は天候を見ながら、植えつけ、栽培や収穫の適期を外さないように、多様な作業を人の力で進めていくしかなかった。自然を読み、自然に逆らわず、作業をするためには、無駄のない動き、立ちまわりが求められた。そこから長年にわたる知恵が積みあげられた。いくつか今日に伝えられているものを記録する。

(1) 段取り八分

百姓仕事が厳しければ厳しいほど、労働のなかで効率よく働くための知恵を生み出し、伝えられてきた言葉がある。一日の仕事を、無駄なく進めるための生きる技を「段取り八分」という。今日でも私たちの日常のなかにある知恵である。一日の仕事を無駄なく効率的に進めるためのコツは、先ずは段取りを考えることからはじまる。一つの作業を行なうにあたり、その手順をどうするか、必要な資材や道具はなにかを考え、その日の天候も考え、屋外の仕事、または屋内の仕事をどのような順序で進めるか、予測できる不慮の事態はなにか、どのように対処するか、などを想定することが「段取り」である。

段取りがうまくできれば、すでに仕事の八割はできたものという。それが「段取り八分」である。段取りの良し悪しで仕事能率が大きく違うということを体験的につかんでいる言葉である。この言葉が、仕事始めの挨拶言葉にさえなっていった。段取り八分の具体例を挙げると「夕焼けに鎌を研《と》げ」、これは、「夕焼けになると、明日は好天気だから、鎌を研いで明日の草刈りや稲刈りに備えよ」ということである。自然に逆らわず、限りなく自然とともにあった。段取り八分から派生した言葉に以下のものがある。

（２）山行きを急ぐより鎌を研げ

山は田畑と同じように仕事場であった。早く山に行って草刈りの仕事をしようと勇んで山に入っても、肝心の鎌が切れないのでは仕事の能率は上がらない。「せいてはことをし損じる」とも言われたように、落ち着いて、しっかり鎌を研いで山に入ることが肝要であるというのである。

経済的にも時間的にもゆとりのない生活をしていると、じっくり落ち着いて物事ができなくなり、準備不足のまま、次の行動に移りやすい。経験から生み出された、百姓の戒めの言葉である。

（３）空足《あだあし》を踏むな

「空手で帰るな」ともいう。帰りになにも持たずに帰るようなことでは仕事にならないということを戒めた言葉である。仕事のできる人は、帰り道に、ただ、ぶらぶらと歩いて帰るようなことはしない。道で出会う百姓は必ず、なにかを背負って帰っていた。山に入ったら、帰路には枝木の一把でも背負って帰るという行動の仕方を心得ていた。無駄な行動を極力避けて「往」も「復」も有効に動く。

目いっぱいの労働の日々で、少しでも無駄なく能率よく仕事をすすめるためには、行くときにも帰るときのことを考えながら行く。言ってみれば、「動きのなかで仕事量は二倍になる」という動き方を教えている。「転んでもただでは起きない」とは、打算深いように聞えるが、よく耳にする言葉である。「怪我の功名」という言葉も使われた。災いがあっても良い方向に転じようとするのである。「禍福はあざなえる縄の如し」の人生訓も年寄りはよく使っていた。人生は無駄なく災いなく進むものではないことを知っているからこそ、百姓仕事では「空足を踏むな」と言っていたのであろう。大局的には、無駄や回り道、遊びを否定しているものではない。

(4) 小口《こぐち》じまい

仕事を行なうときに、ひとつひとつ小口に片づけるという意味である。ひとつずつ仕事を完結してから、次に進むという仕事の仕方である。それは自然を相手に働く農耕民族の知恵であろう。田植は雨がつきものであるから、いきなり雨が降ってきてもやむをえないが、稲刈りの時期には、時雨で刈り倒した稲が濡《ぬ》れてはならないので、部分的に刈ってはハデにし終わったら、また部分的に刈ってハデ掛けをする。いつ雨が降りだしてもかまわないように、仕事を進めることを「小口じまい」と言った。これは一例である。最近でも、脱穀時は雨にあわないために「小口じまい」の知恵が生かされている。

ある研究者が関心をもってこの話を聞いた。学問の場でも、研究をそのつど片づけて積み上げていく作業の仕方は共通だと語った。フィールドワークなどで調査した部分を、手元に置かず、すぐにまとめることを繰り返して積み上げる若者は成長するとも言っていた。もちろん大胆に一気呵成《いっきかせい》に、進めなければならないときもあることは承知している。

(5) 仕事を手元に置かない

いったん手にした仕事は「手元から下に置いたら、次に手をつけるのにまた労力を要し非能率的であるから、手にしているあいだに片づける」という意味である。小口じまいに通じる生活感である。

II　仕事で鍛えられた子ども

湯川洋司は、熊本県球磨郡五木村に存在した旧地頭家が、村落生活に果たした役割を調査研究した。そのなかで、佐藤忠氏が記録した「農業日記」の内容を分析して、次の一文を載せている。「中学生や小学生の子供たちを積極的に仕事にかかわらせていることである。まだ幼い子供を連れて山に出かけている忠氏の働きぶりである★216」と。昭和二十年代のことである。子どもの労働もあてにされていたと湯川洋司は述べている。

昔の親たちは子どもを「教育的だからと思って、野山へ連れて行くことはなかった」。「労働力として」連れて行ったのである。結果として教育的であった。それが、子どもの成長にとって意味のあることだからと思ってさせたことは、第一義的にはなかった。要は親が精いっぱい生きていたので、子どもの労働力にも期待したのである。子どもも親のためにと思って働いた。

(1)　唐臼《からすっ》搗きと子ども

「広島県椋梨ダムの民俗調査」で、その民俗を記録に留めようとした宮本常一らは、平均的な農家の土間にある唐臼で、年の瀬に正月餅を搗いているなにげない様子をカメラに収めている★217。沖川数子さん宅での、孫を相手の餅つきの

216　湯川洋司『歴史文化ライブラリー23　山の民俗誌』吉川弘文館、一九九七年、一二九頁。

217

様子である。そばには飼い犬もいる。入口を入ったところの土間を、古くは「庭」と呼んでいた。「庭」★[218]は、雨の日の農作業場で、外の役割もしていた。祖母も孫も履物は履いていない。「内」と「外」の入り混じった、「半ば外」である。

孫は小学二、三年生と思われるが、一人前の仕事を担っている。唐臼での餅つきは一人ではできない。孫は頼りにされ充足感に浸っていたであろう。子どもも年寄りも、それぞれの居場所があった。子どもも居場所を与えられながら、大人へと成長していった。年寄りは年寄りの居場所があって、健康で長生きしていたと見受ける。

(2) 養子

堀田勝さんは、前述したように、幼くして両親を亡くし、戦後の混乱のなかで、親戚があずかってくれた。しかし、あずかった方にも同じくらいの子どもがおり、食べ盛りであるから食糧事情は厳しい。やむなく労働力としてあずかった子をとらえるようになる。毎日学校から帰ると、その日の作業日程が決められていた。兄は二歳上であったが、まるで親のように支え守ってくれた。弟もまた兄の恩義に対して終生応えた。その兄も先般亡くなった。心に空洞を抱えて彼は語った。

二人を引き取ってくれた親戚の温情に感謝しつつ、気兼ねもした。子どもは、子どもなりの仕事をしなければならなかった。小学校の低学年であれば、みんなと遊びたい盛りである。しかし、労働力として期待される。その葛藤のなかを生きてきた。ある日、二人は下の田の溝から上の田に用水を汲みあげることを言いつけられた。幼い子どもが二人、バケツで何回も何回も汲み上げるのである。

近くの子どもたちが遊んでいるのが目につく。二人で精いっぱいの仕事だが、兄は弟の遊びたい心を察して、少しのあいだ遊んでくるように勧めるのである。兄の思いやりに感謝しながら手伝いの場を離れる。しばらくして帰ってみると兄は必死に水を汲み上げている。その素足には何匹もの蛭が吸いついているにもかかわらず、捕る暇もなく働いている。それに気づいた弟は、畑に植えられたたばこの葉一枚を剝《は》いできて、それに蛭を包むといっきにこと切れた。当時の子どもたちの生活の知恵も、また見事であった。

（3）風呂焚き

風呂の水汲みや風呂焚きは子どもの仕事であった。小学校低学年から、どの子も風呂焚きはできるようになっていた。はじめに松葉のような燃えつきやすい物を燃やし、徐々に枝木や薪や丸太を燃やしていった。家族が入る時間になったら、お互いに風呂加減を聞いて、ぬるめのときには子どもでも焚口に立った。

（4）子どものときからの大人との共通体験

父と子、とくに男の子の会話は労働を挟んでのことである。大八車を押して、山の薪を取りに行くときは、子どもがかり出されていた。ときには牛に引かせないで行くことがあった。その場合は、車の後ろを押すか、場所によっては、車の前につけた引《ひ》き綱《づな》で、父よりやや前にいて引いていた。しかし会話はない。というより会話のできる状況ではなく、息を切らせて引いていた。旧友の一人は子どものころ、「病み上がりの父と山に行った。そのときは、子どもながら少しでも父に楽をさせたいと思い一生懸命であった。家にたどり着いたときに、父は何も言わなかったが、

217　「広島県椋梨ダムの民俗調査」記録写真、三原市立中央図書館蔵。（大和町箱川。一九六五年十二月二十八日撮影）

218　玄関を入ったところの土間のことで、古くは作業場であった。

のである。

助かったとの思いが父から伝わってきた」という。無言のなかで父と会話をしていた。皆が似通った体験をしていたのである。

前記したように、多くの子どもが共通に体験していた仕事の一つは、千歯扱《せんばこ》ぎを大人のそばで手伝っていたことである。子どもの足踏みで大人は大いに助かっていた。大人は足で踏み、手では稲を回しながら脱穀するのだから相当な仕事量である。

父親との仕事で、子どもにとって楽しい仕事もあった。それは、裏作《うらさく》の麦植えのときである。前記したように、牛に引かせるマンガに上から圧力をかけるのに、子どもの体重がちょうどよかった。子どもは乗り物にでも乗っている気分になった。父親が牛を扱いながら、後ろについているのでなんの不安もなく、それでいて役目を果たしているのである。ときに父親が声をかける。それだけのことだが、家族の一人としての充実感があった。当時の多くの子どもの共通の体験である。

一家の働き手の中心である父親が戦争に召集されたり、病で倒れたりする家庭が多かった。その場合、一番困ったのは牛を使っての耕作であった。前記したように、やむなく女性が、慣れていないのに牛馬を使って耕作をした。牛馬も相手を見る。扱い方がうまくないと相手を侮って動かない。子どもであればなおさらのことである。

恵本栄さんも、家に男手がなく、祖母も母も病弱なために小学校高学年で牛を使ったが、祖母と母が両側の田の畔《あぜ》にいて牛に声をかけないと、子どもの声では、いっこうに動かなかったという。調子よく牛が動くので、祖母と母がちょっとその場を離れると、もう牛はその気配を察して動かなくなったという話を聞いた。

筆者もその場に立ったことがある。小学校四年生のときに、いっとき父が病に倒れた。やむなく田起こしをせざるを得なくなった。親はこの機会に田起こしの経験をさせようとした。しかし、子どもの声には、牛はいっこうに反応しない。幸い病状が回復し、父が田の畔まで出向くことができるようになってからは、父が畔から牛に声をかけ、動きを命じた。戦中戦後、多くの子どもが大人の仕事も受け持った。それらの体験が、私たち世代の晩年の生活力、心身の活力の元になっている。

牛は出入口をよく知っているので、出口の方に向かうときは早く歩き、その反対の方に行くときは歩かない。出口に向かうときは解放されるということを知っているからである。さらに、休憩のときには家族が家からお茶を持ってくるが、牛にも食料を用意してくる。牛は自分の食糧も持って来てもらっていることがわかると不思議と急ぎ足で仕事をする。自分の餌を持って来ている様子がないと本気で歩かない。まことによく知っている。そんなことも合わせて子どもは学んだ。

子どものころに、いやだった仕事といえば、荒起《あらおこ》し前に牛小屋の堆肥を田んぼ一面に撒《ま》く作業である。今日のように商品として堆肥を工場で加工してあるわけではない。牛小屋の敷き藁《わら》に糞尿が積み重なったままの物である。それを素手で田んぼ一面にむらなく撒き散らすのである。多くの子どもたちが体験していた。糞尿が汚いなどと言ってはおれない。作業に取りかかるときは一瞬息をのむが、作業をはじめると覚悟は決まる。藁と糞尿は積み重なると次第に発酵して熱をもつ。その熱が手に伝わる。肌寒い時期の風とともに往時がよみがえってくる。一方、すでに述べたようにコガ壺の屎尿や風呂水も田畑に担いで施した。それを汲み出すことも、中学生になるとやりこなしていた。

（5）平夫《ひらぶ》の体験

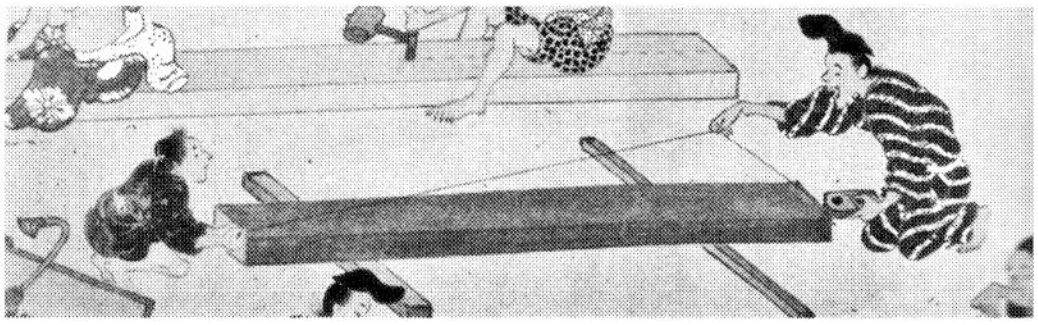

219

219　黒田日出男『絵巻　子どもの登場　中世社会の子ども像』河出書房新社、一九八九年、三九頁。墨壺で線をいれている大人の反対側（向かって左側）を子どもが持って固定している。「まねる」なかで「学ぶ」平夫体験をしている。

江戸時代の絵図で仕事場の風景には、必ずといってよいほど、大人の仕事場に子どもがいる。★219 仕事場で子どもは大人の仕事を見ながら「まねる」のである。大人のそばで仕事を見ながら、次第に大人が何をしようとしているかがわかるようになり、大人の手助けをするようになる。この体験を「平夫（助手）の体験」と言った。気の利く平夫がいると仕事がはかどる。また平夫も、その道の匠について修行を積むことで、一人前の仕事ができるようになる。徒弟制度の心である。俗に「他人の飯を食う」という。その体験を積み上げることの意味は大きい。農作業でも同じことがいえる。大人について仕事を体験している子どもは、そのうち一人前の仕事師になる。子ども時代に、大人について遊んだり、仕事の「まねごと」をすることが、実は平夫体験であり、この徒弟的な体験がのちのち大きく役立つのである。

（6）匂いに宿る労働

農村には四季折々に季節の匂いがある。子どものころに印象に残った匂いもいくらかある。その匂いは、その後の人生のなかで繰り返しよみがえる匂いである。筆者にとって、もっとも印象深い匂いは、スクモ（籾殻《もみがら》）を焼くときの匂いである。この匂いが忘れられない。この匂いを嗅ぐころになると、弟妹の子守から解放され、同時に一年間の手伝いからも解放されるからである。

それは「くつろいだ」という感覚にもつながっている。収穫を終えて年の瀬を迎える前の、晩秋から初冬へのひとときであった。

III　円滑な共同体につながること

老若男女が地域共同体のなかに住み、それぞれがおのずと自分の立ち位置をわきまえて、ごく自然にその役割を果たし、共同体はゆっくり、しかも円滑に転回していた。時代の流れのなかで、入れ替わり立ち代わりして、共同体がかみ合って回転していた。誰が言うでもなく、年寄りは年寄りとして、働き盛りは働き盛りとして、子どもは子どもとして、相応の役割と使命感をもっていた。長老には長老の体験と知恵が集積していた。若者は若者で自分の出番を待っていた。子どもは大人をまねようと手ぐすねを引いていた。皆が、共同体につながることを意識して生きていた。

（1）年寄り役

年齢相応に、年寄りでないと気づかないことがある。一方では次第に自分の仕事や能力が一人前ではないことを自覚するようになる。そうした年寄りの経験や自覚に立って、年寄りとしての仕事を率先して受けるという場合に「まあ年寄り役としてやったまでよー」と言う。天気予報のない時代に経験と勘で、今夜は大雨になりそうだというときには、人知れず「用水路の取水口を止めていた」知恵ある年配者を知っている。このような姿勢は、「生きかわり死にかわりして　打つ田かな」（村上鬼城）の句のように、先を行く人の姿に学び、引き継がねばならない。

反対に「若役」というものもある。この文化は現在も生きている。共同作業のときなどに、若役に「ひとっ走り行ってきてくれないか」と、使い走りを頼んだりする。集団が円滑にまわるための知恵である。

「年寄り役」という言葉から連想する言葉に「繕《つくろ》う」という言葉がある。昔、年寄りは衣類を繕うことをはじめ、農具類の修繕もしていた。さらには人間関係をもうまく繕ってきた。「繕う」というなにげない言葉は、実に素晴らしい言葉であり、また素晴らしい行為である。さすがに年をとらねばできない行為でもある。

知り合いのある高齢者は、まさに繕うことが立派にできる人であった。それは、今日的に言えばホスト役である。

その高齢者の息子は、故郷を離れ、よその街で生活していた。ある年、たまたまなにかの地域行事が行なわれていた日に、子どもたちを連れて久々に帰省したが地域の行事には出席しなかった。行事とはいえ、任意で参加するものであって、誰からも強制されるものではなかった。ところがその夕方、彼の先輩が一杯機嫌で、ぐでんぐでんに酔っぱらって帰る途中に彼の家に立ち寄ったという。その家の者は誰も気づかぬうちに、その家の玄関に転げこんでいた。その先輩は「息子が地域行事に出ていなかったことを快く思っていなかった」らしく、酔いに任せて苦情を言おうと立ち寄ったのである。

息子の母は、息子が玄関先に出れば、相手はおそらく「地域行事になぜ出なかったか」と責めるであろうし、息子は「そう言われる筋合いはない」「そっちこそ他人の玄関に無断で入って、なんと心得ておる」と逆に切り返すであろう。そう考えた母は「酒が足らんのじゃろー、玄関では接待もできんけー、まあ上がりんさい」といって、ホスト役を引き受けた。「言いたいだけ言わせ」酒をすすめて落ち着かせた。言い過ぎたことをわびさせ、そのあとで、息子も同席させた。そのさばき方はみごとなものである。人と人のあいだを繕う術を身に着けた高齢者の知恵である。

今日では、破れたものは新しいものと取り替える方が楽だ。ましてや、人と人のほころびを繕うことをしなくなった。

（2）隣の田んぼとの境のゲシの草刈り

ゲシ★220の草は、下の田の持ち主が、鎌の丈だけ下から刈る。それより上は上の田の所有者が刈ると、隣町（広島県世羅町京丸）の高齢者が語った（二〇一〇年七月聴き取り）。端《あぜ》の草刈りはその田の所有者が上から刈って、下は鎌の柄の長さだけ残すのが、この地域一帯の昔からの習わしであったという。当時下の田の平面ぎりぎりまで、草を刈り取ってしまうのは非常識であった。牛馬を飼っていたので、草はその食糧として貴重だったからだ。

農業に重きが置かれなくなると、いつのまにか作法も変わった。畔草も必要なくなり、田植をすますのが精いっぱいで、畔草を刈ることが煩わしくなってきた。下の田の所有者が上まで刈り取ってくれれば、この上なくありがたいことに変化した。

昔は少しでも多くを刈り取ろうとしていた者も、いまでは少しでも相手様が刈ってくれることを願っている。

（3）金槌《かなづち》の川流れ

金槌を川に入れると柄のほうは上向きになるが、槌そのものは決して上向くことはない。つまりは金槌の頭の部分は、水底にあり、決して上向くことはない。そのことから「頭が上がらない」ことのたとえとなった。共同体に対して「頭の上がらないような不義理をしてはいけない」という戒めであった。

（4）他人さまの目

天気が良いとなんとなく家の中にいることを罪悪に思うようになる。他人さまが外でどんどん働いているのに、自分だけ家の中にいては申し訳ないように思う。それを「貧乏人根性」だと言った古老もいた。たとえ家の中でなにがしかの有効な作業をしていても、なんとなく充実感がないのである。逆に家の中で重要な作業をしていても、外で働

220　畦畔――段差のある耕地間の境のあぜの側面。

いていないと、息抜きをしているように他人さまは思う。今日的に考えればたわいないことであるが、農村地域では、つねに他人さまの目を気にしながら生きていたのである。良し悪しは別にして、世間を気にしながら生きることが習性になっていた時代があった。他者と共生することを、心しながら生きるという美学でもあった。

(5)地下足袋で納戸へ

大正十(一九二一)年生まれの島本和夫さんが、父から繰り返し言われていたことは「地下足袋で納戸へ来てくれる者がいる」ことが大切だということであった。地下足袋とは、農作業・日常を意味する言葉であり、気楽なつきあいを示す意味合いもある。そして納戸とは「人が生まれて死んで行くところ」★221である。または病のときに伏せる部屋でもあった。困ったときや病んだときに、気軽にのぞいてくれ、親身になってくれる人が大切だということを、九十二歳の高齢者が、その父から教わったという。

IV　仕事体験のなかのたわいない話

誰がいつなぜ誰に言った話なのか、わからない話であるが、複数の古老から聴き取った話として収録する。年寄りが、若い者を戒めるために、たとえ話として語られたものである。

(1)貧乏人の「ノノコ」は庭にある

「ノノコ」とは綿入りの衣服のことである。「ヌノコ」と呼ぶところもある。貧乏人の百姓は綿入れの衣服など持っていなかった。農家の入口の庭の角には唐臼があった。そこで米や麦を搗《つ》いていれば、けっこうな仕事量であるから体が温まる。もし寒くなったら、米や麦を搗け。そうすれば温まる。ノノコ（綿入りの衣服）の代わりになるということで、庭での仕事が貧乏百姓のノノコだというのである。要は、百姓に対して、ともかく働くことを勧めたのである。全国的にも「ノノコ」は寒さの代名詞であり、当地では「庭」が「ノノコ」の代名詞であった。

（2）彼岸が過ぎての麦の肥　六十過ぎての腕ずんばい

前記した「彼岸が過ぎてから　麦の肥を撒《ま》いても遅い」と、同じように「六十過ぎての腕ずんばい」（六十歳過ぎてから腕組みをして考えても遅い）という言い方があった。当時、女性は三十三歳までに、男性は四十二歳までに世計り（将来を決めること）をして、地盤を築くことが大切だといわれていた。早い時期に自分の進路を考えよということを示唆したものである。この話は明治二十四年生まれの母、恵本イヨさんから聞いたと、その息子が語った。そう言いながら、一方では小野道風[★222]の話もしていたそうだ。「六十歳過ぎても立派になる人もいるから最後まであきらめてはいけない」と。

（3）のばしてよいのは貯金と麺類

「延ばす」とは「伸ばす」にも通じ、麺類は「伸ばす」ほどうまくなり、貯金は「延ばす」ほど金利がつくので良い

221　田原開起『死と生の民俗』近代文芸社、二〇〇八年、五六頁。
222　小野道風（おののみちかぜ／とうふう）（寛平六年〔八九四〕年生まれ）は平安時代の貴族・能書家（「三跡」の一人）。参議・小野篁の孫。

ということだという。その意味で、この二つは、「のばす」ほどよいということである。そのほかのことは、延ばすことなく早めに仕事をするように戒めていた。

(4) 仕事に呑まれる

春の耕作がはじまると若いころは、よしやるぞという気にもなっていたが、齢とともに、今年は予定通りできるかが不安になってくる、とまわりの人たちからよく聞く話である。そんなときに、昔の年寄りは「仕事に呑まれては駄目だ」と喝を入れていた。もちろん年齢に関係なく、目の前の仕事に圧倒されたら、できるものもできなくなるので弱気になるなと、戒めた言葉である。たとえば丸太を担ぐとき、「その丸太に呑まれるな!!」と気合を入れていた。

(5) そうめんになるな

そうめんは、ゆがくときに、「折っても、折らなくても良い」といっていた。その「折る」という言葉を「居《お》る」にかけ「居っても、居らなくても良い」と置き換えた。その存在は「居ても居なくても良い」という意味と解して、別段「必要のないもの」という意味で解釈された。「そうめんになるな」というのは、人さまや世の中から必要とされる人間になるように、と戒めたものである。

(6) 都合の良い話

「荷物と病は軽いほど良い」という、思ってもみなかった当たり前の言葉を、何人かの古老から聞いた。今日とはちがって、荷物はほとんど人の背によっていた。そこから病に並んで荷物は軽いほうが良いものの代名詞になったのであろう。もう一つ、「仕事は大人数、うまいものは小人数」というのも、生活感覚としてあったのであろう。大勢の人手があれば助かり、休憩でお茶の時間には少ないほうが良いという、リアルな話である。

第二章　地域文化を考える

Ⅰ　すたれゆく挨拶言葉

日常の挨拶言葉の多くが、時代とともに変わってきている。十〜二十年前まで、使われていた言葉で、次第に使われなくなりつつある言葉、わけても挨拶言葉を中心に書き留める。挨拶言葉には、とりわけ労働にかかわるものが多かった。

それは、仕事をしている人々に対する励ましと、親愛の情を贈る言葉であったからである。交わし合う挨拶によってお互いが元気を与え合うとともに、一体感を確かめ合うための意思表示でもあった。

かつて、百姓は農業だけで暮らしていけた。自然に囲まれた環境のなかで満ち足りていた。人間の力の及ばない自然と、うまくつきあってきた。

そのなかで「自然」と「人間」と「労働」を結ぶ言葉として「挨拶」は生まれた。この三つのかかわりが変われば、「挨拶」言葉も変わる。いくつかを記録にとどめる。

（1）労働にかかわる挨拶言葉

「おわがんなしゃんせー」（お昼ご飯にしましょう）

「おっちらとおわがんなさい」（ゆっくりとお食べ下さい）

「ごつ骨をおりんさんな」（無理をしなさんな）

「一服しゃんすか」（一休みしますか）

同じような挨拶に「タバコにしゃんすか」という言葉がある。

「はやーことやりんさるのー」

手まわしよく早く仕事をされることをほめるとともに、自分も遅れずにやらねばならないという気持ちもある。天候に左右される百姓仕事のなかで生まれ、いつのまにか挨拶言葉になったものであろう。

「手間がふやんしたのー」

「手間」とは「労働力」のことである。一般的には結婚によって、新しく家族労働が増えたときに使う。嫁さんを家族の労働力と考えていた表われでもある。

「ぼつぼつやりゃんしょうやー」

百姓の仕事は、朝は朝星、夜は夜星の長時間労働であったので、根を詰めて働いていたのでは、長続きしない。そんなところから、少しずつ、気長にやろうという挨拶である。

「やりはなやんしょうやー」

誰かが音頭をとって、「仕事をはじめる」ときの言葉で、共同で「もあい仕事」をしてもらっているときは、自分や自分の家族からは決して「やりはなやんしょうやー」とは言わない。他人に対して、早くやってくれ、と催促することになり、失礼に当たるからである。したがって、その家の者以外の誰かが、気を利かせて呼びかけるのである。

「おしみゃーでがんすか」（仕事を終えられますか）

夕方、通りがかりの人にかける挨拶である。

「そろそろ置きゃんしょうやー」「おしみゃーにしゃんしょうやー」（仕事を止めましょう）

自分が先に仕事をやめて帰路についたとき、まだ仕事をしている人に出会ったら、ただたんに「おやすみなさい」と言ったのでは味気ない。同じ共同体に生きる者としての息づかいが伝わってくる。見知らぬ人や行きずりの人とのあいだでは交わさない言葉である。

「いい雨が降りゃんしたのー」「ええ潤いがありゃんしたのー」「慈雨でしたのー」（いい雨が降りましたね）

とくに田植時期などに恵みの雨が降ったときなどの挨拶言葉である。

「一日遊びゃんした」

なにか思いがけないことや、行事のために農作業ができなかったときなどに交わす言葉である。

「ようできとりゃんすのー」

作物が「よくできておりますね」という挨拶言葉である。物の出来、不出来は百姓の命にかかわることである。したがって、作物の出来具合を見る目も育っている。相手の作物がよくできていることをほめるとともに、自分の作物の出来具合も気にしている。

「お事おおゆうがんしょう」

夜、他家を訪ねるときの挨拶言葉で、昼間は外の仕事に出かけているので、家事は夜に集中する。相手の状況を察して「やるべきことが多いでしょう」という挨拶言葉になった。女性が訪ねるときは「おしまいなさったか」という挨拶になる。女性同士の立場として、家事は「仕舞われましたか」つまり「家事はすまされましたか」という挨拶になる。

「おしせまりましたのー」（年の瀬が近づいてきましたねー）

年の終わりに使う挨拶言葉である。

前記の挨拶のいくつかは今日でも交わされている。

（2）日常の人間関係を深める挨拶言葉

「よーきつかんした。まあ越してつかんせー」（よく来てくださいました。どうぞお上がり下さい）

「詰めておたえがとうがんす」（「いつも耐えがたいことです」つまり、いつもありがたいことです）

「先にはごねんにいりました」（先ほどはご丁寧にありがとうございました）

「けっこうなものを、ご念に入りゃんした」（けっこうなものをありがとうございました）
「なによりもいいものを、おたえがとうありゃんした」（なによりも良い物をありがとうございました）
「つめてお世話になりゃんす」（いつもお世話になります）
「えがわるーがんした」（「笑顔の悪いことでした」なんのもてなしもしないですみませんでした）
「気ゅーつけていんどくれー」（気をつけて帰ってください）玄関で見送るときの挨拶。
「また来てつかんさい」（また来てください）
「よろしゅー言つかんせー」（よろしくお伝えください）
「出かえて来ゃんしょう」（あらためてまいりましょう）多くは、悔やみに行ったときに、次の日の葬儀に参列することを伝える場合につかうことが多い。

（3）出産の祝いのときの挨拶のやりとり（明治前期生まれの挨拶）

訪問客「こちらにゃあお姉さん、まめになったそうでがんすげなが、おめでとうござんす。みんなよろしゅうに、申しゃんした」（こちらにはお姉さん、産後元気になられたそうで、おめでとうございます。私の家族も皆喜んでよろしく伝えるように言っています）
当家「まあお忙しいのによう出てつかあさったのー。まあこっちー寄ってつかあさい。どっちも元気でおりゃんす」（お忙しいのに、よく来てくださいました。どうぞこちらへ寄って見てやってください。母子ともに元気でおります）
訪問客「そりゃーええ、あんばいですのう。せて、どっちが来てでがんしたかのー」（それは良い塩梅でした。それで、どちらが産まれられましたか）
当家「はあ、このたびゃー、山行でがんした」（はい、このたびは男の子でした）
訪問客「そりゃー大喜びでがんすのー、おじいさんも喜んででがんしたろー」（それは大喜びですね。おじいさんも

よろこばれたでしょう）

当家「はい、おじいさんも喜んで、元気をだしとってでがんす」（はい、おじいさんも喜んで、元気を出しておられます）

出産は家でのことであるから、前記のように、お祝いに出かけて、挨拶を取り交わしていた。男の子が産まれたら「山行」と言い、女の子の場合は、一般的に「姫」と言われていた。

II　語り伝えられている風俗

風俗とは、文字通り、ある時代や社会における生活上の習わしやしきたりのことである。衣食住など日常生活上のしきたりや仕事の習わしなどがどのようなものであったのか、明治時代生まれの人々の話の集録である。広島県央の山間部の限られた農村地帯のことである。

（1）贈り物

縁談で訪問するときの土産物に、足袋を使わない風習が古くからあった。

その理由は、「足袋」の発音が「タビ」であり、「タビ」の発音は重ねれば「タビタビ」となり、たびたびを意味することになる。縁談でたびたび足を運ぶのは、話の運び具合がはかばかしくない、ということに繋がり、たび重なることを敬遠した。その気持ちが、足袋を縁談の土産物に使わなくさせたのであろう。

同じように、お茶も持っていかない風習があった。お茶は昔から「縁切り」の意味を含んだ品物であったからである。この地域では、お茶を土産に持っていくと最初から縁談がうまくいかないとして敬遠された。いまでは縁談のとき以外でも、足袋を贈り物に使う風習はまったく見られなくなったが、一昔前までは縁談では敬遠された足袋が、歳末の贈答品にしばしば使われていた。一昔前とは、おおよそ昭和十年ごろまでのことであるが、そのころまで、白足袋、黒足袋をつきあいの深い家に贈っていた。

さらに明治時代までさかのぼると、同じように足袋を贈っていたが、長男と次男以下とでは贈られる足袋が違っていた。長男には黒足袋が贈られ、次男以下には麻（黄色）の足袋が贈られていた。家族制度のもとで、長男が優遇されていたことの現われである。

長男優遇の例はほかにもあった。草履《ぞうり》一つとってみても、長男のものには布切れが巻き込まれていたが、次男以下のものは藁《わら》だけで鼻緒をつくっていた。次男以下の草履を「冷飯草履《ひやめしぞうり》」と呼んでいたことからも、兄弟の処遇の差がうかがえる。こうした風習は、明治末ごろまで続いていたと聴き取った。

夜這いの風習があったころに、男女の縁が定まったときには、「このたびかぎり」ということで「足袋」を送ったという話も聞いた。つまり「足袋」を送ることで「このたびかぎり」にするということで「足袋」を縁切りの品にしたという。

お盆の贈り物は決まって、下駄やセッタであった。そのほか「素麺《そうめん》」も主な贈り物の一つであった。

このように贈り物は、日常の必需品であり、また贈るのに手頃な金額の品物が、長いあいだに定着したものであろう。そのように定着したものでも、時と場所によっては、縁起を担いでの例外が風習として定着していったのであろう。それらの長いあいだに定着していった風習も、戦後社会のなかで次第に廃れていった。

なかった。

（2）嫁入り支度

屋根瓦を娘の嫁入りのときに売った話がある。一昔前は、嫁入りのための蓄えをたやすくできる家は、そう多くはなかった。

嫁入りとなると、山の木を売るとか山の地所まで売ったなどという話は、よく聞いたものである。田を売った話も聞いたことがある。もう一昔前になると、嫁入りのために、納屋の半分を売ったとか、納屋の瓦を売ったとか、家を半分売った、屋敷も半分売ったなどという話があった。

大正時代から昭和初期にかけて、瓦ぶきの納屋の瓦だけ売ったために、そのあとやむなく藁《わら》で葺《ふ》くはめになったという話を聞いた。もともと瓦を葺くように屋根が設計されているので、屋根の傾斜が緩やかである。そのままの屋根地で藁を葺く（本葺きにする）ことは無理なので、いわゆる逆葺き（藁の穂先を下にする）という葺き方をした。そのため、傷みがひどく、せいぜい二年程度しか藁屋根が耐えられないありさまであった。瓦を売って、嫁に行かせてくれた親心を知っていればこそ、昔、娘たちは辛抱したのであろう。親は娘を嫁がせるためには「鎌を褌にしてでも」応分の支度をしてやると言っていた。「鎌を褌にしてでも」とは「鎌を褌にできるわけがない。しかし、それをしてでも」という意味で、「無理をしてでも」ということの言いまわしである。

末っ子のことを「俵振るい」と言っていた。「俵に残っている最後の米を振るいだす」ところから「末っ子」を意味するようになった。この言いまわしを重ねて、末っ子が娘の場合は、「可愛い可愛い『俵振るい』だから『鎌を褌にしてでも』応分の支度をしてやらねばならない」と言っていた。

（3）嫁さん替え玉

親父が帰ってきて息子に言った。「おい、お前の嫁さんを決めてきたぞ」と。息子にしてみれば、どんな相手か一回ぐらいは結婚前に会ってみたいのが当然のことである。そこで「一回会ってからにしたい」という。しかし、親父さんは「いんにゃ、しゃーない、わしがよー見たけー。あれならいい」ということで結婚という運びになったと聴き取った。

それでもけっこううまく一生が終わったという話である。結婚は、そんなに大騒ぎすることではなく、いとも簡単に進むことであったのだろうか。

なかには、明日は結婚式という日になって、女性の方が、結婚を渋りだしたというケースもあった。

結婚式は家でするのが慣わしであったから、先方では結婚式を明日に控えて、万端整えている。身内のものが寄り集まって支度をしているのだから、当日になって嫁さんが来なくなったというのでは、目も当てられない。困ったのは仲人である。「なんぼー頼んでみても娘は頭を縦に振らない」。かくなるうえは、替え玉しかないと考えた仲人は、「隣の娘に頼み込んだ。『すまんが、明日の結婚式に替え玉として行ってくれんか。』と三拝九拝して頼みこんだ★[223]」。頼み込んで、やっと替え玉の花嫁さんを従えて仲人は相手方へ乗り込んだ。

昔はたった一回の見合いで、しかも囲炉裏《いろり》のそばで、夜、暗闇のなかで見合いをするようなこともあったので、嫁の顔を覚えていなかったという話もある。しかし、さすがに替え玉であることに気づかぬはずはなかろう。

ところが、一日だけ急場をしのぐために頼んだはずの替え玉は拒絶もされず、替え玉の方もその気になってしまい、終生添いとげたというのである。それ以来七十～八十年は過ぎたいま、知る人ぞ知る話である。

仲人親は、結婚した夫婦の後見人、世話役であり、なにかにつけて面倒を見るのがつねであった。それに対して若夫婦は、節季（年末）になると、仲人親の家に鏡餅を持って行った。また、鰤一本を送ることもあった。当時は鰤一本が、米一俵に相当していたと聞いた。その風習は、大正時代までは続いていたという。

替え玉のつもりで行ったはずの妻も、夫といっしょに、仲人親に盆と節季には、心を込めた贈り物を届けたであろ

223　田原開起『死と生の民俗』近代文芸社、二〇〇八年、一六四頁。

う。

（4）谷姑

村（谷）に新参者が入ってくると、谷じゅうが興味深々で、関心をもっていた。新妻として村に入ってきた者は、谷じゅうの注目の的であった。

一挙手一投足が文字通り、谷の者、とりわけ谷姑によって監視されているのである。同時に集落の一員として、早くなじんでほしいとの願いもあった。聴き取った、昭和十年代の事例を列記する。

（1）田の畔を下駄で歩いていた。あるまじき行為だ。（百姓の嫁が、作業に向かない、しかも日常的には履かない下駄などを履いて、田の畔を歩くとはなにごとか。不真面目だと、叱責の的になった。）

（2）子どもを抱いて歩いた。（育児のために労働を中断することは横着のかぎりである。子どもは当然背中に背負って、労働は一人前以上にするのが、良い嫁であったという。）

（3）雑誌をとって（購入して）読んでいた。（雑誌といっても当時では「家の光」程度のものであった。農家の嫁が、雑誌など読むのは生意気だ、というのである。）

（4）新聞を読んでいた。（嫁が労働時間を割いて、新聞を読んでいた。生意気のかぎりである、というのである。）

（5）おたいこ（帯）を結んでいた。（和服を着て帯を結ぶことは、同じく生意気なことであった。野良着を着てモンペをはき、人さまから目立たないようにしておくのが良いとされていた。やがて軍国主義が厳しくなると、モンペを履かない者は非国民とされた。長袖の着物でも着ていようものなら、嫁いびりの標的になった。）

（6）着流しで歩いていた。（着物の上にモンペを履かない状態でいることは、非農家的で怠惰な姿とされた。農家の嫁は絶えず、作業着でなければならなかった。）

（5）モンペの流行

神田村（現・三原市大和町）にモンペが流行してきたのは、昭和十一年ごろのことであった。その流行の源は神石郡、比婆郡あたりからであったと聞いた。比婆郡では昭和八年ごろから流行しだしたという。モンペの流行は「文化は都市から村へ」という一般のパターンとは逆で、山間部から流行しはじめたというのも珍しい。流行しだしたころ「女があぎゃーな物を着て」と、さんざん悪口を言われた。まもなく昭和二十年前ごろになると、年寄りもモンペをはくようになり、モンペをはかない者を非国民となじった。一般的には、絣《かすり》であったが、布団の縦じまの布を再生して手づくりの物を着ていると、これまた派手なものを着ているとなじられた。

（6）茶がら撒き

忘れかけていることの一つに、掃除のときの茶がら撒きがある。茶がらを撒いて箒《ほうき》をかける方法があった。そうするとほこりが舞い立たない。たんに箒で掃いたのでは、肝心のほこりは空中に舞い上がってしまう。このほこりを、舞い立たないように、効果的に掃除をしようと、考えだされた生活の知恵である。茶がらを畳の部屋に満遍なく撒けば、周りのほこりは水分を含んだ茶がらに付着する。そんなわけで室内の掃除が首尾よく行なわれる。

私たちの世代はこの方法を誰からも教えてもらったわけではない。いつとはなしに母が行なっている日々を見て身につけたように思う。小学校の三、四年生ごろのことと思う。なぜかさわやかに感じられ、茶がらを大事なものと感じていた思い出がある。

茶がらがないときは、そのまま箒を立てる気になれず、それに代わるものとして、新聞紙をちぎり、湿らして畳に撒いた経験がある。だが、なんとなく不自然な心地がして、茶がらを撒いての掃除のときほどさわやかでなかった記憶がある。

いずれにしろ、生活のなかの廃棄物を再利用する姿勢が、自然に身についていたことを心地よく思い出す。

（7）ほぼろを売る

「ほぼろを売る」という言葉は、今日でも生きている。「ほぼろを売る」とは、嫁さんが婚家先でなにか腹にすえかねることがあって、一時的に里（実家）に帰る行動に出ることをいう。

この地域では「ほぼろを売る」という言葉の意味を次のように解釈している。「ほぼろ」とは竹の籠のことであるが昔からほぼろを売る職人（商人）は、積み重ねたほぼろを天秤棒の前後に振り分けて担いで行商をしていた。前後にいっぱい、ほぼろを担いで歩いている当の本人は、前も後ろも見えない。いわば見通しのきかない状態で歩いているのである。

その昔、嫁は不安定な座にあって、いろいろな重圧がかかっていた。耐えられるだけ耐えたであろうが、その限度を越えると、家を飛びだしてしまうことになる。

そのときは、後先のことなど考えるゆとりなどはない。その様子がちょうど、前も後ろも見えない「ほぼろ売り」の姿さながらだ、というのである。

そんなことから、思いあまって里（実家）に帰ることを「ほぼろを売る」と言ったのである。

ところによっては（広島県世羅町）、腰から下を「いどほぼろ」という。田植のときに「大きなそうけを伏せたよないどほぼろじゃ」つまり「大きな尻じゃ」という言い方があった。そのことからすると「大きな尻を振り振り里に帰る」というところから、「ほぼろを振る」と言うようになったのではないかという説もある、とその地の古老は言った。各地にいろいろな説がある。

何日かのうちに、婚家先の方が迎えに行くか、親が連れて行くかして、一件落着するのである。「ほぼろを売った」が、誰も迎えに来てくれないことくらい、情けないことはなかったという話も聞いた。「ほぼろを売る」場合、一般的には実家に帰るが、実家が遠方である場合などは、仲人の家にほぼろを売って救いを求めたケースもあったようだ。さらには、計画的な「ほぼろ売り」もあったという。二、三日前から自分の身の周りの品、とりわけ衣装類を少しずつ持ち出し、裏の竹藪に隠しておいたケースもあったという。

（8）葬儀

それなりに意味をもっていた風俗でありながら、消えた風俗の一つに、死者を弔う家族や親族の態度にかかわることがある。次はそのうちの一つである。

かつては、葬儀を家で行なったのち、次に棺を野辺に移した。そこで、いわゆる「野辺送り」を行なっていた。その葬儀場になる野辺まで、家族はどんな天気であれ、素足に草履《ぞうり》姿が慣わしであった。したがって、葬儀を出すことになると、当家または講中（冠婚葬祭を行なう地域の組織）では、何足もの草履を用意しなければならなかった。当地でこの風習が行なわれた最後は、おそらく昭和十年ごろであろう。★224 野辺まで履いた草履は、その後、お寺さんが持ち帰るのが慣わしであったようである。その理由はあきらかでない。

当地の野辺送りの祭場は講中の南部で北に向かって傾斜した山のふもとの講椀倉《こうわんぐら》（講の椀を保管する倉）のそばにあった。この野辺送りの風習は、おおよそ半世紀前に消滅したことになる。

同じように、死者を弔う身内の風習として、どんな天候であれ、葬式の場となった各家の畳の間で、家族親族は座布団の上に座ることはしなかった。

今日では、畳の上に座るものに、必ず座布団を用意しているが、この風習は高度経済成長期ごろから広まったものである。今日では座布団を用意していないと、いかにも失礼で、さらには貧乏くさく思われるので次第に派手になっ

224　例：昭和一一年、東田幾松氏の葬儀では五十足用意された。身内のものはすべて草履で、男の子は皆が素足であった。

ソーズはこわれたまま。

225

た。正座の苦手な大人が増えたことにもかかわりがあろう。しかし、本来は死者を思うてのことであった。死者は浄土へ一人さみしく旅立つのであるから、死者に対して心を配ろうとする思いが、座布団を拒ませたという。素足に草履履きの風習と同じ思いであろう。

なにげなく見過ごしていた風俗のなかに、実は死者を弔う温かい思いがあったのである。

(9) 僧都《そうず》(水車)

昭和二十年以前ごろまでは、各自の家で米を搗《つ》いていた。村々の地域には、各家庭の飯米をつく水車があった。天王(地名)の川筋の僧都を使用した家と、村上家の前の川筋にあった僧都を使っていた家とがあった。近くには墓場があり、夜に米を搗きに行くのは、子どもにとっては怖いことであった。

八升ぐらいの米を五、六時間ぐらいかけて搗いていた。玄米は表面が滑らかで剝《は》げにくい。早く搗くために、つき粉(石の粉)を入れて搗いていた。水車の水が多いと早く搗けることになる。そんな場合は、朝早く起きて水車を止めに行くのである。

水車の水は自然のものであるから無料であるが、水車には元手がかかるので、使用料を払っていた。一晩で米五合〜一升を払っていた。

水車が駄目になると、水車大工を雇ってつくり変えていた。このあたりでは隣の集落の岩川惣一さんが専門の職人さんであった。

江戸時代ごろの僧都は精米用ではなく、主にスクモやシイラを搗くものであった。明治以降に精米に使うようになったが、その後、米だけでなくソバ搗き、粉ひきもすべて水車に頼るようになったと古老は語った。そのうち米搗き業者が誕生したので、次第に水車は姿を消すことになった。

ときに泥棒が、搗きかけの米を失敬することがあった。よくしたもので、臼の米を取ってしまうと、唐臼は石の臼の部分をたたくことになり、大きな音がするのであたりの者が気づいて米泥棒を追いかける。

今日では、僧都（水車）は、鑑賞用や装飾品として復活している。ソーズの写真に対して、鮓本刀良意は「ソーズはこわれたまま」とだけのコメントに留めているが、前記のような歴史を刻んでいる。★225

III　語り伝えられている　風物

地域の古老から聴き取った話を中心に、いくつかの話を記録する。それらは端的にはその地域の風景であり、その土地の生活に深いかかわりのあることがらである。その土地に特有のものであったり、ある季節のことがらであったりする。またはある時代だけのことでもある。

(1) 汽車

雨模様の夜。夏だったのだろうか、冬だったのだろうか。いや季節にかかわりなかったのかもしれない。とにかく

225　鮓本刀良意『ダムに沈む村』未來社、一九七一年、五八頁。

物心がつき汽車というものを知ってからあとのことである。当時、汽車に乗るなどは非日常的なことであった。年に一、二回乗れば良い方であった。

だから、汽車はもの珍しい乗り物であった。そのうえ、親といっしょに汽車に乗るのは、おそらくハレの日のことであったにちがいないと、砂田郁拡さんは語った。「汽車に乗るということは、私にとっては、どこかの町場に出かけることであり、何がどうあったか知らないが、心が弾む楽しいことであった。それらの思いといっしょに汽車は自分のなかでイメージ化されている」。「その汽車が、雨模様の夜、雲が低く垂れこめた夜、一山も二山も越えた山里にある私の家にまで、汽笛を響き渡らせるのである。そんなとき、父は『明日は雨じゃのー』とよく言ったものである。なぜそうなのか、当時はわからなかった。ともかく、汽車は自分の生活とはほど遠いものという思いをかき破って、汽笛が聞こえてくる。それだけではなく、ときには車輪がレールの上を走る音まで聞こえてくる。その響きは、知らない世界を夢みるきっかけでもあった」。

筆者にとっても、懐かしく思いだされる風物がある。幼少時のなにげない生活体験を、人それぞれにもっており、それがその後の感性に深くかかわっている。

今日では、おなじ気象条件のもとでも、昔のようには汽笛も車輪の音も聞こえない。こうした時代の変化とともに、子どもたちが味わう情緒や育つ感性もおのずと変わってくると理解できる。いまの子どもたちは四十年、五十年後に何を故郷の風景として、懐かしく思いだすのであろうかと、砂田郁拡さんと語りあった。

（2）ぶえん師

ぶえん師の漢字は「無塩師」であり、無塩の魚、つまり鮮魚を商う行商人のことである。死語になったこの言葉は、大正期の農山村にあっては目映い言葉であった。当時の農山村では、魚といえば、塩ものか乾物のタラなどであった。

農家から町場に嫁いだ娘たちが、農繁期になると、田植時期の労働や質素な食事を思いだし、親兄弟をいたわる気持ちを表わそうとして送ってきたのが乾物のタラであった。大正～昭和初期には、乾物といえども、タラの贈り物はありがたい栄養源であった。

そうした時代であったから、ぶえん師などは縁遠く目映かった。保存加工をしていない魚を、たとえハレの日であっても口にすることは稀なことであった。鮮魚を扱う商人は、まるで魔術師でもあるかのごとくに映ったであろう。そうしたぶえん師の姿は、村の風景を変えるものであった。ぶえん師の方も、ぶえんを持って行けば買ってもらえそうな家はあらかじめつかんでいる。ぶえん師の通ってくる家には長径六十センチぐらいの楕円形の桶があり、その桶に鮮魚をいれ、気温の低い床の下などに一日、二日くらいなら保存するのである。ぶえん師の通ってくる近隣では、羨望とやっかみが働き、無塩の魚を口にしている家を中傷する。「あそこらにゃあ、また無塩を食うて、いいことよのー」と。

貧富の差による人間のいがみあった模様が、ぶえん師の出入りを契機にして表面化するのであった、と所千寿さんは語った（昭和六十三〔一九八八〕年聴き取り）。

（3）麦わら鯛

大正時代にさかのぼる話である。鯛の豊漁期である麦刈りのころに、ぶえん師によって、鞆《とも》（福山市）から芦田川ぞいに郡部の村々に届けられた。無塩の鯛は麦わら鯛と呼んで重宝に思っていた。当時の郡部では、干物・塩物が主であった。そんな時節、たまに無塩の、しかも鯛が手に入ったとしたら、もったいなくて食べる気にもならない。そこで、日ごろお世話になっている親しい家に贈りとどけた。貰った家でももったいなくて食べる気にならず、また親しい家に贈りとどけた。このように、次々にたらいまわしされ、ついには元の家に帰ってきたという、笑い話のような事実があったという体験話を聞いた。笑いながらも、複雑な気持ちになった。

当時、麦わら鯛を最初に手に入れることのできた家の主《あるじ》は、明るいうちから風呂に入り浴衣掛けでくつろいでいた。村のボスであったが、村人の面倒もこまごまとみていた。早々と風呂から上がっているところへ訪問者があると、忙しくたち働いている相手に気遣って「こりゃあ、町の衆でご無礼です」と挨拶を交わした、と行久正男さんは語った（一九九四〔平成六〕年聴き取り）。

（4）南天

報恩講や年末などのハレの日には、餅を搗《つ》いたりオコワ（赤飯）をつくったり、バラ寿司をつくるなどした。あるいは、無塩の魚などを買って、ハレの日を祝った。

それらの品々を親戚とか近隣、または親しい人々におすそわけする習わしがあった。餅などは重箱にいれて配るが、その場合必ず餅の上に、南天の葉を三つ葉の形で乗せる風習がごく最近まで残っていた。餅以外で魚や赤飯を配る場合も同じように南天の葉を乗せていた。

また、転宅して来ると、そのしるしにソバをもって、転宅の挨拶に行った。その場合も南天の葉を乗せた。南天の葉を乗せるは、言い伝えによると、南天は毒消しの効用があるからだという。そういえば、民間療法のなかにも南天は出てくる。毒を飲んだとか食中毒を起こした場合などには、南天の葉を絞って、その汁を飲ませると即座に嘔吐をもよおし、解毒作用が抜群だという。こうした智慧が、いつの日にか贈り物に心を込める風習として表現されるようになったのであろう。

また、南天は「難を転ずる」の意味にも解していた。

終わりに

福田アジオは、他の学問に比べて、農業労働そのものがあまり研究の対象にされなかったと述べている。働くことは人類の歴史とともにあるといってよいが、それはあまりに日常的なことであったからである。

人々の行為としての労働そのものについては、「伝統的な歴史研究の史料として」ほとんど登場していなかったとも述べている。

そこで彼はその著書『可能性としてのムラ社会』のなかで、過去の農業労働で、浮き彫りにしたい十項目を挙げている。★226 しかし、その指摘以来、すでに二十年の歳月が過ぎているので、その間に十項目についての答えは、すでに出尽くしているようにも思うが、今回の「聴き取り」内容は、福田アジオが指摘した前後の半世紀を生きてきた人々の生活実態であるので、十項目に照らして、「聴き取り」の内容を整理してみたい。

その第一項目は、「今日労働時間は必ず決まっているが、従前はどうであったか」と問いを投げかけているが、かつては、時間が区切りではなく、仕事の区切りが労働の区切りであったと「聴き取り」を通して感じている。時間がきたから終わり、ではなく、農作業の進み具合と明日の天気によって、決められていたこともうなずける。田植えの「結」でも、時間がきたら、そこで終わるというものではなかった。一段落するまでやり通すのが百姓仕事の姿であった。

第二項目は、今日「労賃は基本的には労働時間によって計算されるが、過去はどうか」を聞いている。聴き取りによると、家族全員が食べていければそれでよいというのが基本になっていた。言うまでもないが、経済の単位は個人ではなく、母集団としての家族である。人生の一定の時期に織り込まれてくる、娘の嫁入り支度などでは、「鎌を褌にして」不動産をはたいてでも、嫁がせる。家族全員で、家族を支えるのが至極当たり前のことであった。労働時間、仕事量は度外視されている。

第三項目は、「どのように他人と協業してきたか」を聞いているが、たとえば、「代掻《しろか》き」のときには三〜四頭の牛が一団となって働いたという技を聴き取ったが、そのなかで、「自分の立ち位置をつねに心に入れておくこと」さらには「相手との距離の取り方」が協業の極意であった。それは物理的な「立ち位置」「距離」だけでなく「人間関係」におけるそれでもあった。とくに「そうれん」（「葬殮」）で担ぐことの危険性など、他者と関係を読まないと命にかかわる。さらには「代満《しろみ》て」に代表されるような、作業の区切りでの休養さえも、協業と言える。一様に休むという協業である。また、綱田植で「壺になる」話は、分業と協業の代表的な事例である。

第四項目に「どのように休んでいたか」を聞いているが、代表的な休みとしての、田植後の「代満て」をはじめ、折々の休みを聴き取った。七曜制ではないが、それ相当の休みがあった。あえて言えば、季節労働のきびしさに応じていた。そして休日は、「休める日」であるよりも「休むべき日」であったことは注目に値する。いま一度省みるべきものである。

第五項目の、「安らいだり、元気を出すために、仕事歌が歌われていたか」についても聴き取った。歌が元気と連帯意識を醸し出していたのである。「田植」をはじめとして、協業を行なう場面では必ず歌われていた。仕事歌があるかないかで協業か否かを推し量ることもできる。しかし、作業が協業から個人化へ移行することと、歌われなくなることは連動している。「土灰」づくりに見ることができる。

第六項目は、「どのようにして労働の技術や知識を身につけたか」を聞いているが、基本的には親から子へ、さらには地域の古老から若者へと伝えられている。いわば徒弟的に学んでいった。聴き取りのなかの「ムナクトを止める」作業に、「ついて来い」と言われて、ただついて行った嫁に対する「ムナクトを止めると言えば、藁《わら》を持ってくるものだ」という舅の対応が、教育のありようを端的に示している。「鑿《のみ》と言えば槌《つち》」というたとえのように、「鑿を持ってこい」と言われたら「槌」も持ってくることを、無言のうちに暗示していることを感じ取るという徒弟的な教育の手法が根づいていた。

第七項目の「日本における労働の定年制」を聴き取っているが、姑が嫁にシャモジを渡すころを見計らって、親父

226　福田アジオ『可能性としてのムラ社会　労働と情報の民俗学』青弓社、一九九〇年、一七〜一八頁。

1　現在は労働時間が必ず決まっているが、日本において労働時間はどのようになっていたのであろうか。
2　現在の労賃は基本的には労働時間によって計算されるが、過去においては人々の労働は何によって計算し、評価していたのであろうか。
3　労働は個人が孤立して行うことはまずない。歴史的には、人々はどのように他人と協業し、分業して労働を行ってきたのであろうか。
4　労働に従事する日は七曜制によってリズムが作られているが、このような休日の制度は日本の伝統としてはなかったのであろうか。
5　労働の環境は現在はたとえばＢＧＭというような音楽によって作られているが、人々の労働の歴史のなかではどのような方法で労働の雰囲気作りが行われていたのであろうか。
6　職業的な訓練はさまざまな研修として企業内で行われているが、かつてはどのようにして労働の技術や知識を身につけたのであろうか。
7　労働には定年制が実施されていることが多い。労働の定年制は日本の伝統として存在するのであろうか。
8　職場では全員がユニフォーム（制服）を着用することが普通であるが、これは日本の昔からの姿であろうか。
9　職場では午後三時の休憩がどこでも取られているが、これは日本の古くからの慣行なのであろうか。
10　日本社会の特色として終身雇用制が言われるが、これは本当に日本社会が形成してきたものであろうか。
これらについて、恐らく従来の歴史研究の成果はあまり充分には答えてくれないであろう。

が息子に家業を任せる。時間軸ではなく、任せるに値する内実が整ったときが定年である。

第八項目では、「ユニフォーム（制服）の着用は日本の昔からの姿であろうか」と聞いている。田舎では酒屋・醤油屋などが、商標などの入った法被《はっぴ》を古くから着込んでいた。しかし、百姓にはユニフォームはなかった。聴き取りによれば、昭和十年ごろから、農家の女性は皆絣《かすり》のモンペ姿であった。あえていえば農村女性のユニフォームであった。男性の衣服はさまざまであった。農家には家族としてのユニフォームはなかったが、ユニフォーム以上に一族のまとまりがあった。

第九項目では、「休憩について」聞いているが、寝る以外は精いっぱい働いていたので、今日以上に休息することが習わしであった。

最後に、「終身雇用制について」課題にしているが、長男長女は宿命的に農業を継いだ。「生きかわり　死にかわりして　打つ田かな」こそは終身雇用である。

聴き取った世代の百姓が、精いっぱい働いていたころの収量は、今日の収量の約半分である。具体的には反当二石、つまり一反で五俵の出来高である。自分の家に残る米は一俵（六十キログラム）程度のものだったという。広島県の平均的な七反百姓が一生懸命に働いて七俵の保有米にありついたという。のどかに思える百姓仕事は、反面では自然を相手にする仕事であるだけに、人間の営みが、そのまま成果に結びつかない。逆に思わぬ自然の恩恵にあずかることもある。自然の一部の人間としての自覚のもとに生きてきた。

自然に対して敬虔な態度で、自然に逆らわず、自然のなすことを読み取り、人間の力で自然の力を、最大限に活用して生きることを忘れてはいなかった。宮本常一、鮓本刀良意らによって残された写真は、一連の「聴き取り」を、資料的に裏づけるものになった。

「広島県椋梨ダムの民俗調査」の時期は、くしくも農業の機械の普及がはじまる時期と重なっていた。それは、人々が、「百姓」から「農業従事者」へと移行していく変わり目でもあった。農業の機械化がどんどん進み、それに伴って、農業機械を求めて男たちは購入代金のために、町場へ働きに出かけた。その結果、世に「三ちゃん農業」という言葉が流布した。家では「母ちゃん」「爺ちゃん」「婆ちゃん」の三人が百姓仕事に携わり、「父ちゃん」は休日に農業機械で耕作した。農業機械には夜間照明が必ずついていて、夜遅くまで働いていた。

一九七〇年代は、百姓道具と農業機械が入れ替わる時期であった。機械化と裏腹に、百姓道具はすたれた。時を同じくして、「結」的な人のかかわりも稀薄になった。当然、人情も薄れていった。

筆者の一世代前が、百姓道具とともに生きた時代の最後であり、私たちの世代が農業機械への移行の世代のはじまりである。

資料写真の牛による「麦わら倒《だお》し」（一一一頁）と「耕耘機」（七三頁）は、同じ時期の写真であり、時代の分かれ目をとらえた写真である。二枚の写真は農村が大きく動いていることを表わしているように思える。かたや牛で麦田を起こし、かたや耕耘機で「荒起《あらおこ》し」をしている。

宮本常一、鮓本刀良意両氏による記録写真の多くが、この時代の変わり目を記録に収めているといえる。なかでも、農具で自然に挑む時代の記録写真は、「聴き取り」を資料的に裏づけるものであった。

一世代前が百姓らしい最後の「百姓」であり、私たちの世代が「百姓」から「農業従事者」への移行の世代だともいえる。

私たちの次の世代は、ハイテクを組み込んだ農業機械とともに生きる「農業従事者」の世代である。三世代をつなぐ「聴き取り」を「資料写真」で裏づけることが、多少なりとも叶ったように思っている。

あとがき

この二年間で聴き取りに応じてくださった多くは、九十歳前後から百歳過ぎの方がたである。そろって無事正月を迎えられてなによりだった。脱稿の報告を、わがことのように喜んでもらった。

みなさんは、一連の話を「あんたが聴きに来んかったら、誰にも話さずに終わったじゃろーの」と語った。自然や作物とは会話をするが、いたって寡黙であり、聞かれなければ語らないことが習い性になっている。

かたや私は「田舎で百姓経験がなかったら、話を聞かせてもらおうとは思わなかったでしょうのー」と応えた。また「田舎住まいをしていなかったら、聞いても、よく分からなかっただろう」とも思った。

筆をおいたいま、田舎の空気を吸っていないとわかりにくい場面もあり、この記録が理解しにくいものになっているだろうと思う。ましてや一世代前のことである。しかも、研究者でもない者の拙文であればなおさらである。

それにしても、およばずながら「聴き取り」に応えることができた。ひとえに応じてくださった方がたのおかげである。

四季折々に、田んぼのほとりで、あるいは農業用具での実演を交えて、こもごも昔を語ってくださったみなさんのご厚意による。百姓一筋に生き、郷土史にも明るい国正利明さんには、聴き取りを史実的にも裏づけていただいた。

このうえは、みなさんがつつがなく、すこやかな日々を送られることを祈念するものである。

上梓にあたっては、さまざまなご縁で支えていただいたみなさんのご厚情に感謝申しあげます。

とりわけ、未來社の西谷能英社長には、まったくの素人である私の思いを広い了見で受けとめて、刊行への道を開いていただきありがたいことです。さらに、聞きなれない方言で語られ、しかも、多様な百姓用語が入り混じった文章を、根気よくきめ細かに校正し編集してくださった天野みかさんにも心からお礼を申し上げます。

先人の話を聴き取らせていただいた私自身も、今年喜寿という節目を迎えます。

一息ついたところで、近日ちゅうにシイタケの菌を植えつけようと思っています。気がつけば田畑で春が呼んでいます。

二〇一四年二月二五日

田原開起

用語解説

「アガタ」を寄せる　「畔形」の漢字をあてていた（「縣」も宛てられる）。水漏れを防ぐための畔塗り用の土を寄せる作業……57　93　100　110

アクタ（芥）　藁ゴミ……132　156　157

挙げ放し　溝に落ちた土塊を畝に鍬で上げる作業……96

預かり牛　借り受けた牛。年間を通して飼育して農耕に使い、子牛を産ませて育てる……40

アッセアッセ　左へ向くように指示する言葉……29　54

アマスを食う　思いもよらない不意打ちにあうこと……58

荒起し　稲作の準備として、田を大まかに掘り起こす最初の作業……28　52　92〜98　110　112　153

安駄（あんだ）　竹で編まれた、今日の担架に当たるもの……92

イギ　針のように尖った部分……131　132　194

板代（いたじろ）　マンガに板をつけて牛に引かせて田を平面にする作業……104

稲すけ　「稲をすける」つまり「稲を置く」台……160

いびせかった　「怖かった」……113　210

植え子　田植えをする人……105　114〜116

浮き苗　根を土の中にしっかり植えていないために浮き上がってしまう苗　…………116
臼挽き　動力による籾摺り（籾から玄米を取り出す作業）…………129　157　159　171　175　177　179　184〜188　190　198
畝　田畑に作物を植えつけるため、間隔を置いて土を筋状に高く盛り上げたところ　…………96　98　190〜194　204　209　210
馬の嚙みだし　馬の歯に尖りがなくなり、嚙み切れず吐き出すこと　…………45
エブリ　水田の表面の凹凸を平らにする農具　…………105
エブリ司（えぶりし）　エブリを使うことを専門にしている者　…………105
追いおろし　農耕用の牛にするため仕事を教えて育てること　…………28　29　34
追い嚙み　牛が食べたものを反芻すること　…………45
尾木（おぎ）「スリ」というところもある。大八車の後部に付けたブレーキ代わりの摩擦用の板　…………55　62　63
奥歯が切れている　奥歯がないこと　…………47
おそ物　稲刈り期の後半、遅い時期に収穫する稲　…………156〜158　175　190
落とし小屋　牛小屋から出した堆肥をしばらく堆肥舎に保存するために、一段低いところに作られた駄屋　…………92　151
おなみ　牝牛　…………50
尾挟み　尻尾を綱で括って鞍に巻きつけること　…………46
稼穡（かしょく）　六月五〜六日。穀物の植えつけと取り入れの時期。種まきと収穫　…………123
カシラ　最後まで籾のままで残る乾き具合の悪い籾　…………184

カバチ　畝の両端。框が変化した言い方　……193

叺（かます）　藁で編んで閉じた袋状の入れ物。籾などを入れる　……156　157　166　169　170　175　197　207　213

がやーかーた　「辛苦をした」「大変な苦労をした」　……210

ガンギ　田畑の中の畝と溝の凹凸　……192　193　210

厩肥（きゅうひ）　畜舎の中の堆肥　……41　149

口縄をとる　サンダワラを載せて口を閉じて藁縄でかがる（閉じる）こと　……187

クツゴ　牛の口を塞ぐための籠（「クチカゴ」が「クツゴ」に変化）　……96

クド　竈（かまど）のこと　……89

くべる　「焚く」　……214

クムシ　「クマシ」「クモシ」というところもある。藁を刻んで糠などを混ぜて水を掛けることにより発酵させ堆肥にすること。発酵させたもの　……92〜94

鞍下を借りる（貸す）　田植の農繁期だけ牛を借りる（貸す）方法　……41　42

グレ　田の中に残っている前の年の稲株　……103　192　194　209〜211　217

苦労したことには算段がなあー　「限りがなく苦労した」　……210

鍬アガタ　鍬で打ちながらアガタを寄せること。多くはマンガで土を細かくして水に合わせる　……100

燻炭（くんたん）　スクモ（籾殻）を焼いたもの　……101

ゲシ　畦畔—耕地間の境の畔の側面　……237

肥タゴ（こえたご）　肥桶。糞尿などの肥を入れて運ぶ桶　…………201 203 204

コガ壺　玄関右手の風呂の下へ設置した壺。ここへ使った水（コガ水）を落として溜め、肥料として畑へ散布する　…………199〜202 204 233

子出しがよい　こどもをよく産む　…………46

こってい　雄牛　…………50

込み　籾を入れる場所　…………176 177

先牛　何頭もの牛が共同で仕事をするとき、一番先頭に立って先導する牛のこと　…………30 31 104

削蹄　牛の爪を切ること　…………31〜33 60

差し金　金属製で直角に折れ曲がった形に作られたものさし　…………39

サス　俵から米を抜き取る竹製の道具　…………59 196

ザブ田　水はけが悪く乾きの悪い田。田に入ると落ち込む　…………51 52 98 118 160 161

サンダワラ（桟俵）　米俵の両端にあてるわら製のふた　…………187 206

シイラ　実入りのよくない籾　…………156 157 169 254

シビ　稲穂の茎　…………155

下肥　人の糞尿　…………72 202 203

棕櫚縄　棕櫚の木の繊維で綯った縄　…………31 56

尻側（しりがわ）　鞍から尻尾に回した綱。麻綱の細いもの　…………36

代掻き（しろかき）　水稲の作付けにあたって、耕起、砕土した田に水を入れ、水の中で土をかくはんしてコロイド状の泥とし、田の表面をならす作業　……………30　42　55　93　100〜105　111　121　260
スクモ　籾殻　…………101　174　180　184　186　211　234　254
スズメホートウ　ボートウの小型　…………151
背負い子（せおいこ）　モロウギを曲げて作り、それに縄を巻いて堆肥などが落ちないようにしてある運搬用の農具　…………93　95　146　148　150　153　207　216　217
ソウケ　竹製の入れ物　…………89　170　195
添綱（そえつな）　牛の追い綱にさらに添えた綱（棕櫚縄を使っていた）　…………31
添鼻　中鼻を挟む道具　…………36
そくう（そくい）　束ねる　…………153　215　216
そぐらない　藁の袴をとらない　…………88　187
ソブケ　「びっくり仰天」　…………34　55　56
だいごえ（駄屋肥）　牛馬の畜舎（駄屋）の堆肥。堆肥には山草を寝かせて作った堆肥との二種類がある　…………71　95　137〜139　211
竹綱（たけづな）　五尺くらいの長さの竹の棒を手綱として使う。とくに制御の難しい雄牛の場合に使う　…………40　58

襷掛け（たすきがけ）　代掻きのやり方で、襷を掛けるように（八の字を描くように）代掻きをする方法　……30
手綱（たづな）　追い綱　……23　31　38　47　54　58　192
駄屋（だや）　牛小屋　……48　138　151　153　211
ダラをこく　自分で這い上がろうとせず、横着を決め込むこと　……52
チリ　稲穂がちぎれて、一粒一粒になっていない状態の稲穂　……156　157　169　171　184　187
犯土（つち）　陰陽五行説の十干・十二支の暦の上の一定の期間。この時期に竹を切ると虫が入る　……89　90
土臼（つちうす）　籾摺り用の土の臼　……179〜186
壺になる　網田植えのさい、作業が遅いために周囲から取り残されること　……117　260
鶴の舞込　田の角を丁寧に鋤くために鶴が舞うように代掻きをする方法　……30
連れ焦がれる　他と一緒に行動する　……104
手木（てぎ）　大八車や土臼の先端にある操縦用の取っ手　……55　62　63　176　192
出来秋（できあき）　新米ができたとき　……182
デジメン　押し切り（藁や草を切る道具）　……93　138
照れない　灰にならない　……212
天地返し　田や畑を鋤で耕すときに表土の上下を入れ替えること　……134　192　193

土天（どてん）　囲炉裏の上の天井で、竹を敷きその上に粘土を一面に塗り込めたもの　…………89　180　208
ドド　「止まれ」。馬を使うときの指示　…………54
隣百姓　隣を見て隣とあまりかけ離れたことをしないようにする　…………110
止め草　人間が四つん這いになって、両の手で田の中全体の草一本一本を丁寧に抜き取り、それを丸めて稲株と稲株のすき間に埋め込む作業。最後の草取り　…………135
長床犂（ながとこすき）　元禄時代（一六八八〜一七〇四）以降、使われた床の長い鋤　…………44　45
ニガ土　表土の下の基盤になる土　…………102　218
二枚取（にまいどり）　牛の乳歯が二本抜けた状態　…………29　36
庭　玄関の入口を入ったところの土間　…………184　230　238　239
ノノコ　綿入りの衣服　…………238　239
博労（ばくろう）　牛馬の売買・仲介を業とする人　…………22　29　35　40〜43　46　47　59　66　69　70　79　219
はちまんぼー　がんぼー（勝ち気）で男勝り。手におえない女　…………54
八専（はっせん）　陰陽五行説の十干・十二支の暦の上の一定の期間。この時期に竹を切るとよいといわれていた　…………89
ハデ　稲の束を乾燥させる目的で、田の中に木を組んで作った構造物　…………11　109　110　131　156〜162　165〜168　171　175　177　207　228

鼻緒　ハナグリから角の後ろに回っている綱。手綱の効き具合を調整する　…………38
ハナグリ　牛の鼻に穴をあけて通し、引き綱を付ける道具　…………24　26〜28　31　35　36　39　43　52　64　79
早物（はやもの）　稲刈り期の前半、早い時期に収穫する稲　…………155〜159　175　190
腹び（はらび）　腹の帯。鞍を腹に取りつける帯　…………36
半夏生（はんげしょう）　七十二候の一つ「半夏生」から作られた暦日で、かつては夏至から数えて十一日目としていたが、現在では天球上の黄経百度の点を太陽が通過する日となっている。毎年七月一〜二日ごろにあたる　…………117　118　129　131　142
半夏半作（はんげはんさく）　半夏生（七月二日ごろ）を過ぎてから田植をすると作柄が半作だということ　…………117
バンソウ博労（子博労）　博労と百姓の仲介をする博労　…………42　43
ハンヤ　灰焼小屋。ヤーバーと土塊（稲株）などを焼く小屋　…………193　194　208〜211　217
日焼け田　水持ちの悪い田　…………142
へたばる　座り込む、横になる　…………49　97　192
ベチコ　子牛　…………34　49　50　70

著者略歴
田原開起（たはらはるゆき）
1937年　広島県に生まれる
1960年　広島大学教育学部卒業、広島県公立学校教員、広島県教育委員会事務局（社会教育関係部門）職員として勤める
1998年　定年退職
2005年　佛教大学大学院修士課程（教育学研究科生涯教育専攻）を修了する
現在　農業に従事する
著書　『死と生の民俗』近代文芸社、2008年

百姓と仕事の民俗
――広島県央の聴き取りと写真を手がかりにして

発行――二〇一四年三月三十一日　初版第一刷発行
定価――（本体三八〇〇円＋税）

著　者――田原開起
発行者――西谷能英
発行所――株式会社　未來社
〒112-0002　東京都文京区小石川三―七―二
電話・代表　〇三―三八一四―五五二一
http://www.miraisha.co.jp/
Email: info@miraisha.co.jp
振替　〇〇一七〇―三―八七三八五
印刷――萩原印刷

ISBN 978-4-624-20080-0 C0039